U0945284

本研究获得以下项目、基金支持：

厦门大学哲学社会科学繁荣计划

厦门大学“马克思主义中国化视野下的红色文化与民主政治”项目（项目编号：20720140006）

福建省“历史唯物主义与中国历史上社会经济发展模式的实证研究与理论分析创新团队”项目

中共龙岩市委宣传部“闽西红色文化研究中心”项目

20世纪上半叶
闽西苏区的
革命进程与社会形态

李小平　张侃 ◎ 主编

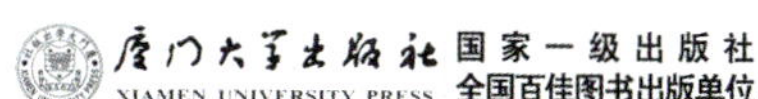

图书在版编目(CIP)数据

20世纪上半叶闽西苏区的革命进程与社会形态/李小平,张侃主编.—厦门:厦门大学出版社,2020.5

(中国社会经济史新探索丛书)

ISBN 978-7-5615-6672-5

Ⅰ.①2… Ⅱ.①李…②张… Ⅲ.①闽西革命根据地—研究—20世纪 Ⅳ.①K269.407

中国版本图书馆CIP数据核字(2018)第205563号

出 版 人 郑文礼
责任编辑 韩轲轲
封面设计 蒋卓群
技术编辑 朱 楷

出版发行 厦门大学出版社
社 址 厦门市软件园二期望海路39号
邮政编码 361008
总 机 0592-2181111 0592-2181406(传真)
营销中心 0592-2184458 0592-2181365
网 址 http://www.xmupress.com
邮 箱 xmup@xmupress.com
印 刷 厦门市金凯龙印刷有限公司

开本 720 mm×1 000 mm 1/16
印张 15.25
插页 2
字数 250千字
版次 2020年5月第1版
印次 2020年5月第1次印刷
定价 79.00元

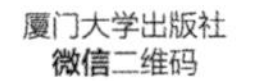
厦门大学出版社
微信二维码

厦门大学出版社
微博二维码

目 录

经济制度的多重趋向

土地改革的弹性机制

政权实践的乡土逻辑

文化转变的社会动力

20 世纪闽西社会研究的几个思路[①]

孔永松 张 侃

20 世纪的中国，经历了晚清、民国初年、北洋军阀政府、南京国民政府、中华人民共和国五个时期，从封闭、半封闭的状态过渡到开放的状态。过渡期间，政治、经济、文化发生了诸多巨大变化，呈现的图景纷繁复杂。如何把握这种变迁的主流，如何全面理解这一变迁，是许多学者努力去寻求的目标。因为只有这样，才有可能清理头绪，才能梳理清楚中国现状的由来以及中国未来的走向。但是现代化进程中产生的变量是如此之多，要将它们清理出一个头绪来是一项艰巨的任务，所以必须对 20 世纪中国的主导变化力量有一个充分的认识，以主导变化力量为研究对象，才有可能将各种变量有机地组合在同一主题下。

中国的农村就是这一主导力量。历史上的中国就是一个农业为本的国家，小农是社会的主体，而围绕着小农社会，形成了各种运行机制和社会价值，因此中国政治、经济、文化的根在农村，这也就是费孝通所说的“乡土中国”的含义所在。而 20 世纪的中国，农村人口同样是最大的社会群体，他们在历史的进程也还在扮演着重要的角色，先后卷入了中国革命、抗日战争、国共内战、新中国成立、农业集体化、“大跃进”、人民公社成立、大灾荒、“文化大革命”、改革开放等一系列重大历史事件中。我们可以粗略分成两个阶段：20 世纪前半期，他们充当中国社会革命的主导力量，从农村包围城市；20 世纪后半期，农村的变革更是构成社会建设的生力军，尤其是 1978 年后，农村经济的异军突起，给中国现实的改造提供了巨大的动力。

面对 21 世纪，站在中国从 20 世纪走向 21 世纪征途的最后一个驿站，总结中国 20 世纪以来、近百年时间内农村的变迁，剖析各种因素的互动，是很有

① 原载《闽西职业技术学院学报》1999 年第 1 期。

必要的。费孝通指出:“农村研究实在是了解中国国情的基础工作,只从 80% 以上的中国人住在农村里这一事实就足够作为这句话的根据了。”[①]中国未来发展的重点仍然是农村,21 世纪的根本也在农村,只有从过去的历程中才会探求出发展趋势与问题所在,而且也只有在此基础上,农村在结构、价值上实现质的转变,才能使中国从 20 世纪开始的走向世界民族之林的交接棒得以薪火传递。

一

研究 20 世纪中国的农村,总结 20 世纪中国的农村,如果以整个中国作为考察对象,很不现实。中国幅员辽阔,地理条件和生态环境各不相同,地方文化的类型也不尽相似,除非有大师般的敏锐眼光或把握能力,有深邃的见解与认识,对全局有一通则性的探讨,否则很难观察各种差异性,其结果只能是隔靴搔痒,无法理解与把握中国农村的总体发展概貌与某一农村社会的本质特征。

而着重于某一区域,比较容易从下至上地考察 20 世纪中国农村的变化,把握其变化规律和脉络。因为一个区域,毕竟在生态环境、地理条件、地方行政、经济状况上具有同质性,在总结区域农村的“典型化”过程中,随着微观因素逐渐剥离,必然会发现区域农村变化与整体农村变化相通的地方,使理论与实践、历史与现实、宏观与微观、具体与抽象、共性与个性具备了对话的渠道与载体。

鉴于此,20 世纪的闽西农村才成了总结 20 世纪中国农村变化的“典型”对象。闽西位于福建省西南部,即现在的龙岩市,包括新罗区、长汀县、永定县、上杭县、武平县、漳平市、连城县各地(以前曾包括宁化、清流、平和等县),闽西的生态环境以山地丘陵为主,区内山脉纵横,有武夷山、玳瑁山、博平岭等,真可谓是万山连绵,群峰胪列,“汀之为郡,山重复而险阻,水迅急而浅

① 费孝通:《重读〈江村经济·序言〉》,《北京大学学报(哲学社会科学版)》1996 年第 4 期。

涩”[①]，古人就有“南方称泽国，汀独万山中”之说[②]。生态环境具有相对的稳定性，它作为自然界的重要组成部分，长期影响人的活动，由此形成了具体生态环境中人的独特行为方式和社会的经济构成。丘陵遍布的地貌同质性，以及由此而形成的区域相对独立、与其他区域不交叉的特点，使得闽西的农村变化少受复杂“蔓枝”的纠缠，这为研究提供了清晰的视野，能较好地把握主流。

不过，选择闽西作为考察对象，不仅仅是因为它具有区域社会同质性的优势，而且还在于它的区域发展历程与中国整体农村的发展历程具有极多的契合之处。闽西农村是中国农村历史的缩影，发展过程极其相似。中国农村经济在明清之际达到了历代经济发展的高峰，也走在世界的前列，在诸多生产领域有了新的发展动向，即所谓的“资本主义萌芽”。但这种新的动向并没有顺利发展，使中国从本身社会发展的道路走向资本主义，而是在 19 世纪中叶，遭受西方资本主义的商品倾销和原料掠夺后，农村日渐破落，一派萧条，至建立中华人民共和国才有所改观，而今才走上富裕之路。以此对应，闽西农村的发展步伐与这一过程丝丝相扣。明清之际，它利用山区的棚民经济，利用经济作物（烟、兰靛、树木、茶等）和作坊手工业（制烟业、制茶业、印刷业、制纸业等）萌生了“资本主义”的迹象，走在了时代的前列，也可以说走在了中国经济的前列，但是这一趋向并没有获得茁壮的成长，同样受国际经济政治因素的影响，洋布战胜土布，洋纸打倒土纸，洋烟排挤了条丝烟。据《上杭县志》记载，“旧时人家皆自织夏布棉布，近数十年多用外布，而机织已绝”，“烟纸两项出产大宗，旧时岁入总百数十万，然自洋纸、纸烟输入，势成弩末”，农村同样萧条破落，也是在 1949 年之后，才获得新的发展基础，1978 年获得质的腾飞。

闽西农村的多样性类同于中国农村的多样性。中国农村由于地理环境的影响，大致可分为平原型农村、山区型农村和沿江沿河型农村，不同类型的农村的具体发展轨迹是不同的，从不同中归纳而来的经验也就是中国农村发展的经验。而闽西虽然总体地貌上是山区，但是如果进入微观社会，体察到具体的村落或社区，实际上仍可以分为三种类型：一种是河谷盆地，如长汀的新桥—四都—灌田和武平的武所—新坊盆地等，它们可视为平原类型；一种是山地，进行旱作物和经济作物种植、矿物开采；一种是靠近闽西水系，汀江、九龙江沿岸的农村。它们在整个闽西农村发展中各自起着不同的作用，闽西农村

---

① 《元一统志》卷八《汀州路・风俗形势》。

② （清）曾曰瑛修、李绂纂：（乾隆）《汀州府志》卷三《山川》。

的复杂性不亚于整个中国农村。

虽然闽西是独立的区域体系，但在它的历史发展过程中，各种因素和各个事件也是错综复杂的。人口流动中有海外移民等外来移民的现象；人群互动中有客家民系与闽南民系的关系，有客家民系与畲族的关系；土地关系中有公共地主与私人地主关系，有“一田二主”和“永佃权”的现象；改变地权上，有中国共产党的土地政策，有十九路军的“计口授田”，有国民党的“自耕农运动”，有傅柏翠的“新村主义”等等；法律制度上有成文法规与习惯法、乡规民约的互动。诸如此类，举不胜举，而这些也正是 20 世纪中国农村发生过的或正在发生的事实。

正由于这些区域与整体的契合之处，可以预见，通过闽西农村的研究，通过对 20 世纪闽西农村变化的实质性内容的深刻理解，就能从区域的“经验性知识”中抽取 20 世纪中国农村的“学理性知识”。当然，除了关注到 20 世纪闽西农村的学理研究的可行性之外，还考虑到了 20 世纪闽西农村资料的可获取性，对于“20 世纪”这一历史概念而言，20 世纪闽西农村的研究可围绕着两个操作层面展开，一是学者的田野考察与社区体验，二是文献的搜集与解读，前者的出现并不是要取代后者，而是作为理解后者的一种重要工具，因为文献只有与活生生的社会现实相结合，才能体现制度的有机。事实上，文献是研究不可或缺的根本。值得庆幸的是，关于闽西农村的研究，大量的学者已经做了许多开创性的工作，比如各地的党史工作者、地方志工作者、民间文化的考察者对闽西农村近百年的历史过程做了较为清楚的梳理，也涌现出一批研究论著，并整理了各地的革命文献、地方史志、族谱、碑刻。这些文献为进一步开展 20 世纪闽西农村研究奠定了基石。这也是选择闽西农村作为研究对象的缘由之一。

二

研究对象既已选定，那么如何进行研究、进行考察、进行分析，是一个急需解决的问题。为了在区域研究所特有的“相对性”上有关于“普同性”的考虑，寻找出中国农村在 20 世纪的发展规律，进行闽西农村研究时，必然要围绕几组核心概念进行理论性的概括，形成几种研究思路。这些核心概念是传统/现代化，国家/社会，理性小农/道义小农。提取这些概念，主要从变迁过程、社会结构、价值观念等几个角度考虑。传统/现代化是变迁过程中的概念，具有历时性的考察功能，是文化的时间分析维度；国家/社会是结构互动图景中的概念，具有共时性的分析趋向，是文化的空间分析维度；理性小农/道义小农是社会价值体系的概念，是变迁过程与结构互动的道德支撑与文化依据。由这三组概念描绘闽西农村社会，把经济、政治、文化各层面放置于其中，基本上可将闽西农村描述成一个有机的整体。

传统/现代化是当今学术界研究社会变迁时不可逃避的一组概念。综观20 世纪闽西农村，它实质上也在经历着从传统社会到现代社会的过程。但是在运用这组概念时，不能因为现代社会是传统社会的质的飞跃，而简单地把传统与现代化相对立。实际上传统与现代化是互相依存的，没有传统，无谓现代化，尤其在生产力没有突破的情况下，这种理解尤为重要。“新的生产力和生产关系不是从无中发展起来的，也不是从空中，又不是从自己产生自己的那种观念的母胎中发展起来的，而是在现有的生产发展过程内和流传下来的，传统的所有制关系内部，并且与它相对立而发展起来的。”①因此，即使可以人为地在较短时间内实现所有制和上层建筑领域的变革，但仍需关注其延续性，如马克思指出的，“正像各种不同的地质层系相继更迭一样，在各种不同的社会经济形态的形成上，不应该相信各个时期是突然出现的，相互截然分开的……在这里，其作用的普遍规律在于：后一个生产形式的物质可能性——不论是工艺条件，还是与其相适应的企业经济结构——都是在前一个形式的范围内创造出来的”②。也就是说，生产力虽然有着巨大的革命性，但它是在原有的经济架构中成长的，在条件并不成熟的情况下，它只能在原有的范围内变动，并与原有的诸多经济关系相适应，只有对此充分认识，才能对经济活动有一个更加全面的了解。

以前在闽西苏区社会经济的研究过程中，因为对传统与现代化可依存的关系没有理解透彻，使一些研究结果脱离社会实际，片面拔高某些“新”的迹象，综观闽西苏区的经济发展状况，生产力水平并没有产生质的飞跃，只在传统范围内摆动，从而使表面上具有鲜明革命性的生产关系的某些方面在形式

---

① 马克思：《〈政治经济学批判〉序言》，《马克思恩格斯全集》第 46 卷上，人民出版社1979 年版，第 235 页。

② 马克思：《机器、自然力和科学应用》，《马克思恩格斯全集》第 47 卷，人民出版社1979 年版，第 472 页。

上不得不回归到传统的模式。因此,闽西苏区的经济发展与原有的社会经济有着千丝万缕的继承关系。传统和现代化之间不是对立关系,而是相融的关系,传统和现代化在许多方面是可以转化的,现代化内容的实现完全可以从传统经验中获得途径或借用传统的形态得以推行。传统中有诸多可资利用的因素,比如耕田队、互助组最初的形式就是苏区农村中农户之间的习惯性换工,犁牛社也是农村中几户农家合用一牛的转型,金融中占很大比重的民间债务、商业活动中的农村圩场与传统经济更有直接的继承性。这些都是传统的可利用因素通过具体制度的调整后,发挥原有的优点,剔除了一些弊端,使之成为集结民间资源的有效手段,并逐渐走上现代化的道路。

国家/社会是分析文化的空间结构的思维取向。国家的定义在政治学界多种多样,概括而言,比较一致之处是:“国家是一种制度实体,这种制度实体用相关的符号系统来解释其权威性。”①在历史发展过程中,国家是从社会的矛盾斗争中产生的,因此它是从原来的社会运动中剥离出来的一种制度实体,由此使国家体现出正式的社会制度之外,还存在有大量的非正式的制度,这些非正式的制度与国家的正式制度构成了整个社会结构图景。在研究 20 世纪闽西社会时,国家与社会的关系是值得重视的。整个 20 世纪,就是国家通过制度的建设不断地改造与分化社会机体中的非正式制度,无论是国民党推行的“自耕农运动”“计口授田”,还是中国共产党的基层政权建设,都是希望通过制度的设计,使国家的力量能深入社会基层,使整个社会运行机制按照国家设想而进行。社会的非正式制度主要体现于血缘性家族或宗族及地缘性的自然村共同体,还有现代的祖祠重建委员会、谱局、老年协会、庙宇理事会等等,这些非正式制度在社会基层运作的时间比国家制度要长,体现的社会权威也比国家久,因此在国家社会制度进入基层时,它必然会采取应对措施,或“上有政策,下有对策”,使国家制度成为它们在社会基层运行的保护伞,或改变自身功能,嵌入国家正式制度,成为国家机器的齿轮。

考察闽西 20 世纪的变迁过程时,导入这样的空间结构,导入国家与社会的互动关系,才能如实地体察到社会发展的真正动态,才能理解到社会建设与国家建设的长期性与复杂性。比如宗族问题,宗族是一种非正式制度,闽西作为血缘色彩极其浓厚的区域,宗族势力是相当可观的,但在对待、考察宗族时,

① 时和兴:《关系、限度、制度:政治发展过程中的国家与社会》,北京大学出版社 1996 年版,第 26 页。

并不能从纯粹的国家制度化的角度出发，强行推进国家制度或国家规划，而是要考虑到国家/社会的互动性与结合性，理解宗族的演化与裂变不是一种简单的政策结果，还是一种社会变化的结果。事实上，我们在田野调查中发现，宗族已经不是传统社会的那种社会实体，而是充当了国家在社会基层的文化活动或社会治理的补充力量。它们可以通过血缘关系创办骨灰堂，提倡废除土葬，移风易俗；它们也可以通过宗亲关系、修谱、扫墓，招引海外族人，最终为国家的改革开放、招商引资提供资源；它们还可以运用宗族的道德权威解决某些家庭纠纷、矛盾，等等。宗族问题如是，其他问题也皆如此。

理性小农/道义小农是一种价值衡量的概念，在许多学术研究中或国家政策的制定中，似乎有一个先入为主的理念，认为小农在 20 世纪社会从传统到现代化转型的过程中，是具有极大的经济理性或社会制度遵从能力的。事实上，这只看到了小农活动的一个方面。确实，随着社会的开发、市场的拓宽，小农的经济理性已经与传统社会伦理有了差异，但是小农道德的取向是双重的，一种是正式制度中所依从的文化原则——理，另一种是非正式制度及人际关系中所遵从的文化原则——礼，这两种取向是相互作用与影响的，无法截然分开，在不同场合表现出不同的取向而已。从道德的双重性入手，我们才能更全面地理解 20 世纪闽西农村乡民的许多行为方式。比如法律遵从上，他们可能在大的社会冲突中，将自身卷入国家的正式法律中，将冲突诉诸正式的诉讼程序。但更多的时候，他们是在宗族或自然村落的习惯法范围内解决问题。再如蒙骗行为的认识上，蒙骗村民和家长是不道德的，但是为了村落的利益而蒙骗政府官员，则可能是受到村民赞扬的行为。在村里利用私人关系占用过多的公共利益是遭到谴责的，但是能够为了村庄或某一共同体的利益而去占用社会公利的人，则反被称为能人。另如宗教信仰，虽然新中国成立之后，经历数次的社会运动和文化教育，以摧毁宗教的信仰和场所，但这种努力没有成功。虽然乡民也熟知国家的意识形态，也了解国家建设的目标，他们照样保持“烧香拜佛”。20 世纪 80 年代以来，随着农村经济的大转变，按照理性的经济理论，农民生活水平的提高了，应该没有继续向上天祈福的心理需求，而应该把剩余的资本投入再生产过程中。但事实恰恰相反，20 世纪 80 年代以来，闽西各地的庙宇建设越来越大、宗教活动越来越多。

三

以传统/现代化、国家/社会、理性小农/道义小农为核心概念展开几种思路对 20 世纪闽西社会进行考察，只是剖析社会各种层面的路径，也是我们现今研究的几个角度。这些概念、这些思路、这些路径不是截然分离的，它们在 20 世纪闽西任何一个事件、一个人物、一种制度上，都是综合的体现。事实上，面对着复杂的社会变化，这些思路只能是我们尽自己有限学识梳理的几条社会过程的“辫子”，以求与 20 世纪中国农村的变化有所沟通、有所对话，以引来未来更多学者对闽西社会进行更深入、更多角度的思考，或者研究其他区域社会，与闽西的 20 世纪进行比较，从而更好地理解闽西，理解中国农村的过去、现在与未来。

经济制度的多重趋向

传统改造与现代建构
——中央苏区时期经济制度的两重趋向①

张　侃　孔永松

一、引言

任何历史都是具体的，经济活动的历史也不例外，经济的发展和经济制度的确立，并不是一蹴而就的，它们有一个长期变化的过程、一个长期积累的过程。一方面是生产力与生产关系之间矛盾斗争的结果，另一方面，则是生产力与生产关系之间互相磨合、互相适应的过程，两者的互动才构成了社会经济发展的总体状况。对于生产力与生产关系孰重孰轻的不同理解，导致了不同的社会主义观，产生了对社会经济发展过程的不同认识。马克思曾论述："共产党人可用一句话把自己的理论概括起来：消灭私有制。"②由于对这一论述的片面理解，忽视他对生产力巨大发展之重要性的论述，因此从中央苏区时期开始到20世纪70年代，主流社会主义观都是强调生产关系对生产力发展的重大推动作用，将生产关系带来的生产力发展片面化、简单化。这种社会主义观的存在，使人们在实践中和研究中产生了一系列的偏差，结果"左"的倾向严重。

实际上，"新的生产力和生产关系不是从无中发展起来的……而是在现有的生产发展过程内和流传下来的，传统的所有制关系内部，并且与它相对立而

---

① 原载中国财政学会财政史专业委员会、中央财经大学财政与公共管理学院编：《财政制度与经济发展历史问题研究》，中国财政经济出版社2005年版。

② 《马克思恩格斯全集》第4卷，人民出版社1958年版，第280页。

发展起来的"[①]。因此,即使可以人为地在较短时间内实现所有制和上层建筑领域的变革,但生产的"物质可能性——不论是工艺条件,还是与其相适应的企业经济结构——都是在前一个形式的范围内创造出来的"[②]。也就是说,生产力虽然有着巨大的革命性,但是它是从原有的经济架构中成长的,在条件并不成熟的情况下,它只能在原有的范围内变动,并与原有的诸多经济关系相适应,只有对此充分认识,才能对经济活动有一个更加全面的了解。

纵观中央苏区的经济发展状况,中央苏区的生产力水平并没有产生质的飞跃,只在传统范围内摆动,从而表面上具有鲜明革命性的生产关系的某些方面在形式上不得不回归到传统的模式。因此,中央苏区的经济发展与原有的社会经济有着千丝万缕的继承关系,也只有以此为起点,逐步提高生产力,进而以生产力为突破口,建立起现代化的生产关系与经济制度。

出于这样的观察角度,研究中央苏区经济状况的视野就会比较开阔,就会看到中央苏区经济制度发展的两重趋向。一种就是从闽西赣南旧有的传统经济基础上萌生新的经济制度,其间有一个改造和利用的过程,两者是沿袭、继承和发展的关系。传统中有诸多可资利用的因素,比如耕田队、互助组,它们最初的形式就是苏区农村中农户之间的习惯性换工;犁牛社也是农村中几户农家合用一牛的转型;金融中占很大比重的民间债务、商业活动中的农村圩场与传统经济更有直接的继承性。这些都是传统的可利用因素通过具体制度的调整后,发挥原有的优点,剔除了一些弊端,使之成为集结民间资源的有效手段。另一种就是以马克思主义普遍原理和中央苏区具体革命斗争相结合,建立不同于传统经济模式的经济体系。但是值得注意的是,当时中央苏区的决策层对这两种趋向并没有科学的分析与清醒的认识,片面强调前者,造成了"左"倾错误,产生了一系列负面影响。总体上看,传统和现代化之间不是对立,而是相融的,传统和现代化在许多方面是可以转化的,现代化内容的实现完全可以从传统经验中获得途径或借用传统的形态得以推行,这也正是有中国特色的经济革命之路。

① 《马克思恩格斯全集》第 46 卷上,人民出版社 1979 年版,第 235 页。

② 《马克思恩格斯全集》第 47 卷,人民出版社 1979 年版,第 472 页。

二、中央苏区经济制度中的传统改造

经济结构是经济制度内容的一个重要方面，它往往决定着经济运行模式与经济组织的更新。中央苏区经济结构以农产品、经济作物和手工业制品为主，农产品以米、谷为大宗，经济作物以竹、木、烟叶、茶叶、香菇等为大宗，手工业制品以纸、烟、茶油、糖、夏布、酒等为大宗。这种产品结构，早在明清时期就已形成。[①] 这种产品结构的影响是：山区农民无法消费他们生产的产品，必须把产品投向市场，接受市场运行规律的支配和考验。

明清时期市场流通顺畅，经济就繁荣。如龙南作为赣南的一个小县，“邻邑邻省货物皆至”；[②]龙岩城作为九龙江流域的商业重镇，乾隆年间，有州前市、南门市、东门市、西门市，州前市“厥肆多旅寓，厥货朱、墨、纸、笔、竹器……厥饮惟白酒、红酒、烧酒，厥食鱼、肉、米粉、面线”，南门市“厥货蔬果、牲畜、鲜、鱼、盐、布帛、笠帽、鞋袜、纸笔、漆器、京货、药材之类”。[③] 反之，如果商品经济发展不足，山区生产则呈现萎缩态势，如赣州“郡邑列肆而居者，土人业微利，微利以役手足，供口腹而已”，[④]宜黄“逐末之事，惟苎布、斗方纸而已”。[⑤] 鸦片战争后，西方列强商品入侵，在市场上排挤闽西赣南山区的产品，使该地的经济困境尤为突出。以闽西为例，种烟业和制烟业本来是闽西地区经济作物种植和手工生产的重要部分，闽西商人不仅控制着本地的烟业市场，而且还在四川、湖北、江西、广州、上海等地设有烟行，仅永定，“全县烟叶收入年有百数十万”。但日本三井洋行以洋烟进行市场倾销以后，“造烟工厂及售烟商店倒闭甚多，烟叶衰落，便影响于农民及一大部分手工工人之收入”[⑥]。三井洋行在

---

① 见张侃、徐长春：《中央苏区财政经济史》，厦门大学出版社1999年版，第21—31页。

② （道光）《龙南县志》卷二《地理志·坊乡·墟市》。

③ （乾隆）《龙岩县志》卷二《规建志·街市》。

④ （道光）《赣州府志》卷二十一《风俗》。

⑤ （道光）《宜黄县志》卷十一《风俗》。

⑥ 《中共福建临时省委三月份工作报告》（1928年3月），中共龙岩地委党史资料征集领导小组、龙岩地区行政公署文物管理委员会编：《闽西革命史文献资料》第1辑，1981年，第190页。

龙岩设有代办处,“吉安、赣州等地则有美孚、亚细亚等洋行”,有了这些洋行之后,一时“市面洋货、西药、纸烟非常充斥”,[①]直接打击了本地商品。据《上杭县志》记载,“旧时人家皆自织夏布棉布,近数十年多用外布,而机织已绝”,“烟纸两项出产大宗,旧时岁入总百数十万,然自洋纸、纸烟输入,势成弩末”,手工业便逐渐破产。

中央苏区经济延续赣南闽西的传统的山区的产品结构之后,经济运行模式就有了共通之处。当国民党进行经济封锁,赤白贸易不畅时,经济发展就受到影响,“苏区许多生产品,如竹木、油、纸等,因为敌人的经济封锁不能出口”[②],出现一些商品过剩的状况。闽西各县,光纸一种产品,由于经济封锁,积存过多,龙岩积存了 40%,上杭积存了 10%,永定积存了 30%,长汀积存了 30%,[③]其余的产品也出现类似问题,这种状况势必造成工人的失业,木业工人、制纸工人、刨烟工人等大量失业。[④] “做生意的没有生意做,撑船的没有船撑,挑担的没有担挑”[⑤],“生产竹木、油、纸等农业工人陷于贫困与失业”。[⑥] 商业萧条,从闽西各县圩镇的商业变化指数就看得很清楚,整个趋势是下降的。[⑦]

---

① 《张怀万巡视赣西南报告》,江西省档案馆、中共江西省委党校党史教研室选编:《中央革命根据地史料选编》(上),江西人民出版社 1982 年版,第 388 页。

② 洛甫:《论苏维埃经济发展的前途》,《斗争》第 11 期,1933 年 4 月 22 日。

③ 《中共闽西党第二次代表大会日刊》(1930 年 7 月 8 日—20 日),江西省档案馆、中共江西省委党校党史教研室选编:《中央革命根据地史料选编》(上),江西人民出版社 1982 年版,第 299 页。

④ 《巡视员谢运康给中共福建省委的报告》,江西省档案馆、中共江西省委党校党史教研室选编:《中央革命根据地史料选编》(上),江西人民出版社 1982 年版,第 143 页。

⑤ 毛泽东:《寻乌调查》,中共中央文献研究室编:《毛泽东农村调查文集》,人民出版社 1982 年版,第 41 页。

⑥ 洛甫:《论苏维埃经济发展的前途》,《斗争》第 11 期,1933 年 4 月 22 日。

⑦ 《中共闽西党第二次代表大会日刊》(1930 年 7 月 8 日—20 日),江西省档案馆、中共江西省委党校党史教研室选编:《中央革命根据地史料选编》(上),江西人民出版社 1982 年版,第 299 页。

表1　闽西各县圩镇商业变化指数统计表

	1928年12月(暴动前)	1929年12月(暴动后)	1930年6月	1930年7月
岩城	100	70	70	70
坎市	100	50	50	50
芷溪、新泉	100	70	84	90
芦丰	100	50	75	80
回陇、官庄	100	120	60	90
丰稔市	100	80	88	90
陈东坑	100	30	39	60
龙冈乡	100	50	60	70
古田	100	60	60	60
旧县	100	80	40	30
下洋	100	70	70	70
雁石	100	70	35	20

产品构成与运行模式上，中央苏区经济与传统经济是相通的，由此也使中央苏区经济活动中的许多具体组织与传统经济中存在的经济组织一脉相承，尤其是合作社这种小生产者的经济组织。

农业生产中的劳动互助社就是如此，它是传统经济中贫苦农民普遍实行的习惯性换工的一种转化。传统经济中，闽西赣南山区的手工业者和经济作物种植者较多，他们受雇于人，经常要外出做工。比如上杭县才溪乡，八百榔头千把斧，一乡“总共泥水工匠数千之多”，他们经常赴漳州、泉州一带包工程，农忙时节，无法返乡。在劳动力缺少的情况下，村里的四五户，七八户自愿结合，劳动力足的家庭帮劳动力不足的。再如长汀县的大量劳力也在外务工，据《永安县志》载，“铁匠，汀州、广东人……为陶、为冶，先系汀州、广东人；锡匠、铜匠，亦属汀州人……靛青客，汀州人；采蓝，亦汀州人”。[①] 因此，长汀也有小范围的互助组织，它们在秋收农忙时，几家互相搭伙，进行劳动互助，俗语称为“搭伴”。另外，农产品的成熟时间在不同的地区是不一样的，这也会使农村互助换工得以大量存在。例如，龙岩的东肖、黄坊、湖邦、西山、陈陂及城郊一带地少人多，多种两季；而小池等地则多为一季，个别两季。收割时是东肖等地

① （道光）《永安续志》卷九《风俗志》。

早,小迟等地迟,久而久之,这两处地方有了劳动力交流的习惯。六、七月间,东肖等地正在夏收夏种,劳动力忙不过来,而大池、小池等地夏收未到,许多雇农、贫农均到东肖等地做短工,参加夏收夏种。到了八、九月间,情况则相反,东肖等地的雇农又到大池、小池一带去帮工。山田和洋田也有这种劳动力互换的来往。[①] 正是这种习惯性的换工组织,使得中央苏区在中央红军队伍扩大,劳动力缺乏的情况下,自然而然地组织了耕田队,扩大协作范围,以补偿劳动力不足对苏区农业的影响。

犁牛合作社是在传统农业生产中的牛会组织与犁牛共用的基础上实现的。牛会组织就是农村原始互助合作习惯的表现,数户合股喂养,轮流使用。[②] 犁牛共用则如兴国县永丰区,贫农以百家论,“两家共一牛的四十家,三家共一牛的十家,四家共一牛的五家”。[③] 这些组织形式都是为了解决农村中普遍存在的缺乏耕牛农具的问题而形成的。而当中央苏区出现同样的耕牛农具缺乏的情况并影响生产时,这些组织形式就会焕发它们的生命力,通过群众集股形成犁牛合作社。

粮食合作社和粮仓的功能来源于传统社会经济的义仓和常平仓。义仓和常平仓起源于秦汉,明清时期,乡、镇一级均设有这种组织,它的目的就是用平粜或平准的方法来调节粮价,解除剪刀差和谷贱伤农的现象,贮备粮食赈荒。毛泽东在做兴国调查的过程中,发现第一乡有四个义仓,第二乡有五个义仓,第三乡有六个义仓,第四乡有一个义仓。[④] 当中央苏区也出现剪刀差和谷贱伤农的情况时,就可以借鉴义仓和常平仓的形式来解决问题。粮食合作社就是在类似的背景下产生的,设立目的是发挥平粜的功能,高价粜入,低价粜出,以调剂市场粮食价格。而粮食合作社等组织在每村设的粮仓基本是沿用旧时的义仓或修葺义仓以供使用。

除此之外,商业活动中的圩场和地区间的商品集散地以及商业活动路线

---

① 中共龙岩地委党史资料征集研究委员会:《龙岩人民革命史》,厦门大学出版社1989年版。

② 傅衣凌、杨国桢:《明清福建社会经济与乡村社会》,厦门大学出版社1988年版,第75页。

③ 毛泽东:《兴国调查》,中共中央文献研究室编:《毛泽东农村调查文集》,人民出版社1982年版,第217页。

④ 毛泽东:《兴国调查》,中共中央文献研究室编:《毛泽东农村调查文集》,人民出版社1982年版,第219页。

也是沿袭传统经济而来的，如“江西仍是圩场经济，每隔几天一次圩，农民拿东西到圩场上来卖”。[①] 以闽西圩场经济为例，入清之后，长汀有圩市 13 个，永定有 31 个，武平有 3 个，上杭有 29 个。1941 年，学者对闽西圩场进行了调查，长汀有 10 个，上杭有 33 个，永定有 25 个。[②] 这组数据对比，说明闽西圩场经济在几百年之内保持的水平比较稳固，并没有因政治形势的变化产生大波动，农村商业交换活动的主要基地是圩场，即集市。

不过，中央苏区的经济制度并不是简单地照搬或复制传统经济的这些组织，它是利用了其中的一些合理因素并加以改造，以适合当时的生产力状况。换工或帮工原来在农村还没有形成一种稳固的、可供管理的机制，尤其在不同的区、乡之间进行换工的情况不多，整个农村换工还处于一种自发、零散的状态，而中央苏区的劳动互助社则是在群众自发的基础上，各级政府加以一定的管理，使之成为农村稳固的调剂农业劳动力的组织，保持了农忙时劳动力的稳定供给。耕牛和农具方面，农村原有的牛会虽然有合股喂养、轮流使用的互助一面，但它也有被合股人用以牛租剥削，对无牛贫农进行牛租榨取的一面。[③] 中央苏区的犁牛合作社则是把原来牛会中极不合理的剥削因素剔除，使之成为社员间互利互惠的组织。粮食合作社与粮仓则在继承义仓平籴粮价的合理功能基础上，使粮食合作社和粮仓的管理者完全成为群众自身，摒除原来由于义仓掌握在乡村士绅手中，而有对农民进行不合理利息剥削的现象，同时，中央苏区的粮仓比义仓的容积又有扩大，平均一个粮仓可储藏粮食 300 石，而义仓一般则为 200 石，因此，粮仓能发挥的作用比义仓更大。

圩场的例子则更能说明改造和利用的一面。传统经济形态下，圩场经常由家族管理或由恶霸地主把持，给商品经济的发展带来极大的不利。而中央苏区的圩场则通过苏维埃政府的专政权力，首先把圩场的恶霸地主进行处理，而后在圩场上规定买卖公平，使圩场真正能发挥乡村商品自由流通的功能，使群众不受剥削和压制地互通有无，而且除了改造旧圩场之外，中央苏区还尽可能地开辟一些新圩场，以最大限度地解决农村商品流通的问题。

改造圩场的典型是草林圩。草林圩是遂川县较大的圩场之一，东临县城，

---

① 欧阳钦：《中央苏维埃区域报告》，江西省档案馆、中共江西省委党校党史教研室选编：《中央革命根据地史料选编》（上），江西人民出版社 1982 年版，第 380 页。

② 翁绍耳：《福建省墟市调查报告》，私立协和大学农学院农业经济学系印，1941 年。

③ 傅衣凌、杨国桢：《明清福建社会经济与乡村社会》，厦门大学出版社 1988 年版，第 75 页。

南通南康、上犹、赣州，西达湖南的桂东、沙田，北靠五斗江、黄坳、井冈山，是遂川西北地区土特产品的主要集散地和日用商品的中转站，圩场设有 111 间店铺。红军到来之前，圩场经济把握在黄礼瑞、郭晓明等土豪的手中，1928 年 1 月红四军到达草林圩后，就着手改造草林圩，对于土豪劣绅和不法资本家的财产予以没收，对于小商小贩和一般商业者，采取保护政策；摧毁国民党的税收机关，取消苛捐杂税；公平买卖，自由买卖，严禁投机奸商对群众的物资进行非法地抢购套购。经过改造，草林圩重现开圩后，一、四、七逢圩，热闹非凡，赶圩的人，不仅有本地的农民，还有左安、大汾、桂东、樟东、唐江、营前的商贩以及广东、福建的中小商人，这是以前从未有过的。草林圩的改造，也使圩场交易的商品较以前更为丰富，土特产如茶油、药材、茶叶、黄麻、粉丝、柑橘大有销路，外来品如唐江的盐、糖，县城的布匹、百货，营前的生铁，桂东的硫磺源源不断地被挑来草林圩交易。

开辟圩场的典型是大陇圩。大陇圩位于宁冈县南面，离遂川、酃县、茶陵都很近。红军来之前，由于没有圩场，商业活动和物资交流都存在一定的困难。1928 年，为了方便群众，粉碎敌人的经济封锁，苏维埃政府开始筹备兴建圩场棚子。1928 年 5 月 28 日，大陇圩正式开圩，由政府管理圩场，派赤卫队巡逻，维持圩场的正常贸易秩序。开圩后，附近各地的群众纷纷于二、五、八圩日来赶圩，从遂川、酃县、茶陵等地把食盐、布匹、西药等奇缺物资运到大陇圩，有力地活跃了地区经济。

通过改造和开辟这两种方式，中央苏区的圩场经济在传统的形态和规模上有了长足的发展。管理规范，为了便利群众交易，“度量由政府统一规定”，并由政府统一管理牙人和牙钱；[①]圩场有时由 10 天一圩改为 5 天一圩。贸易扩大，每圩交易数额数百元至数千元不等，每期交易多者达百担，少者达四五十担，江西上犹营前圩每圩人数远远超过以前的水平；瑞金壬田圩每逢四、九圩日，物品不计其数，有粮、油、豆、花生、猪、牛、鸡、鸭、蛋、木头、竹子、竹木家具、瓜菜果、纸张、土布、柴火、药材等等，每圩人数万余人，来自宁都、石城、于都、长汀、宁化等地。圩场还强化了市场流通网络，如通过壬田圩，米、油、豆、猪输往长汀、宁化，竹木家具销往县城，盐、纸张、小百货从福建运来，布匹从赣州运来。圩场的发展，还有利于集体及公营商业的发展，区乡一级消费合作社

---

① 《闽西特委通告 115 号》，江西省档案馆、中共江西省委党校党史教研室选编：《中央革命根据地史料选编》(下)，江西人民出版社 1982 年版，第 376 页。

的主要活动场所是圩场，以壬田圩为例，区消费合作社设有盐、布、西药三个店，壬田乡消费合作社设有两个店，凤岗乡、圳头乡、竹头乡、中潭乡各一个店，这样就把各层次的商业活动组织通过圩场连接起来，共同发挥商业流通和促进生产的作用。

中央苏区发展和改造传统经济形式，就是把农村中的这些合理因素进行推广和普及，也就是利用政府的经济管理和控制能力，对群众进行组织与宣传，大力发展这些合理因素。因此，中央苏区劳动互助社的数量很多，与原来乡村社会中零星的换工相比，是不可同日而语的；粮食合作社的福利功能及数量，与义仓的利息剥削和借贷限制严格相比，则更合乎人民群众的利益。

三、中央苏区经济制度中的现代建构

中央苏区工农群众在中国共产党和苏维埃政府的领导下，开展了土地革命运动，将封建土地所有制变为农民土地所有制，并在此基础上，恢复和发展了农业、工业生产，建立了统一的财政金融事业，按照现代社会经济模式，建构了一整套具有自身特色的经济体系，其成分按毛泽东所言，“是由国营事业、合作社事业和私人事业这三方面组成的”。[①]

中央苏区经济结构的产生和经济体系的建立是马克思主义普遍原理和中央苏区具体革命斗争相结合的重要例证。马克思主义的无产阶级社会革命的理论曾揭示了暴力革命、无产阶级专政的社会革命的道路，并提出只有无产阶级夺取政权后，建立了自己的政治制度，才能建立自己的经济体系，形成自己的经济基础。但是中国共产党人通过暴力革命，获得了局部割据的红色政权，在这么一个区域内，如何建立自己的经济基础，却是一个崭新的课题，因为它与马克思、恩格斯所设想的从资本主义经济到社会主义经济的变化过程有较大不同。中国共产党人通过斗争和实践，结合实际情况，在战争环境和小农经济占主体的经济状况下，按照生产力的多层次发展的具体情况，采取了多元化的所有制结构，即公有制为主导的国营、集体、私人经济并存的经济结构，使之既有集中规模作业的国营事业，又有生产社会化程度较低，手工操作，但相当普遍的合作社事业，以及可以分散灵活经营的个人私有经济。就当时中央苏

① 毛泽东：《我们的经济政策》，《毛泽东选集》第1卷，人民出版社1991年版，第133页。

区的情况而言，这种经济相对地克服了资金不足、技术缺乏给经济发展带来的困难，从而为集中经济力量，保证战争供给，改善人民生活，巩固中央苏区，提供了一定的物质保障，这无疑是对马克思列宁主义理论的丰富和发展，同时也是向现代转型的经济体系的萌芽。

所谓的“现代转型”，就是虽然由多种成分构成，私营经济得以保护和扶植，但他们必须以接受国营经济的领导为原则。国营经济和合作社经济在苏区经济体系中，数量上不占主流，但社会主义的迹象是极其明显的，合作社经济虽然不完全是社会主义性质，“只是农民和小生产者的小商品经济的集体化形式”①，“目前不是社会主义的经济”，但是“因为资本家与富农加入合作社是完全禁止的”，合作社“反对着资本主义，具有对于资本主义离心的作用”，因此，它并非资本主义企业，而是“可以成为反抗‘社会主义转变以前’的资本主义关系的很好武器，而成为社会主义转变的有力杠杆”，它的发展趋向将随着中国工农民主专政走向社会主义而成为社会主义的经济。② 再者，政府积极参与生产的宏观计划，“各级政府必须抓住目前经济建设上的几个中心工作，如农业与工业生产的发展，粮食的调剂，合作社的扩大，对外贸易处的建立，国有企业的发展等”，“设立国民经济部主要的机关——设计局与调查统计局，并规定在各专门行政机关——农业部、工业部、交通部、国内外贸易部未设立以前，这些机关的行政工作，全部或一部交由国民经济部管理”③。这种计划性的生产，目的是使私人资本主义在整个社会经济的发展过程中避免无政府的盲目生产和垄断资本的现象出现。

四、两重趋向的认识不足及负面影响

两重趋向的经济制度存在，说明传统经济制度的优势是可以发挥的。但对于这种农村经济状况与具体国情，当时的中央苏区的决策层并没有很好地认识，对现实存在的经济延续与继承关系重视不够或视而不见，片面希望通过

---

① 寿昌：《关于合作社》，《斗争》第18期，1933年7月15日。

② 洛甫：《关于苏维埃经济发展的前途》，《斗争》第11期，1933年4月22日，第124页。

③ 《关于设立国民经济部》，1933年4月28日，中国社会科学院经济研究所：《革命根据地经济史料选编》(上)，江西人民出版社1986年版，第117～118页。

生产关系的所有制革命全面推动经济的发展，结果走上了经济活动中的“左”倾，产生一些负面效果。

比如，平均主义盛行。中央苏区作为个体农民、小资产阶级占大多数的农业区，平均主义有其可沉淀和滋生的机体，同时，中国共产党人刚刚接受马克思主义，对于共产主义的真正含义并没有理解透彻，反而因对共产主义有所误解，进行了脱离实际的超越生产力的空想式的宣传，片面夸大“公”“平”的一面，引发了平均主义的进一步繁衍。平均主义对经济建设的危害是多方面的。

在农业上，一者，提出组织集体农场，说“赣西南的社会主义经济完全停留在农业经济上面，自耕农比较多，生产不集中；把豪绅地主的田集中起来，使雇农共同耕种，创造一个规模出来，慢慢的使农民对于共同生产的观念在脑筋里留个疤痕，再逐渐推广转私有生产为共同生产，走上社会主义经济的前途”。[①]这种“左”的措施是严重违背中央苏区小农经济的现实状况的，以集体农场、集体农庄的组织形式剥夺了农民对土地私人占有的权利之后，就无法激发农民农业生产的积极性，直接影响到农业经济。二者，对有相当生产能力的中农打击过大，如瑞金“把中农的坟堂和房屋都没收了”[②]；闽西永定则甚至波及贫农，贫农“明明是替地主耕田，不过耕的田多”，也被认为是富农，“至于稍富裕的中农，‘以（收）多比（付）大’的租谷亦认为富农了”[③]。三者，农业的平均主义还体现于红军家属经济生产的依赖性，“在一、二、三几个月中，在这些县分（兴国、公略、赣县、永丰、万泰）发生红军家属生活一切都依赖政府解决的不好现象，红军家属一餐无油无米，也到政府去要，甚至红军家属自己有牛不耕田，要政府派人派牛到他家耕田，等等”[④]。

在工商业上，平均主义的倾向尤为严重，主要就是过激的“左”的政策。其一，平均主义一直企图平分工商业者的财产，强行拉平贫富差别，没收工厂、商

① 《赣西南特委（工作综合）报告》（1930 年 9 月 28 日），江西省档案馆、中共江西省委党校党史教研室选编：《中央革命根据地史料选编》（上），江西人民出版社 1982 年版，第 331 页。

② 张如心：《坚决纠正反中农的倾向》（1932 年 9 月），中共龙岩地委党史办公室编：《闽西党史研究参考资料（1931 年—1934 年）》，合订本 2，内部发行，1958 年。

③ 《永定县第七次工农兵代表大会决议案》，革命根据地财政经济史编写组编：《革命根据地财政经济史长编》（上），浙江新华印刷厂 1987 年版，第 257 页。

④ 《江西苏区中共省委工作总结报告》（1932 年），江西省档案馆、中共江西省委党校党史教研室选编：《中央革命根据地史料选编》（上），江西人民出版社 1982 年版，第 436 页。

店，焚烧账簿，抢夺商人货物，提出过高劳动条件和福利待遇等屡见不鲜，这些都严重脱离了苏区实际，只是从平均工商业者财产的要求出发，只考虑到狭隘的经济利益，而忽视了发展苏区经济的根本利益。其二，平均主义的工资制度助长了懒汉、怠工思想，如汀州京果业店员工人的工资基本上拉平，没有多大差别，“大部分青工和成年工人的工资已经相差不远”，在 51 个店员中，工资为 25 至 32 元的占绝对多数，而股东老板和管理人员，“最多不得超过十元”。[①]这种工资上的平均主义不可能调动工人、管理人员和股东老板的生产积极性，许多工人就不认真干活，因为干多干少、干好干坏一个样，而工厂主在这种情形之下，看到无利可图，自然也会消极怠工。平均主义工资制度产生的负面影响还涉及国营经济和合作社经济，使这些企业的工作效率减低，“茶陵有缝工两天做一条裤子，永新合作社六月至七月还没有赚到六元大洋，因此引起一般群众的不满意，不雇佣合作社工人做工”。[②] 其三，平均主义对正当的经济利益采取忽视的态度，影响了正常的经济运行。比如合作社经济，许多人“讳言利”，认为“赚钱也是赚大家的，蚀本亦是蚀大家的，在这种态度影响下，流行了赊账制度，如四都合作社一万多毛本钱，欠账四千毛；白沙横江乡合作社二千多毛本钱，有一个人就欠了一百二十九毛半，而且欠了八九个月；才溪区的合作社红军家属挂欠不少……卢丰区水井乡三百多元本钱都吃光了……旧县粮食合作社本钱有一千四百六十元，现在只有七十多元了”。[③] 白鹅、门岭、于都等地一些合作社因任意赊账拖欠而使自身资金周转不灵，最后倒闭。[④] 再如国营商业——“红色饭店”，由于平均主义思想作怪，以优待过路来往的干部和红军家属为主要任务，结果“致各处饭店办理不好，而且多数垫本”。[⑤]

由于中央苏区经济具有的现代转型趋向，它的体系化发展需要一定的计划，即国家政府作为重要的角色参与经济建设，合理地配置资源，以获得最好

---

① 陈云：《怎样订立合同》，《陈云文选（1926—1949）》，中央文献出版社 1984 年版，第 19 页。

② 《湘赣苏区省委党团报告》，革命根据地财政经济史编写组编：《革命根据地财政经济史长编》（上），浙江新华印刷厂 1987 年版，第 787 页。

③ 寿昌：《关于合作社》，《斗争》第 18 期，1933 年 7 月 15 日。

④ 中国社会科学院经济研究所：《革命根据地经济史料选编》（上），江西人民出版社 1986 年版，第 180 页。

⑤ 《江西省苏扩大会议的第二次全体执行委员会关于经济问题的文件》，1933 年 3 月，革命根据地财政经济史编写组编：《革命根据地财政经济史长编》（上），浙江新华印刷厂 1987 年版，第 885 页。

的经济效益来支持战争，改善民众生活。不过国家政府参与经济活动的深度和广度是有一定限制的，如果计划过强或过弱，则会适得其反。

苏区政府的经济计划总的说来是过强的，它所涉及的层面，不仅仅是经济政策和经济调控上，而是直接参与各种类型经济组织的管理和操作，因而产生了一些不良的后果。比如，国营企业的生产资料和生产费用都是由国家供给的，企业的产品也全部上缴国家由其统一分配，在这种计划性供给管理的制度下，企业无法取得独立性，不利于企业主动性的调动、劳动时间的节省和产品质量的提高。而厂长负责制在此种情况之下，只负责工厂的生产和人事的变动，根本不考虑市场的需求和原材料的供给及成本情况，割裂了生产与市场之间的关系。再如合作社事业，合作社对合理调剂劳动力、耕牛，发挥集体协作能力，促进苏区工商业，是发挥了巨大作用的，但是由于过分强调合作社发展的计划性，在实践中，部分地区往往抛弃自愿入社的原则，不管具体情况，统统通过训令强行执行，并以合作社发展的状况作为政府工作能力的评估标准，陷入教条主义的政治动员、组织发展、评比检查的“三部曲”中。其结果是使一些合作社虽然挂牌，但有名无实或以次充好，“有部分合作社没有依照合作社简章，只是在一起做工，没有集股，做一天分一天工资”①。如有的粮食合作社在盲目发展的情况下，“一部分做了消费合作社的营业，一部分只贮藏一些谷子，尽备荒仓的作用。其余一部分则简直只挂空名，没有实际的合作，真正买卖粮食，调剂粮食还非常的少”②。有的合作社则被富农和资本家掌握，博生的一个缝衣合作社，“有一些流氓、法警、斋公等等也混在合作社内工作……侵犯工人利益”③。

与计划性过强并生的问题就是条块分割，中央苏区政府对经济一般采用分口领导、分块领导和双重领导相结合的方式。分口领导即把苏维埃政府经济工作部门划分为国民经济部、财政部、粮食部、总供给部等若干口进行领导；分块领导即在中央苏区内划分若干省份和直属县进行具体的、区域的领导；双

① 革命根据地财政经济史编写组编：《革命根据地财政经济史长编》（上），浙江新华印刷厂 1987 年版，第 740 页。

② 中国社会科学院经济研究所：《革命根据地经济史料选编》（上），江西人民出版社 1986 年版，第 175 页。

③ 《博生城市工人的劳动合同》，《省委通讯》第 8 期，1933 年 6 月 24 日，革命根据地财政经济史编写组编：《革命根据地财政经济史长编》（上），浙江新华印刷厂 1987 年版，第 739 页。

重领导即中央分设于各省、直属县的下属机关，既受中央主管部门的领导，又受所在省、直属县政府的领导。这种条块分割的管理模式的存在是由一定的原因造成的，即政府工作的干部不足、区域之间阻隔严重、交通十分不便等。但是条块分割的弊端不少，如国营企业的领导机构重叠，不同领导机构由于看待问题的立足点不一致，往往会制定不同政令，一旦下达，企业的生产就无所适从，导致企业生产的混乱。同时，条块分割还会产生地区经济的发展不平衡与各产业发展的不协调。就拿合作社来说，据1932年3月18日福建省第一次工农兵代表大会统计，由于各种合作社分属的部门不同，全省一年多时间中，共建立了90多个合作社，其中生产合作社只有十来个，消费合作社占了90%左右，[①]这很明显是生产性产业和流通性产业在发展上的不协调，流通过多，而生产性的、能实际创造社会价值的合作社不够，这种不协调现象一直在中央苏区持续。以1933年和1934年的数据为例：[②]

表2　1933年、1934年生产性合作社与消费性合作社情况统计表

类别	生产性合作社		消费性合作社（粮食合作社、消费合作社）		1933年比例	1934年比例
	1933年	1934年	1933年	1934年		
社数(个)	76	176	874	11 852	1∶12	1∶67
社员(人)	9 276	32 761	185 122	539 897	1∶20	1∶16
股金(元)	29 351	58 552	186 564	564 604	1∶6	1∶4

五、结　论

“从现代化的理论框架来看，近百年来为振兴中国而进行的各种政治、经济、文化运动，都可统称为探索中国现代化的运河。”[③]中央苏区作为中国共产

① 革命根据地财政经济史编写组编：《革命根据地财政经济史长编》(上)，浙江新华印刷厂1987年版，第662页。

② 吴亮平：《目前苏维埃合作社的状况和我们的任务》，《革命根据地经济史料》(上)，第173页。

③ 罗荣渠：《现代化新论——世界和中国的现代化进程》，北京大学出版社1993年版，第341页。

党进行现代化尝试的基地,它所推行的各项运动实际上是中国现代化过程中的一个重要组成部分,中央苏区的经济制度虽然具有两重趋向,但仍是中国共产党人经济现代化实践的首要环节。因为它所包含的现代化因素是多重的。其一,实现了经济活动中理性观念,在传统社会的宗法观念下,经济活动及其组织大多数是以血缘为纽带的,并不合乎经济发展的客观规律,同时与宗法制度并生的等级制度,也严重遏制了经济活动中人与人平等关系的形成,而中央苏区的经济模式,一方面接受传统经济模式中适合生产力水平的某些组织,另一方面又把血缘性的宗法观念剔除,把这些组织改造成地缘性或业缘性的组织,代之以互利互惠的、人与人之间平等的经济关系。其二,传统社会下,小农经济的分散性特点,使得国家在经济的计划性工作上无能为力,这对经济现代化又是非常不利的。计划性的缺乏,往往使小农经济改造举步维艰,中央苏区经济的模式在土地革命的基础上,创立了一整套有序的财政制度、金融制度以及工业管理和商业管理制度,这无疑对中央苏区小农经济的改造是极为有效的。当然,中央苏区的经济模式还仅仅是中国共产党人探索中国特色经济现代化的一个起步,尤其在战争环境下,草创过程中,存在若干不完备的问题和某些区域性的特征。但无论如何,它的许多原则是符合历史事实的,是在合理的现代化轨迹上运行的,是中国现代化的一个重要组成部分。

福建苏区集体合同制的推行与曲折

——以陈云的《怎样订立劳动合同》为中心[①]

张　侃

苏区时期是中国共产党人逐渐摆脱形而上的教条主义,走向科学发展的重要时期。在此阶段,中国共产党人逐渐摆脱纸上谈兵式的工作作风,转向了实事求是的工作方式,确立了中国革命的基本原则。把革命重心从城市转移到农村,意味着对中国革命核心力量的重新理解和认识。在城市革命阶段,工人的作用突出,但转入以传统经济为主体的乡村社会后,如何动员以手艺工人和店员为主体的工人阶级群体,以及如何运用有效手段吸纳他们成为革命的重要力量,是共产党人所面临的一项课题。在这个过程中,中国共产党人走了一些弯路,也纠正过一些错误,积累了不少经验。学界着眼于 1931 年制订的《中华苏维埃共和国劳动法》中的"左"倾已有了一些论述,由于劳资关系往往以合同契约得以体现,而在苏区《劳动法》中,"集体合同"作为劳资雇佣的新名词也得到了普遍强调,学界对此尚无深入的研究,本文将围绕陈云的《怎样订立劳动合同》中的集体合同范本,分析福建苏区的"集体合同制"的推行和实践过程,以求教于方家。

一、《怎样订立劳动合同》中的集体合同范本

1933 年 6 月,陈云从瑞金出发前往长汀,指导汀州京果业工人与资方订立劳资合同,于 1933 年 7 月 2 日撰写了《怎样订立劳动合同》,发表在中国共

① 原载中国中共党史学会、中共福建省委党史研究室编:《纪念福建省苏维埃政府成立 80 周年理论研讨会论文汇编》,2012 年。

产党苏区中央局的机关报《斗争》第 18 期，收入《陈云文选》第一卷时有删节。该文最为重要的内容是保存了一份劳动合同，具体如下：

中国店员、手艺工人工会汀州市委员会代表京果业支部会员工人王其夫今与泰丰号京果雇主订立劳动合同如下：

第一条　本合同自一九三三年七月一日起，系临时双方规定的无限期劳动合同，只能适用于现在本市京果业因汀州邻近的白区无法来货时。若工会认为情形有部分或全部改变，随时有权要求部分或全部修改合同，但雇主不得借口经济封锁故意不进货物。

第二条　工人工资照一九三一年下半年数额。工人王其夫每月工资大洋二十元（伙食六元包括在内）；每月由雇主另外发给理发、洗衣杂费大洋九角。工资每月一号、十五号两次发给。股东老板在店内有一定职务而支薪者和管理人员（人数均照现在，不得增加）的工资，在本合同有效期间，均照革命以前最后一年工资额数支付；但其工资革命前在十元以内者，不减不加，革命前支十元以上者，现在最多不得超过十元。老板及管理人员的子弟在店内当学徒者，如不能做生意不给工资，能做生意者照一九三二年六月份工资减半。

第三条　工作时间以八小时为标准，但工人可以按照每日店内营业时间的忙闲来安排（忙时在店，闲时休息），平均计算每日不超过也不少于八小时。

第四条　工人工作六天，休息一天。为使星期日店内继续营业，工人可在七天中轮流休息。如果工会会员大会决定星期日工作，将该星期日工资捐助某项运动时，则星期日工作者应给全部额外工资。

第五条　每年例假照劳动法规定执行，不扣工资。客家工人每年另外可以回家两个月，照发工资；如不回家者，雇主津贴工资一个月。例假和客家工人回家时间的选择，可于店内营业较闲时；如工人有紧要事情，则不在此限。

第六条　工人有疾病，在三个月以内者，由雇主负责诊治药费，并照给工资（花柳病及吃补药除外）。

第七条　雇主除每月十足付给工人工资以外，每月再应付出工人全部工资额的百分之六为失业保险金（除老板、工头外，不论工会会员或非会员均应照付），由雇主交社会保险局，工会得随时要求查到社会保险局的收据。雇主每月应付出工人全部工资额的百分之二为工会办公费，百分之一为文化教育费，均按月交工会。

第八条　雇主承认工人组织的监督生产委员会。该委员会有权随时要求查阅账册、货款。

第九条　本合同有效期间，劳资双方如有争执，悉按现行劳动法令办理。中央政府修正的劳动法颁布以后，依照该修正的劳动法办理。

雇主　泰丰号　　　店员　王其夫

中国店员、手艺工人工会汀州市委员会

公历一九三三年六月

这份合同是手艺工人工会汀州市委员会代表京果业支部会员工人王其夫与汀州京果行泰丰号雇主订立的劳动合同，涉及了三个当事人，即工会、店员与雇主。根据陈云的记载，该合同的签订过程中，三个当事人均曾出现，即“选举了签订合同的五人委员会，领导工人同每家店铺的老板去签订合同”[①]。这份“劳动合同”与传统的雇工契约最大的差别在于工会成为工人或被雇人员的代表，采取行业统一格式与雇主签订有关雇佣关系中的权利和义务，是“集体合同”的范本。对于集体合同制度，1931 年通过的《中华苏维埃共和国劳动法》中辟有专章说明：

第十条　集体合同是一方面由职工会代表工人和职员与另一方面的雇主所订立的集体条约。在该集体合同上规定出企业，机关，家庭及私人雇主对于雇佣劳动者的劳动条件，并规定了将来雇佣劳动者个人与雇主间订立劳动合同的内容。

第十一条　集体合同的条件，对于该企业或机关内的全体工作人员，无论他加入了职工会与否，都发生效力。

第十二条　业经劳动部注册的集体合同，自双方签字之日起，或依合同上所规定的日期起发生效力。

第十三条　劳动合同是一个工人或几个工人与雇主订立的协定。劳动合同的条件，倘与劳动法，现行的劳动法令及集体合同的条件较恶劣者皆不发生效力。有期限的集体合同和劳动合同的有效期间，不得超过一

① 陈云：《怎样订立劳动合同》，《斗争》第 18 期，1933 年 7 月 2 日。

年，工会在合同未满期以前，有权取消合同。[①]

追溯历史，集体合同制的出现与国际工人运动有着密切关系，在不同的国家或不同时期的文献中的称谓和表述不尽相同，如集体协议（协约）、集体劳动合同、团体协议（协约）、联合工作合同，是与个人劳动合同相对的。其执行形式是集体协议，是一个雇主、一群雇主，或者一个或多个雇主组织为一方，一个或几个代表性的工人组织（或依法由工人选举并授权的代表）为另一方，关于工作条件和就业条件的一切书面协议。也就是说，它是通过法定选举程序推选代表进行集体谈判而实现的，发源于 18 世纪末 19 世纪初的欧美工业化国家。1799 年，美国费城制鞋工人迫使雇主签订增加工资的协议，虽然协议内容简单，但开启了集体谈判的先河。集体谈判制度推动了行业工会的发展。1850 年英国纺织、矿山、炼铁业工人就工资等问题与雇主谈判而达成一系列协议，1871 年，英国《工会法》承认工会有代表职工与雇主谈判并签订集体合同的权利。但早期集体合同只是君子协定，没有法律效力。20 世纪中叶开始，西方各国政府在工人运动的压力下，调整劳资关系，出台有关集体合同制的法律文件。德国在 1918 年年底颁布了《集体合同、劳工及使用人委员会和劳动争议仲裁法》，1921 年 4 月又颁布了《集体合同法》，把该法纳入德国统一劳动法中。德国此时签订合同的工人总数达到10377024人，它在一定程度上确保了工人的劳动权益，保障了 8 小时工作制度。与此同时，十月革命后的俄国，苏维埃政府于 1918 年 7 月 2 日颁布了第一个集体合同的法令，1922 年的《苏俄劳动法典》对集体合同做出了专章规定。[②]

在国际职工运动的影响下，1922 年 7 月，中国劳动组合书记部拟定《劳动立法原则》和《劳动法大纲》时，把签订团体契约作为工人阶级维护自己权益的一项法定权利确定下来，“劳动者之团体契约权，亦受法律之正式承认，俾免资本家乘劳动者之弱点，以单独契约劾夺其利益”[③]，并成为工人运动的斗争纲领之一。在城市工人运动的推动下，1924 年 11 月，广州国民政府颁布的《工

① 中央档案馆编：《中共中央文件选集》第 7 册，1931 年，中共中央党校出版社 1991 年版，第 783 页。

② 关怀：《略论集体合同制度》，《法制与社会法制》1996 年第 2 期。

③ 《劳动立法原则》，1922 年 8 月，彭明主编：《中国现代史资料选辑》第 1 册，中国人民大学出版社 1987 年版，第 424 页。

会条例》是中国第一个确认工会有权代表劳工与雇主签订团体协议即集体合同的法律文件，主要内容有：承认工会与雇主团体立于对等地位；承认工会有言论自由，有要求雇主联合组织委员会仲裁，及请求主管行政官署调查，组织仲裁之权；承认工会有罢工权，等等。[①] 1930 年，国民政府颁布《团体协议法》也确定了集体合同制。

二、从年关斗争到集体合同

从历史渊源和早期中国革命实践看，集体合同制与工业化程度高低有关，一般出现于大企业或城市。而汀州京果业集体合同范本是一份店员与店家的雇佣合同，作为一份反映苏区工人运动和经济建设的重要文献，它的出现，是苏区政治发展和特殊经济发展的结果。

20 世纪 20 年代薛暮桥等马克思主义经济学家运用阶级分析模式进行农村经济调查时，已深刻认识到，由于剩余劳动力的存在，手工业经济一直是中国农民家庭经济不可或缺的一个部分，“每当一种副业衰败下去，另一种副业就会兴盛”。[②] 闽西苏区所在地域也同样如此，“僻处山隅，交通不便(水路只有民船，陆地肩挑)，产业不发达，没有大的机器生产(只上杭有电灯厂，龙岩有机器米绞，织袜机)，全部生产都是小农和手工业”。[③] 具体状况是如何呢？比如“龙岩的资本家因为机器工业不发达，不是厂主而是商家……一般资本家的资本并不是十分大，不过是几千块钱，或者是几个人拿出几百块钱来合股开设商店、行栈等……龙岩的工人占最多数而且重要的要算店员、挑夫、营(筑)业、木匠、刨烟等工人，店员工人为数不下千人，每月薪金不下一、二元至二十元不

① 骆传华：《今日中国劳工问题》，上海青年协会 1933 年版，第 55 页。

② “中央研究院”社会科学研究所、中国科学院经济研究所编：《无锡县(市)农村经济调查(1929—1948)》，见陈翰笙、薛暮桥、冯和法编：《解放前的中国农村》第 3 辑，中国展望出版社 1989 年版，第 316 页。

③ 《闽西出席全国苏代会代表的报告》(1930 年 5 月 18 日)，中央档案馆、福建省档案馆编：《福建革命历史文件汇编》，苏维埃政府文件，1930 年，内部发行，1987 年，第 124 页。

等”。[①] 可见闽西等地的产业资本主要来自商家，他们投资于商店、行栈、手工作坊，尚不是完整意义的工业资本家。工人群体也非产业工人，是以店员、运输工人与手工业工人为主的半无产阶级。

在这种生产关系形态下，共产党人的职工运动只能以店员、运输工人、手工业者为组织对象，“应特别注意运输工人与船夫。由长汀城到上杭之峰市（笔者注：应为永定县峰市），由坎市到永定县城，由龙岩县城到南靖之水潮（来往漳州）三条线路的船夫与运输工人，要切实派人去组织起来……他如烟叶、纸业、建筑工人亦须有系统的把他们组织起来”。[②] “1929 年 5 月后，红军第四军攻下闽西各县城，各地工人便起来组织工会，发动斗争，增加工资，取消以前现支的钱，反对店东司务虐待工人，改良工人生活。”[③]以增加工资为主体的斗争常常体现为“年关斗争”。1929 年年底，店员工会进行年关斗争，提出的条件是：

1.年关发双薪。2.津贴工人过年费、寒衣费。3.不得无故辞退工人，辞退工人须得工会同意。4.无故辞退工人要补发半年薪金，有故辞退工人也要津贴失业费给二月薪金，远路者发给旅费。5.工人伤病者要店东发医药费，死亡者发抚恤费。6.店东不得无故倒店，如因亏本不能营业者，须经工会审查，否则将所有货物、器具、资本归工人管理营业，资本分期摊还。

对此，私营老板就暗中做了文章：

1.把资本暗里挪开，不进货，只把原有的货卖完了，留些少资本给你们吃几个月完了，便好倒店，不怕工人不走。2.宁愿一时忍痛，发给工人

---

① 陈石光：《龙岩县委扩大会议的决议案》（1928 年 10 月 15 日），中央档案馆、福建省档案馆编：《福建革命历史文件汇编》，各县委文件，1928—1931 年，内部发行，1987 年，第 57 页。

② 《中共福建省委关系闽西政治经济状况与今后工作方针的决定》（1929 年 3 月 8 日），中央档案馆、福建省档案馆编：《福建革命历史文件汇编》，各县委文件，1929 年，内部发行，1987 年，第 126 页。

③ 《闽西出席全国苏代会代表的报告》（1930 年 5 月 18 日），中央档案馆、福建省档案馆编：《福建革命历史文件汇编》，苏维埃政府文件，1930 年，内部发行，1987 年，第 136～137 页。

> 半年的薪金，把工人辞退，雇用自家的子弟亲戚老婆。3.借故倒店及辞退工人，发给工人二月失业费，然后假另抬盘，重新营业，别请工人。4.私自暗里用甜言蜜语，秘密津贴欺骗工人，把工人辞退。①

为了让职工斗争更具组织性，1930年3月，《闽西第一次工农兵代表大会法案》逐渐明确工会与劳资调整的联系，以职业区别组织工会，并且按照行政地域形成管理层级，即“各县由各工会、各区联会选代表组织县总工会，但城市工人代表应占多数。同样，由各县工会选代表组织闽西总工会，直属省总工会”。② 经过政策性推动，闽西工人开始组织起来，“有组织的工人大约二万人，成立店员、学徒、染布、纸业、木业、泥水、理发、裁缝、鞋业、船业、小贩、挑夫、五金、印务、香菇、屠宰等工会”。③ 在工会制度之下，“各种工人利益由各工会会员大会随时规定，得总工会批准后执行，并须报告所在政府”。④ 所谓“各种工人”就是工厂工人、商店工人、工场作坊工人、自由手工业工人、运输工人等。不过，工人们加入工会以政治行为为主导，工会并不稳定。“一般农村手工业工人，因加入工会很少得到利益，又有开会交月费等麻烦，有些不愿意加入工会，已加入的有些要求退出；而工会办事人，有些强迫他们入会或阻止他们退会，缺乏宣传教育。”⑤而且“年关斗争”虽然让工人获得了利益保护，却让单薄的闽西资本经济受到了冲击，如上文所述，随着店东资本撤出，部分商业停滞，市面流通不畅，大批工人失业，反而在更大程度上损害了工人利益。

1931年11月，《中华苏维埃共和国劳动法》（以下简称“《劳动法》”）由中

---

① 《闽西出席全国苏代会代表的报告》（1930年5月18日），中央档案馆、福建省档案馆编：《福建革命历史文件汇编》，苏维埃政府文件，1930年，内部发行，1987年，第137～138页。

② 《闽西第一次工农兵代表大会法案》（1930年3月），工会法草案，中央档案馆、福建省档案馆编：《福建革命历史文件汇编》，苏维埃政府文件，1930年，内部发行，1987年，第69页。

③ 《闽西出席全国苏代会代表的报告》（1930年5月18日），中央档案馆、福建省档案馆编：《福建革命历史文件汇编》，苏维埃政府文件，1930年，内部发行，1987年，第140页。

④ 《闽西第一次工农兵代表大会法案》（1930年3月），劳动法，中央档案馆、福建省档案馆编：《福建革命历史文件汇编》，苏维埃政府文件，1930年，内部发行，1987年，第69页。

⑤ 《闽西出席全国苏代会代表的报告》（1930年5月18日），中央档案馆、福建省档案馆编：《福建革命历史文件汇编》，苏维埃政府文件，1930年，内部发行，1987年，第140页。

华苏维埃共和国第一次全国代表大会通过后，集体合同制作为一个重要的工作内容被强调。1932年3月19日，福建省苏维埃政府为推进《劳动法》，在第一次工农兵大会后颁布了《实行劳动法令决议》，认为"闽西各级苏维埃政府没有帮助工人群众彻底实行八小时工作制，并且还有包工制形式存在（如刨烟等）。星期日和革命纪念日休息工资照发也没有做到"，"很多工人还没有增加工资，很难维持自己和家庭的生活（如汀州纺织工人伙食自备，做四五天才得到一个大洋），苏维埃政府没有依照生活程度和各业生产状况规定最低限度的工资"，"没有特别保护青工女工和童工。青工童工减少工作时间没有实行（如汀州纺织工厂），而且工钱少工作苦还有受到打骂。女工生育期间从来没有受过优待"，"苏维埃政府没有帮助工人督促资本家注意工厂作业的卫生和实行社会保险。木船工人时常遇到危险没有得到保护"，"资本家店东发现消极怠工，政府没有注意监督和制止，影响工人失业。对工人的失业问题，也没有很好的解决"。①

为了落实《劳动法》的执行，苏区各地设立劳动检查所，甚至以惩罚性的手段予以制裁雇主，"在城市内与许多的乡村内已经普遍建立劳动检查所与检查员，目的是检查雇主是否有违背苏维埃《劳动法》的行为。对于雇主犯法行为的制裁，则属于专门设立的法庭"。② 福建苏区的上杭县规定，"检查时有违反劳动法与集体合同与劳动合同某条文，应在检查记录簿上记录"，③主要内容为：

一、各级政府应限定备业依照劳动法，一律订立集体合同与劳动合同，所订之合同应交到当地政府劳动部登记审查。该合同所订立的一切条件，如果低于劳动法的规定就取消另订。

二、各级政府应经常检查工人与雇主间的劳动关系，严禁资本家不实行集体合同与劳动合同。资本家违反集体合同与劳动合同，就等于违反劳动法。

---

① 《福建省苏维埃第一次工农兵代表大会实行劳动法令决议》（1932年3月19日），福建省总工会工运史研究室、福建省档案馆编：《福建工运史料汇编》，内部发行，1983年，第117页。

② 毛泽东：《中华苏维埃共和国中央执行委员会与人民委员会对第二次全国苏维埃大会的报告》，1934年1月。

③ 《上杭县苏维埃政府劳动部决议》（1933年9月25日），福建省总工会工运史研究室、福建省档案馆编：《福建工运史料汇编》，内部发行，1983年，第241页。

三、各级政府应保障职工会订立集体合同之权，不经过职工会订立之集体合同，政府不批准注册，同时工会有随时向政府请求取消合同之权。政府站在工人的利益方面批准工会的请求，取消不利于工人的合同。

四、严禁各业资本家不经过工会及政府的介绍所，私行雇用工人，以后各业雇用工人一定经过工会和政府的介绍所介绍，并依照各该业的集体合同，订立劳动合同。

五、严禁一切剥削工人的工头制与包工制。过去工人所出师父金保证金等等，限制资本[家]雇主发还。汀州纺织工厂强迫或欺骗工人所入的股金应归还给工人。①

集体合同本来是通过谈判协商机制完成的，是双方对相关权利与义务的博弈，因此不同行业具有不同的标准。但《劳动法》对实际情况把握不够充分，盲目模仿苏联模式，集体合同内容也严重脱离现实，结果引发了处理劳资关系上的"左"倾错误。正如陈云同志意识到的，"工会领导机关没有发动群众积极讨论，虚心听取群众的意见，没有清楚地估计到合同上的每一条文必须是群众最迫切的要求。工会领导机关常常拿了自己起草的合同条文，交到群众会上去讨论，就是这样的讨论，也常常变成简单的'赞成的举手'，马马虎虎'通过'"。②

在"左"倾劳动政策指引下，纺织工人与资本家进行了残酷斗争，向资本家提出七个条件：(1)老板借出的布机都要收回；(2)荒月所欠的工资马上发给工人；(3)不准把坏纱交给工人织；(4)发给寒衣一套限于一星期做好；(5)于二十日内将纱办到；(6)工人订立集体合同，未曾实行的，要将所减低的工资于订立合同日起补足；(7)老板要将营业生产状况报告监督生产委员会。③ 这种劳动合同最后只会导致企业纷纷倒闭和工人的失业。福建苏区的劳资关系开始失衡。再比如汀州市昂格斯路(恩格斯路)恒丰烟店共有资本毛洋四千角，"刨烟工人李振光，从十一月八日至四月二十日止，每月工资大洋二十元，又年关双薪二十元，年关鞋袜五元，特别要求大洋三元等等，老板共计付洋一千四百五

① 《福建省苏维埃第一次工农兵代表大会实行劳动法令决议》(1932年3月19日)，福建省总工会工运史研究室、福建省档案馆编：《福建工运史料汇编》，内部发行，1983年，第118页。

② 陈云：《怎样订立劳动合同》，《斗争》第18期，1933年7月2日。

③ 《汀州纺织工人斗争胜利》，《苏区工人》第12期，1932年11月1日。

十八毛。然而尤其奇怪的,是这个工人并没有在店内做过一天工,因为这个工人大约是在苏维埃政府或其他地方开会去了,因为依照劳动法五十二条,都不得克扣工资"。在这种远远超越企业负担的情况下,私营工厂厂主毫无疑问是要亏本的,有的甚至将产品全部出卖,还不够支付工人的工资。

1933 年 1 月 17 日,陈云与博古一起从上海出发,抵达广东汕头,从潮州至大埔进入中央苏区。陈云到达瑞金后,担任中华总工会苏区中央执行局副委员长兼党团书记,当时的中华总工会苏区中央执行局委员长为 1932 年年底进入苏区的刘少奇。陈云与刘少奇均在上海领导过工人运动,此时作为中华总工会的主要领导人,目的是到汀州考察指导工会工作,推进工人运动。但听取工会负责人汇报后,发现中央苏区在执行《劳动法》中存在着"左"的错误,刘少奇有针对性地指出,"'左'的倾向在社会上、政治上、经济上、人心上,会发生严重的影响,必然导致企业倒闭,资本家停业与逃跑,物价飞涨,货物缺乏,市民怨恨,士兵与农民反感"。[①]

三、集体合同的纠"左"意图与具体策略

对工人运动中的"左"倾做法,刘少奇等人在上海等地领导工人运动时就已察觉。1930 年 6 月,刘少奇受中共中央委派担任中国工会代表团团长出席在莫斯科召开的赤色职工国际第五次代表大会,赤色职工国际又称"赤色工会国际"或"国际赤色工联"。会后刘少奇留在赤色职工国际工作,他从中国实际出发,认为中国各地革命发展不平衡,尤其苏维埃地区的工人运动远落后于农民运动,所以应采取策略性手段进行职工运动,而不是盲目地进行劳资斗争。1931 年 12 月,在莫斯科召开的赤色职工国际执行第八次会议通过了决议,确定了《中国的革命的职工运动的任务》,认为苏维埃地区工作"首先要组织就是农村工人(雇农)的工会,苦力工会,手艺工人的工会和店员的工会","为着动员工人群众环绕在苏维埃劳动法中基本要求的周围,必须进行普遍的有充分准备的运动,同各种雇主谈判并订立劳动契约,以巩固苏区中工人所得的利益。订立契约运动必须包括最大限度的工人,首先而且最重要的就是农村工人,手工业工人和苦力"。"最近期间中的主要任务之一,是组织手工业者和商

① 刘少奇:《模范的工人要求纲领》,《苏区工人》第 3 期,1933 年 7 月 15 日。

店的学徒并保障其利益。”[①]虽然这是职工国际的决议，但刘少奇作为当时中共领导工人运动的主要负责人，其意见也在其中得以体现。1932年，刘少奇被视为“右”倾，并被撤销了中央职工部长职务，陈云接任。陈云在后面的具体工作中，也逐渐认同了刘少奇灵活的策略性工作方针，意识到“左”倾教条对工人运动的危害。他们来到苏区后，针对苏区《劳动法》的诸多问题，发表了《怎样订立劳动合同》，该文件成了一份纠正苏区劳资工作“左”倾的文献。从出台背景看，陈云在文章的开头就说，“《职工国际决议》告诉我们”，指的是1931年12月的决议。

因此，这篇文章可以视为当时中华总工会苏区中央执行局委员长刘少奇和副委员长陈云共同努力的产物，当然，它的实现有着一系列的铺垫。1933年4月25日，陈云在中央苏区局机关报《斗争》第9期上发表《关于苏区工人的经济斗争》。根据调查研究，并对比了苏区经济与城市经济，他认为“左”倾错误表现在，许多城市的商店、作坊中提出了过高的经济要求，机械地执行只能适用于大城市的《劳动法》，使企业不能负担而迅速倒闭；不顾企业的工作状况，机械地实行八小时和青工六小时的工作制；不顾企业的经济能力，强制介绍失业工人进去；在年关斗争中，许多城市到处举行有害苏区经济流通的总同盟罢工。他特别提出了集体合同的问题，“党和工会对经济斗争的领导，必须纠正官僚主义。要重新审查各业集体合同的具体条文，审慎地了解各业的每个商店、作坊的经济能力，依照实际情形，规定适合于每个企业的经济要求。……签订集体合同，不能只是由工会机关自上而下地提出，而要自下而上地提出”[②]。1933年5月1日，陈云出席在瑞金召开的店员手艺工人第一次代表大会，通过《中国店员手工艺工人章程》，刘少奇在会上做《关于革命形势和工会工作任务》的报告。1933年6月26日，刘少奇撰写了《模范的工人要求纲领》，提出“要根据工人的切身要求、地方的生活程度、雇主的营业情形，以及该项产业的特殊劳动条件等，来活泼的运用劳动法上的条文”。[③]

1933年6月28日，陈云在《苏区工人》第3期上发表《在纠正工人经济斗争“左”的倾向中我们所作的错误》，批评工会的极端工团主义倾向。文章批评

---

① 《共产国际、联共(布)与中国革命文献资料选辑(1927—1931)》第12卷，中央文献出版社2001年版，第642～643页。

② 陈云：《关于苏区工人的经济斗争》，《斗争》1933年第9期。

③ 刘少奇：《模范的工人要求纲领》，《苏区工人》1933年第1期，1933年7月15日。

了福建省工联与汀州市工会，指出：(1)没有耐心说服和做充分准备工作，没有解决工人实际上遇到的困难，而企图以“命令”的方法来纠正“左”的倾向，不仅不能纠正“左”的错误，反而会在工人中引起不满情绪。(2)保护工人日常利益是工会最重要的工作之一，不但过去重要，今天重要，将来以至永久都重要。这一工作做得愈好，愈能使群众了解“左”的错误的实质。如果在忽视工人日常利益的观点之下去纠正“左”倾，必然会使部分工人发生“工会可怜老板”的感想，从而不接受工会正确的领导。(3)各级工会在纠正“左”倾错误时，不能空讲原则，要具体领导工人解决他们认为已经行不通的合同条文。只有把原则和实际结合起来，才能使工人了解与接受工会的领导。

通过实际调查，特别是在长汀与工联和工会的深入访谈中，刘少奇与陈云形成了一致的主导思想，即 1931 年的《中华苏维埃共和国劳动法》存在着脱离实际的“左“倾错误。由于“集体合同”是《劳动法》的重要内容，也是贯彻《劳动法》有关脱离实际的条款的具体体现，刘、陈二人认识到“改定合同”和有效“订立合同”可作为突破口。6 月 30 日，刘少奇即在《苏区工人》第 2 期上发表《在两条战线斗争中来改订合同》和《在改订合同中应注意的几个问题》两篇文章，提出了要根据实际情况改订合同。在长汀召开的京果业党支部会议上，陈云就“详细地说明了‘五一’代表大会关于纠正‘左’倾的决议及新起草的劳动法草案的几个主要条文”，于 7 月 2 日完成的《怎样订立劳动合同》与此密切相关。《怎样订立劳动合同》还有副标题“汀州市京果业订立劳动合同的经过”，可见他们是希望通过一个具体例子去纠正“左”倾错误，并为正确处理劳资关系提供借鉴。

回到具体历史情境，要进一步追问的是：陈云为什么选择汀州京果行业来进行订立合同的示范？从目前可见到的史料分析，大致有如下原因：

第一，历史上长汀地处汀江上游，为汀州府治所在，也是闽粤赣物资集散地，中央苏区时期，全市共有公营、私营企业 500 多家。其中私营企业的京果店 117 家、洋货店(百货店)28 家、布店 20 家、油盐店 20 家、药店 17 家、纸行 32 家、酱果店 9 家、锡纸店 27 家、金银首饰店 14 家、酒店 46 家、客栈饭店 31 家。另外，在汀州市城区还开辟了两处红色市场，单大米一项，每天交易达六七万斤。赶集的商人、百姓上万人。市场贸易兴旺，沟通了汀州市与瑞金、石城、会昌、宁化、上杭等县的经济，汀州市的市面呈现一片繁荣景象，被誉称“红色小上海”。刘少奇、陈云等人从上海来到中央苏区，均经过长汀，因此对长汀的社会经济面貌有一定的了解，而且瑞金离长汀很近，便于展开工作。

第二，瑞金设立全国总工会中央执行局后，在长汀成立了福建省职工联合会、闽西总工会和汀州市总工会。工会体系图如下：

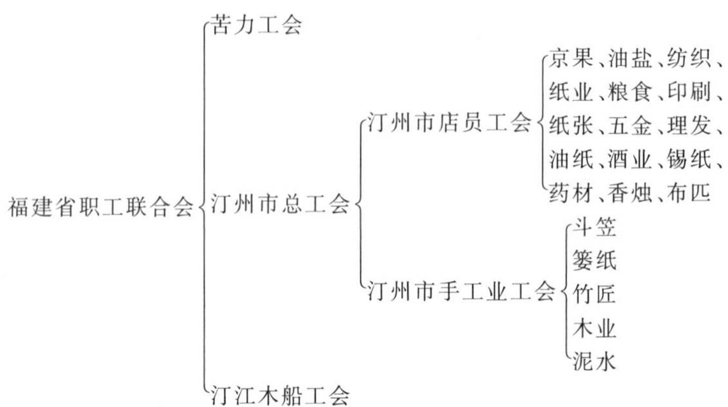

图 1　在长汀设立的工会体系图

工会大部分成员为店员，其中京果工会规模最大，有"玉山""泉顺海""怡顺""泰丰""裕泰昌""广成昌"等商号。这些商号有的是夫妻店，有的聘请两三个店员，有的则达十几人，该工会是汀州最大的工会。[①] 在京果工会系统开展订立合同的工作，具有示范意义。而且在京果业开展工作，具有干部配合的便利，因为汀州总工会的干部如陈炳林、黄玉书、黄启夫等人先后担任京果工会主席或支部长。1933 年，与陈云一起考察的是黄启夫。黄启夫为龙岩人，原先在广成昌当学徒，1930 年在"泰丰"任店员。陈炳林，龙岩胡邦赤水人，先为京果店"玉山"学徒，后转为"泉顺海"工人。还有一位工会干部饶根，长岗人，往来于汀州和宁化之间，在"泰丰"店居住。这也是集体合同范本取自"泰丰号"的原因所在。

第三，在长汀的传统商业基础中，江西商人经营木材、苎麻，湖南商人经营棉布，吉安商人经营布匹，潮州会馆收购土纸、香菇，上杭、永定商人还经营米、豆，永定商人经营烟丝，连城商人经营土纸，龙岩商人经营京果业等等。其中京果业范围广泛，主要有糖类、粉类、南货类（桂圆干、荔枝干、目鱼干、蛏干、虾干等）、北货类（木耳、山东粉丝、枣类等）、土产类（菇、笋干、李干、莲子等），还

① 黄玉书口述：《二战时期汀州总工会的回忆》，《长汀文史资料》第 4 辑，内部发行，1983 年。

有其他杂货，如罐头、蜜饯、糖果、香烟、茶叶等等，关涉百姓的日常生活。在战争状态之下，京果行业仍能继续维持着商业规模，即使在经济封锁时期，闽西政府仍在上杭石圳潭、官庄、同坑堂等处设关税处，其中还专门设有京果的税收，其内容是鱿鱼、大饼、食杂等征收5%的税，说明京果行业仍在运营中。经过几次“围剿”与反“围剿”，国民党军队在手段上逐渐以经济封锁辅助军事行动打击，因此，1933年的苏区经济状况不佳，许多货物不能从上杭运来，只好从宁化等地远道买进，或者仅向上杭来的挑贩买货。革命之后，留在长汀进行商业活动的主要是小商人。那么，苏区的物资供应需要依托京果业的商业网络与商人群体予以辅助。在此情况下，合理的、可被私人店主接受的集体合同，也将推动贸易的发展。

四、汀州京果业集体合同的纠“左”重点

“左”倾错误的根源在于官僚主义和教条主义，陈云通过描述汀州京果业集体合同签订的具体过程，旨在破除这种“左”的工作作风，这与陈云一贯坚持的“不惟书，不惟上，只惟实”的工作方式密切相关。他在《怎样订立劳动合同》一文中，反复强调“照抄”和“拍脑袋”的危害性，认为以前集体合同之所以起负面效果，是因为“合同的条文，常常凭着工会的工作人员的脑筋想出来的，当然会千篇一律，没有地方性，没有时间性、职业的特殊性了”。其结果是“不能动员工人积极地为自己合同的每一条文的实现而斗争”。因此在汀州京果业工人集体合同条文确定上，特别强调不能照搬《劳动法》，而要通过详细的个案调查、多次支部讨论、深入工人宣传、反馈不同意见等诸多工作环节，在适合当时汀州京果业的情况下，订立“临时的无限期的合同”，从而避免了合同中照搬《劳动法》所产生的虚文。汀州京果业的集体合同共九款，而且陈云还进一步认为各店情况也不相同，此合同也只适用于“泰丰号”，“依照各店不同的特殊情况，与各店工人共同讨论，可以部分地修改合同上的某些条文”[①]，其目的很简单，要使每一条款能落到店员工人的实处。对于灵活制订条款的工作原则，刘少奇也有相类似的表述：认为店员、手艺工人的合同，每年一月份订立为好，便于计算工资；运输工人的合同，则在秋收时订立为好，因为秋收后，大批农产

---

① 陈云：《怎样订立劳动合同》，《斗争》第18期，1933年7月2日。

品需要运输。合同的条件也须视具体情况而定,如苏区商店的店员合同,在订立时要考虑店员的生活和雇主营业情形两方面因素,因为受敌人经济封锁和战争的影响,商店的营业是难以正常化的,所以应该按店员的生活来规定一般的条件,但是总有生意低落、雇主实在无力维持的时候,因此在店员和工人自愿同意的情况下,应规定一些临时的办法,以适应特殊的情况。

如上文已论,陈云等签订"集体合同"还有一部分目的在于纠正《劳动法》中过"左"的、不切实际的条款。首先,从当时情况看,《劳动法》规定的工资水平和福利待遇脱离了客观实际,比如工资方面规定"所有劳动检查机关和工会所特许的额外工作,工人须得双薪","工人在休息日或纪念日做工作应发双薪","童工、青工虽按缩短时间做工作,但工资仍须按照该职工的等级以全月计算","工人或职员被征到红军中去服军务……须预先发给他三个月的平均工资";福利方面,则种类繁多,有免费的医药帮助、暂时失去工作能力者的津贴、失业津贴费、残疾老弱的抚恤金、婴儿补助金、社会保险金等。中央苏区的私营工业的企业资金都是相当有限的,在战争环境下,企业的积累又很难有较快的增长,而这些条文的实施,严重占用了企业资金,最终只能使企业运行失灵,甚至倒闭。在《汀州京果业集体合同》中,则认为当时店员工资已处于一个合适的水平,而青工与成年工人的工资也相差不远,因此要处理的是股东老板、管理人员子弟在店内与工人们工资差别的问题。就工人福利而言,只规定了店主力所能及的:

> 雇主除每月十足付给工人工资以外,每月再应付出工人全部工资额的百分之六为失业保险金(除老板、工头外,不论工会会员或非会员均应照付),由雇主交社会保险局,工会得随时要求查到社会保险局的收据。雇主每月应付出工人全部工资额的百分之二为工会办公费,百分之一为文化教育费,均按月交工会。

其次,《劳动法》规定的八小时工作制是一种脱离实际的条款,苏区地处广大农村,掌握的城市又较小,私营工业主要是工场手工业或家庭手工业,常常亦工亦农,生产较为零碎,无法像大工业那样具有连贯性。与此同时,片面延长工人的休息时间,也是不正确的。如搬用苏联正在实行的"七小时工作制,五日休息制,每年有长期的两星期和四星期的休息制",规定"工人每周经常须有连续不断的四十二小时的连续休息","在任何企业内的工人连续工作到六个月以上者，至少须有两个星期的例假，工资照发”，除此之外，每年中央苏区的纪念日、节日很多，有地方性的、有全苏区的，在纪念日、节日，工厂“一律停止工作”，严重扰乱生产秩序，影响了经济。针对这些《劳动法》条款，陈云指出了其僵化的面孔，“对于八小时工作和星期日休息这两个要求，不是呆板的，而是灵活的。我们应该领导工人坚持要求八小时工作和星期日休息，因为这是工人阶级的基本要求，不能放松，但是，八小时工作时间的运用，星期日休息的办法，是活动的，不是机械的”[①]。于是他根据汀州京果行的营业特点，简化了对劳动时间的要求，确定两条原则：

> 第三条　工作时间以八小时为标准，但工人可以按照每日店内营业时间的忙闲来安排（忙时在店，闲时休息），平均计算每日不超过也不少于八小时。
>
> 第四条　工人工作六天，休息一天。为使星期日店内继续营业，工人可在七天中轮流休息。如果工会会员大会决定星期日工作，将该星期日工资捐助某项运动时，则星期日工作者应给全部额外工资。

最后，“汀州京果业集体合同”特别列有“客家工人”休假之条款，即：

> 客家工人每年另外可以回家两个月，照发工资；如不回家者，雇主津贴工资一个月。例假和客家工人回家时间的选择，可于店内营业较闲时；如工人有紧要事情，则不在此限。

此处“客家工人”指的是外地店员，并非族群意义的“客家”，由于汀州京果行业主要由龙岩商人控制，他们所雇用的店员也多数非长汀人，按照陈云的统计，泰丰号内店员工 51 人，客家占 43 人。在传统经济条件下，店东与店员常常因行业地缘性而凝聚在一起，在店员内形成了“本地店员”和“客家店员”的区别，因此影响到革命所要求的阶级性。在惯习作用下，在以往的劳动合同签订中，就客家店员是否享有另外的放假权利问题，产生了本地工人和客家工人的争论。陈云对此仍以灵活的政策处置之，他从尊重地方习俗出发，认同了这种似乎有悖于《劳动法》的非“同等待遇”。他说，“审慎估计到本地工人中间的

① 陈云：《怎样订立劳动合同》，《斗争》第 18 期，1933 年 7 月 2 日。

宣传工作的重要，努力去争着本地工人同情客家店员的要求，不受资本家任何欺骗的挑拨的宣传。同时因为最大多数的客家工人的一致要求，工会应该为他们的多数会员的利益再签订这个条件”。①

通过陈云等人的示范与推动，福建苏区的改订集体合同取得了一定的成效，也逐渐从京果行业扩大到其他行业，“在改订合同运动，党与工会确实进行了艰苦的说服群众的工作。汀市大部分合同改订了……得到一些胜利（如刨烟、纸行、布业）。宁化城市工人劳动合同大部分都订立好了，连城城市工人已增加工资二元至四元，泉上手艺工人，清流城市工人及连城成衣工人都增加了工资，并领导了纸业工人做纸槽开槽的斗争”。②

五、结 论

工人与资本家的关系，是工业化社会的基本社会关系与社会矛盾，马克思理论的重要内容也在于此，他通过分析剩余价值的产生，认识到雇佣劳动背后的剥削与被剥削关系。现代意义的集体合同制度是当下世界各国调整用人单位和员工关系的主要和最有效手段，即着眼于雇佣劳动存在的剥削关系，希望通过建立劳资利益分享机制来促进劳动关系的稳定和社会经济持续发展，这也是科学发展观的内在要求。

中央苏区时期，土地革命是社会运动的中心，店员和手艺工人的劳资问题并不是战争状态下苏维埃政权所要解决的主要问题，出于工农联盟的阶级斗争考虑，中国共产党人已经意识到，社会发展需要公平，劳动者的权益要得到合理有效保障，因此逐步组织工会并发动工人运动以保护自我权利。但由于苏区没有完整的工业生产形态和产业工人队伍，职工运动没有农民运动成熟，他们在搬用城市斗争经验时，走了弯路。1931 年，《中华苏维埃共和国劳动法》援引了“集体合同制”这一当时工人运动中最为前沿的斗争武器，结果在没有建立自由谈判与调解机制的情况下，各地各行业的集体合同千篇一律，不仅没有发挥保护工人权利的作用，反而影响了苏区的经济建设。

---

① 陈云：《怎样订立劳动合同》，《斗争》第 18 期，1933 年 7 月 2 日。

② 福建省档案馆、广东省档案馆：《粤赣边区革命历史档案汇编》第 1 辑，档案出版社 1987 年版，第 388 页。

刘少奇和陈云等人进入苏区后，深刻意识到《劳动法》存在严重的“左”的错误，于是他们通过实践，最大限度地了解了苏区的社会经济状况，对苏区的社会性质有了正确的认识。以此为基础，他们科学调查《劳动法》与集体合同的争议所在，按照实事求是的工作方式，以“地方性”“企业特殊性”“时间性”来完善集体合同制。而这些工作方法，在后来的发展过程中被不断加强，并在中国共产党的工作重心从农村转向城市时也曾被坚持运用。从这个意义上说，陈云调查汀州京果业行业，是马克思主义中国化一次重要实践，而由此产生的集体合同范本也是马克思主义中国化的重要内容。

土地改革的弹性机制

20 世纪 20—30 年代闽西土地改革与客家文化[①]

孔永松

进行土地改革,在农村废除封建地主土地所有制,使之变为农民土地所有制,这是工业化的前提。大陆及台湾地区都已完成了土地改革工作,将来有机会拟做大陆与台湾地区客家社区土地改革的对比研究,相信是有意义的。本文先做 20 世纪 20—30 年代闽西土地改革与客家文化的探讨。

闽西,是福建西部地区的简称,包括龙岩、漳平、宁洋(现已撤销,分属龙岩、漳平、永安)、永定、上杭、长汀、连城、武平、归化(今明溪)、宁化、清源、平和等 12 个县,人口 250 万。除龙岩、漳平、平和外,其余 9 县是纯客县,漳平、平和是半客县,是客家人主要聚居区之一。

根据调查和历史资料显示,20 世纪 20 年代后,闽西土地占有呈现出比较特殊且极为复杂的状况。中国共产党领导农民进行分田;国民革命军第十九路军"闽变"时在龙岩实行"计口授田";中国国民党实行过"扶植自耕农"运动。这样,闽西地区出现五花八门的土地关系,有私有制、公有制、村公有制、乡公有制、国有制等,可以这样说,中国所有土地类型,在闽西全都存在。

闽西地区最早的土著居民是"山都木客""洞蛮""蛮僚""夷僚",即后来统称为"畲族"的少数民族。到唐以后,闽西地区迎来了一批又一批从中原迁徙而来的汉族的一个民系——客家人。因此,我认为研究闽西的土地改革,还得从客家文化背景来分析其历史来由。

---

① 原载徐正光主编:《第四届国际客家学研讨会论文集:历史与社会经济》,"中央研究院"民族学研究所 2000 年版。

一、闽西暴动：客家人对土地的渴求

客家人从东晋末开始，陆陆续续由黄河流域（主要是河南、山西，即汝水以东、颍水以西、淮水以北）向南整族移民。到北宋时期，向南迁徙的中原汉人大量进入闽西，致使闽西山区人口激增。当时的一些史书记载："今闽中深山穷谷，人迹所不到，往往有居民，田园水竹，鸡犬之声相闻。"[①]但经过"晋永嘉板荡，乃有八姓入闽，历南北朝而隋而唐，王氏以五十人渡江据有闽职地，始改辟民，始改聚，陵夷迄于五代，宋都杭，入闽之族益众，始无不耕之地"。[②] 可以想见，在客家先民迁移的漫长过程中，他们与土著居民争夺生存空间——土地的斗争，越来越激烈。持续不断的土客纠纷和械斗，究其原因，矛盾的焦点都是围绕着土地问题。作为初到闽西的外来移民，客家人渴望得到赖以生存的土地，而客家人到了闽西定居地，居住了 100～200 年后，人口不断增长，由于精耕细作而引起的土地报酬递减，又不得不向新的地区迁移。我们查阅了闽西地区保留的不少族谱，如中川胡氏家庭是由中原而江西吉安而上杭而永定，清时又有不少人移民至东南亚各国。有的则由赣南而闽西，再迁居广东、广西、四川。如太平天国首领洪秀全的祖先，就是由中原不断南迁到福建的石壁村，再迁往广东潮州海阳，在明朝永乐年间又移居广东嘉应州（今梅州市），大约在清康熙年间又迁徙至花县。正如罗香林教授在《太平天国天王洪秀全家世考》一文中所说："今按当时自嘉应州迁居花县，实一方面因嘉应州山多田少，地窄人稠，谋生不易，有以激励其人四出经营，寖借而成连续不断迁移运动。"因此，可以这样认为，一部客家移民史就是不断征服、开发新的土地的历史。客家人世世代代连做梦也想获得可以耕种生产粮食的土地。1851 年爆发的太平天国运动，其首领洪秀全等都是客家人。这场运动的发祥地——花县，主要是客家人聚居的地方。太平天国的均田纲领就曾提出："凡天下田，天下人同耕，此处不足则迁彼处，彼此不足则迁此处。凡天下田，丰荒相同，此处荒则移彼丰处，以赈此荒处；彼处荒则移此丰处，以赡彼荒处。"这个纲领充分体现了经常四处奔波，时常陷于身无立锥之地的客家移民，对土地利益均沾的强烈要求。

---

① （宋）李纲：《桃源行诗序》，《梁溪集》卷一。

② （嘉靖）《邵武府志》卷五《版籍》。

闽西农民曾积极参加太平天国革命运动，企望能在运动中分得土地，但太平天国失败了，农民们也失望了，闽西土地问题仍然十分尖锐。

到了 20 世纪 20 年代，闽西的土地问题已不再是唐宋明清时期的土著与客家的矛盾，由于大批客家人来到闽西，经过激烈的争斗，原来的土著居民——畲族，大部分离开闽西，反主为客，逐渐向闽南、闽中、闽东和闽北迁移，有的迁往浙江，有的则经过长期的接触、交流、通婚、融合，最后被同化成了客家人。因此，这时期的土地问题，已演变为客家人之间占有大量土地的地主与占有少数土地或无地的贫农之间的斗争。闽西地区的土地问题是很严重的。其原因之一是，闽西是个地少人多的山区。以龙岩县为例，可耕地只占全县土地面积的 10.54%，可耕地中用于耕种的占 83.34%，共计 282989 市亩。按农业人口平均，每户只能摊得 9.46 亩，每人仅 2.1 亩。龙岩县农业人口平均耕地面积如表 1 所示。

表 1　20 世纪 20 年代龙岩县农业人口平均耕地面积

单位：市亩

地区	每户平均耕地面积	每人平均耕地面积
西墩乡	3.45	0.65
白土镇	3.63	0.78
紫岗乡	6.53	1.48
龙门镇	9.66	2.33
溪口镇	16.25	4.84
白沙镇	11.76	2.49
美和镇	12.16	3.03
适中镇	5.82	1.18

注：本表以章振乾教授调查结果为依据整理。

从表 1 可以看出，人均耕地面积相差 5～6 倍，主要是由于土壤结构性质不同，产量高低悬殊很大。如靠县城附近的白土、紫岗、西敦，可种双季稻，一年每亩可收获稻谷 1000 斤左右。而溪口、白沙、美和，大部分是贫瘠的梯田，一年每亩收获稻谷量 100 斤上下，以致“农民耕田利不及费，多有抛弃农业者，因此田地荒芜日多，六县(指龙县、永定、上杭、武平、连城、长汀六县)统计荒田占 2%，尤其上杭、武平两县有超过 3%～4%者，而且这种趋势逐年加多”。闽西地区土地生产力一天天萎缩，因为“耕田不够衣食，结果只有(去当)雇工、挑担以补不足，因此无力而且不愿意购买肥料，改良农具，因而田地不能改良，生产方法不能进步，结果田地变瘠，生产力日坏一日，若与人口增殖比较恰好成反比例”。“农民穷了无力整顿水利，而且砍树过多，秃山加多，因而水灾年甚一年，所谓‘人穷山光，山穷水尽’，更使荒地发展，农产品急激减少。”加以“连年战乱，赋役繁重，更加破坏农村经济，使地力削减”，“往复回圈遂使闽西土地问题日益严重起来”。[①]

闽西土地问题严重的另一个原因是，地权集中，经营分散。家族土地（族田、学田、蒸尝田）占很大比重。这与客家人的家族制有重要联系。客家人是由北向南整族迁徙而来，到达闽、粤、赣定居地后，也是举族占有土地，举族聚居在一个自然村落。这就形成了以血缘为纽带、以地缘为依托，有高度凝聚力的客家人的家族制社会。家族制反映在文化方面，形成尊祖敬宗的共同心理。这种共同心理又体现为重视建宗祠、筑祖茔和修族谱等方面，为了办好这几个方面的事，各家族一般立有族田、学田、蒸尝田。不少华侨出洋谋生赚了钱后，寄钱回乡购置族田作为祭祀祖宗的费用。据调查，20 世纪 40 年代龙岩的租佃情况如表 2。

表 2　20 世纪 40 年代龙岩土地租佃情况

（单位：市亩、%）

地区	使用面积	租佃面积	占使用面积的比例
西墩	7331	6335	86.41
白土	6189	4321	70.30
紫岗	9164	7258	80.07
龙门	12284	8972	73.04
白沙	10002	6733	67.72
美和	11642	10187	87.50
雁石	10173	8366	88.14
厦和	11885	10374	87.29
适中	14180	10695	75.43

资料来源：林诗旦：《龙岩之土地问题》，龙岩县政府 1943 年印行。

在表 2 中，宗族土地约占总耕地面积的 30%～40%，有的乡则高达 70%～

① 《中共闽西一大政治决议案》。

80%。如章振乾教授1945年在闽西的《调查日记》里记的:“适中一镇,纵经最多不过二十里,但宗族祠堂至少在二百以上,在业权中,宗族田地占十分之七,私人地主仅占十分之三。土地多集中于谢、卢两大地主,在族田中祭产多达一千担(一担产量一百市斤谷——笔者注),少者亦均在十担以上。”[①]

族田名义上是宗族公有制,但与私人地主的土地一样,也是以租佃的方式,优先租给同宗族中无地或少地的农民耕种,管理族田的人,多数是长房的族长、士绅。他们负责宗族土地的出租撤佃及租谷的收支保管等。因此,族田形式上是家族公产制,实际上已为豪绅地主(即当权的地主)所把持、侵占。族田的来源有两个部分,一部分是由死去的祖先,在他生前保留下来的,另一部分是由子孙后代,包括出洋外殖的后代(华侨)为祭祀祖坟、祖祠而购置的祭田。这些族田演变到近代,本质上即成为地主经济的一种特殊表现形式,成为地主经济的派生物。因此,宗族土地是研究闽西土地问题不可忽视的一个问题。

从户数的统计来看,以龙岩县为例,半自耕农占农村人口总户数的44.28%,佃农占44.54%。[②] 占农村人口户数不到10%的地主,他们占有或控制(指族田)约80%的土地。地权高度集中在地主手里。如:

> 龙岩、永定、上杭、连城、长汀、武平六县,田地平均85%,在收租阶级手中,农民所有田地平均不过15%。这可见农民要求土地之迫切,而两年来广大的农民斗争,目标完全在于土地。
>
> 收租土地中城市商业资本占的成数极大。龙岩连城及永定的丰田区均占到全额土地的50%,长汀30%,上杭25%,武平20%。商业资本土地有两种形式。一种是城市资本家赚了钱进乡购买土地。龙岩、连城、永定商资土地之多,就是因为除本县商家购买土地外,还有一大批往南洋经商的华侨发了财拿钱回来购买土地。一种是乡村地主的商人化,他们一面在乡村是地主,一面都在城市经商。[③]

---

① 章振乾:《闽西农村调查日记(1945年4月—7月)》,《福建文史资料》,第35辑,1996年,第177页。

② 林诗旦:《龙岩之土地问题》,龙岩县政府1943年印行。

③ 《中共闽西一大政治决议案》。

20 世纪 20 年代初成立的中国共产党，其理论基础就是阶级论。中国长达两千年的专制封建社会，训练了农民富于反抗的战斗性格，大多数封建王朝的更换，都是农民暴动的结果。特别是太平天国运动首先是在客家人聚居的地方发动的，闽西农民也积极参加这场起义。因此，闽西农民的斗争传统和他们的文化心理使他们很容易接受中国共产党的阶级论。换句话说，中国共产党提倡的阶级斗争学说会迅速激发闽西农民血液中固有的斗争精神。

中国共产党诞生之初，对农民问题是中国革命的突破的认识是不清楚的。1924—1927 年中国大革命失败，国共关系决裂，以毛泽东为代表的共产党人，为保存自身实力并求得将来的发展，他们由城市转入农村，依靠农民，开辟以农村为根据地、以农民为主力军的“工农武装割据”局面。为取得农民的支援，把保守、狭隘的农民纳入共产党的组织系统，核心问题就是要解决农民的土地问题。1927 年，中国共产党的八七会议，号召共产党人到农村发动农民暴动和进行土地革命。这次会议通过的《最近农民斗争的决议案》中明确规定:“共产党现时最主要的任务是有系统的、有计划的、尽可能的在广大区域中准备农民的总暴动”,“没收大地主及中地主的土地”,“没收一切所谓公产的祠族庙宇等土地，分配这些土地和财产给佃农及无地农民”。这些口号极大地鼓舞了闽西农民渴望获得土地的情绪。这时不少留学归来的共产党员都到农村做宣传，组织农民起来暴动。于是 1928 年在闽西爆发了“后田暴动”“平和暴动”“蛟洋暴动”“永定暴动”，这四大暴动又统称为“闽西暴动”。留学日本帝国大学的邓子恢回国后，在自己的家乡龙岩白土(今东肖镇)做农民运动的工作。1928 年 3 月 4 日，邓子恢协同郭滴人、罗怀盛、陈品三、陈锦辉等人领导后田村农民举行暴动，暴动的农民收缴了全乡地主的田契借约，一律当众烧毁，并宣布废除一切债务田租，号召没收地主土地分配给贫苦农民。整个村庄都为之沸腾，人们通宵不眠地沉浸在暴动胜利的欢乐之中。

赴法国勤工俭学留学回国的黄庭钧，在他的家乡平和县下寨乡开展农民运动的工作。1927 年春，黄庭钧协同朱积垒、陈彩芹等人在平和县的长乐、九峰、秀峰、崎岭、下寨等乡村发动农民参加农民协会。1928 年 3 月 8 日，平和各乡村的农民集合起来用土枪、土炮进攻县城，打下县城后立即撤出，是谓“平和暴动”，参加暴动的农民一部分后来上山打游击。

留学日本早稻田大学的傅柏翠，回到上杭县蛟洋乡老家后，积极开展农村运动。他家是当地拥有一千亩出租土地的地主，他从自己的家庭开始向农民减租，这样，其他有出租土地的地主也不得不把租率减下来，傅柏翠的威望因此大大提高，到 1928 年 3 月，由他领导的农民协会会员迅速发展到 1000 多人。随后，农会会员开展抗租抗税斗争。6 月 25 日，龙岩驻军陈国辉派部队围攻蛟洋，蛟洋农民在傅柏翠的领导下拿起武器（多为土枪、大刀、长矛）与驻军相对抗，爆发了“蛟洋暴动”。农民军抵不过驻军，便由傅柏翠带领上山打游击。

1928 年 7 月 1 日，永定县溪南区的农民在张鼎丞的率领下围攻永定县城，爆发了声势浩大的“永定暴动”，暴动农民把县城攻下后，即有秩序地撤到溪南区。这时，邓子恢也来到溪南协助张鼎丞工作。8 月间，溪南区有 13 个乡召开了工农兵代表大会，成立了乡苏维埃政府。广大农民强烈要求分配土地。

邓子恢、张鼎丞完全理解农民渴望土地的愿望，土地是农民世世代代以来梦寐以求的东西，也可以说是农民的命根子。但要怎样分配才好？这是他们从来没有做过的事。他们想来想去，认为应该与农民商量，看看农民有些什么办法。于是他们在溪南区的金砂乡召开农会座谈会，慢慢摸清了全乡的阶级状况和土地占有比例，在座谈中，农民提出了很多问题，也想出了很多解决问题的具体办法。邓子恢、张鼎丞把农民的意见做了归纳和总结，制定了如下几条分田的办法：

> 1.没收地主、富农和一切公共土地，中农的自耕地一般不动。
>
> 2.把没收得来的土地按人口平均分配给贫雇农，地主、富农也同样可以分得一份土地。
>
> 3.土地分配以乡为单位，各类土地仍由各乡农民分配，不要打乱原有土地界限。
>
> 4.按各户原耕土地抽多补少，不要打乱平分。
>
> 5.山林归各乡村公有。
>
> 6.水利灌溉按照旧例，水随田走，不合理者个别调查。[1]

---

① 邓子恢、张鼎丞：《闽西暴动和红十二军》，“中国人民解放军三十年”征文编辑委员会编：《星火燎原》（上），人民文学出版社 1958 年版。

二、同体平等思想的反映

1927 年 7 月 20 日，在上杭蛟洋，毛泽东、邓子恢、张鼎丞领导召开中共闽西第一次代表大会，通过了《土地问题决议案》，决定在闽西根据地，全面地开展土地改革工作。土地的没收与分配的具体做法大致如下：

(一)关于没收政策

地主阶级是用封建制度剥削和压迫农民的阶级，土地改革的主要任务就是要消灭地主阶级的封建剥削制度，即消灭地主阶级。怎样去实现这个任务呢？是没收一切土地呢？或只没收地主的土地？按照中共闽西第一次代表大会通过的《土地问题决议案》的规定：暴动推翻地主阶级政权后，须立刻没收一切地主土豪及福会众尝(即族田——笔者注)等土地。自耕农田地不没收，但所耕田地除自食外尚有多余，经当地多数农民要求，得县区政府批准者，得没收其多余部分，即文件上规定的“没收一切地主土豪及福会众尝等田地”。实行起来实际上就是“没收一切土地”。闽西具体执行的情况是：“‘没收地主阶级土地’问题，在闽西那一县的群众大会上都提不出来，在各地不约而同的通过了‘没收一切土地’‘焚毁一切田契’的决议案。为什么呢？据第一次闽西会议调查：闽西土地 75%的田是在收租人手里，贫苦的自耕农占 20%，他们的土地不够自己耕种，在这样占绝大多数的贫农，是赞成没收一切土地的。”中共闽西特区报告里也说道：“代表会关于没收土地之规定，原定自耕农土地不没收，田契不焚烧，但事实上到处都做到没收一切土地，焚烧一切田契，无人敢出来反对，间或我们党提出纠正口号，群众便有些不满。”因此，1930 年 2 月召开的中共闽西特委第二次扩大会议通过的《关于土地问题决议案》索性规定，“所有田地不论水田，旱田一律没收，归苏维埃政府处理，分配与农民使用”，没收后田地禁止买卖抵押；所有债务“自暴动日起以前一律取消，但商账例外”。1930 年 6 月，红四军前委、中共闽西特委联席会议的决议中进一步提出：“毫无疑义，‘收地主阶级的土地’和‘除高利贷’两个口号是不适当了……‘没收一切土地’、

'废除一切债务'要在南方各省的任何时候,任何地方公开的、正面的提出来。"①

很显然,土地改革的目标是消灭封建地主土地所有制,没收的物件只能是地主的土地,现在闽西根据地执行的是"没收一切土地",即不管是地主、富农、中农(自耕农)、半自耕农的土地,都通通没收。这样就会损害自耕农的利益,同时还会模糊和分散土地改革的目标,使自耕农、半自耕农感觉好像土地改革不仅是反对占有大量土地的地主阶级,还要反对他们自己,即反对一般的土地私有制,以致引起他们对土地改革发生怀疑。开始时强烈要求"没收一切土地",最后又发现反到农民自己头上了。闽西农民为什么会这样呢?我认为这与客家文化有密切联系,这点待后面做分析。

(二)关于分田的数量标准

闽西根据地在 1929 年 7 月,中共闽西第一次代表大会的决议中曾提出:"以乡为单位,按人口数量和以劳动力(十四岁至六十岁能耕种者为一劳动单位,能劳动者比不能劳动者多分一倍)两项标准。"②但在贯彻执行中,对按劳动力为标准分田(即能劳动者多分一倍土地),90%以上的群众不接受,最后还是采用平均分配的办法。③ 之后,毛泽东也接受了大多数农民的意见提出:"为满足多数人的要求,并使农民迅速得到田地起见,应依乡村总合数目,男女老幼平均分配,不采取以劳动力为标准的分配方法。"毛泽东经调查后还认为:"分田以劳动力为单位的弊病,就是凡孤寡、老幼、小脚妇女及一切不能耕种的人,均不够食。贫农劳力多的也抵不住富农,因为贫农不及富农的牛力、农具、资本,并且富农可以租耕孤、寡、幼、小脚妇女等人的田。因此,以劳动力为单位只于富农有利。"④以后进行土地改革,都实行以人口为标准进行平均分配土地。

---

① 《富农问题:四军前委、闽西特委联席会议决议》(1930 年 6 月),中共龙岩地委党史资料征集领导小组、龙岩地区行政公署文物管理委员会编:《闽西革命史文献资料》第 3 辑,1982 年。

② 《中共闽西第一次代表大会关于土地问题决议案》(1929 年 7 月 27 日),中国社会科学院经济研究所中国现代经济组编:《第一、二次国内革命战争时期土地斗争史料选编》,人民出版社 1981 年版,第 302 页。

③ 定龙:《闽西的土地革命》,《红旗》第 78 期,1930 年 2 月 22 日。

④ 中共中央文献研究室编:《毛泽东农村调查文集》,人民出版社 1982 年版,第 277 页。

(三)关于分田的办法

闽西根据地一贯采用"以原耕为基础的""抽多补少"的分田方法。之后,又补充"抽肥补瘦"这条重要原则。这种"原耕总合分配法",就是以乡为单位,按全乡人口总数,除以全乡人口原来所耕田地总数(全乡人口原来在本乡耕的和原来的外乡耕的合计起来),抽多补少,抽肥补瘦,移得动田的移田(田多的村,把田摊给一部分给田少的村),移不动田的移民(隔远了,无法移田,只好移民)。根据调查了解,人们认为这种"以原耕为基础"的分田方法(而不是打乱平分的方法)有这样一些好处:(1)"以原耕为基础",能得到自耕农和半自耕农的拥护,他们耕种习惯了的土地仍然由他们自己耕种;(2)实行"抽多补少,抽肥补瘦"的原则,可确保贫农雇农(即少地或无地的农民)所分得的土地在数量上和质量上差不多,不致吃亏;(3)以全乡人口数,除全乡人口原来所耕田地总数的分配办法,简单易行,可使分配土地工作在十天或半个月内分配完毕。

(四)关于地权的规定

虽然共产国际和中共中央委员会要求各根据地在土地改革时要照搬苏联的经验,实行"土地国有"的政策。就是说,农民在土地改革中分得的土地,其实只有使用权而不是所有权,农民感到很失望,因为农民世世代代所渴望的是得到一块土地。当时的闽西苏维埃政府工作人员也了解到:因实行"土地国有"政策,"使农民不敢下种下肥,妨碍了耕作,减少了生产,同时使农民对土地改革怀疑,脱离了群众",加之禁止土地买卖,"结果不能不使劳动力不足的老弱残疾的,及红军战士的家属,分得田地没法耕种,很难维持生活,而且使农村经济不能很好的调剂,减少了生产数量"。[①] 当时在闽西做调查的毛泽东也了解到:"过去田归苏维埃所有,农民只有使用权的空气十分浓厚,并且四次五次分了又分,使得农民感觉田不是他自己的,自己没有权来分配,因此不安心耕田。""农业生产在红色区域建立的头一二年,往往有些下降,主要的是由于分配土地期间,地权还没有确定,新的经济秩序还没有走上轨道,以致农民的生

---

① 闽西苏维埃政府:《土地委员扩大会议决议案》(1931年4月10日),转自许毅主编:《中央革命根据地财政经济史长编》(上),人民出版社1982年版,第295页。

产情绪还有些波动。”[1]周恩来经过调查后，在中共六届三中全会上也说：“土地国有问题，现在是要宣传，但不是现在已经就能实行土地国有”，“决不能说中国农民已经打破了私有观念。所以禁止土地买卖，目前是不需要的口号，这只是增加了农民的恐慌心理。”“我们反对地主租佃办法，只因为它是封建的剥削形式，但是资本主义的转租办法，是不能反对的。如闽西已经发生了好像寡妇和红军分得了土地，自己却不能耕种，于是和别的农民订立合作的办法，这是不应禁止的。”因实行“土地国有”，闽西农民是抵制的，毛泽东于 1931 年 2 月，明确提出：“过去已经分好的田（按抽多补少、抽肥补瘦的原则分的），即算分定，得田的人即由他管所分管的田，这田由他私有，别人不得侵犯，以后一家的田，一定定业，生的不补，死的不退；租借买卖，由他自主；田中出产，除交土地税于政府外，均归农民所有。吃不完的，任凭自由出卖，得了钱来供零用，用不完的，由他储蓄起来。或改良土地，或经营商业，政府不得借辞罚款，民众团体也不得勒捐。”“农民一家缺少劳力，田耕不完，或全无劳力，一点不能自耕的，准许出租，完租多少，以两边不吃亏为原则，由各处议定。还有红色区域准许自由做生意，赚得钱来均归本人。”以上政策的规定，实现了农民土地的私有权，否定了“土地国有”的政策。

上述是闽西根据地分田的方法，主要是按人口男女老幼平均分配土地，强调了一个“平”字。这种“平均”的观念，与客家人家庭共同体的平等思想息息相关。客家人在辗转的迁移历史过程，因土客为争夺生存空间，矛盾冲突十分激烈，迫使客家人必须和衷共济。他们住在超大型的土楼里，其形式多样，有圆楼、方楼、方圆混合楼、围楼，统称“客家大屋”或“土楼”，大型土楼有 300～400 个房间，每一座土楼居住着一个家族，可住 500～600 人。小型的也可住 100～250 人。客家人“家族制之稳固，恒视其全族势力之大小与人丁之多少以为衡，以故凡由一太公传统而下，无论支派远近，均为一家族，以收团结相护相助之教”。[2] 闽西客家人居住的地区，多呈丘陵起伏，平地狭小，或在河道的两旁，土质贫瘠，一些较肥沃的农田分布于土楼的四周，大多为地主所占有，也有不少是属于族田。总的来说，闽西地区的土壤腴瘠程度相差很大，但大多数

---

① 《我们的经济政策》，注释一，《毛泽东选集》（合订本），人民出版社 1964 年版，第 121 页。

② 洪仁玕述、韩山文著：《太平天国起义记》，杨家骆：《太平天国文献汇编》第五、六册，鼎文书局 1973 年版。

土质是贫瘠的,腴田不多。由于客家人聚居的土地一般比较贫瘠,劳动工具又主要是原始的犁、耙、锄头,生产力很低下,为了活下去,就不得不使家族内部所有的成员都占有一点土地。因此,客家社会中纯粹的佃农很少,普遍每家都多多少少总有些田地。客家人多数为自耕农或是半自耕农。所以,在客家人家庭内部酝酿着"有田同耕"的思想。在平日里,农忙时各家互助合作;在遇到兵匪或械斗时,则举族同甘共苦,"有饭同吃",犹成了"无处不均匀,无人不饱暖"的平等思想,这也是平均的思想。这种思想,在太平天国起义的《天朝田亩制度》里得到详尽的反应。随着历史的推移,到了二十世纪二三十年代,闽西在中共领导下进行的土地改革运动,也深深打下了小农"平均"思想的烙印。这样就比较容易理解,为什么在闽西根据地,分田的数量标准会坚持以人口平均分配;在地权问题上,共产党中央虽一再强调实行"土地国有",但遭到闽西农民的反对,结果是实行土地归农民私有;在没收政策上,由于闽西农民"平均"思想严重,所以开始时对"没收一切土地"很感兴趣,但实行后又感觉到自耕农、半自耕农的土地也被没收了,好像农民自己也成为被没收的对象。支持土地改革者,最后又反对"没收一切土地"的口号,这就是闽西地区小农心态的反应,也就是客家文化氛围的产物。

1932 年,国民党十九路军由上海抗日前线被调到闽西"围剿"红军,因农民倾向红军,无法向前推进。为了争取农民的支援,十九路军也实行"计口授田"。1947 年,福建省地政局局长所著《龙岩县扶植自耕农纪实》一书中说:"1932 年 9 月,十九路军进驻龙岩,曾以'已分之田不再争夺'为口号,收抚农民,击溃共军,遂组织闽善后委员会,同年十二月颁行计口授田办法,不分业主佃农均一律计口授田,按各单位地区(每乡每村每姓不一定)人口土地之数额平均分配,受田者除缴纳 30% 土地税外,不必再缴地租。"十九路军"计口授田"是步中国共产党之后尘,其办法大同小异。"确认共党没收土地之事实。"①

可见"平均"分田的思想在闽西客家人地区的根深蒂固。

① 赵钜恩编:《龙岩县扶植自耕农纪实》,福建省地政局 1947 年印行,第 3~4 页。

三、结 论

在共产党领导下实行了土地改革后的闽西农村发生了较大变化。主要表现在农民生活得到了改善、社会风气有所改变，以及地主势力受到严重打击。

(一)农民生活的改善

1945 年，章振乾教授曾在龙岩白土镇后田村(该村华侨多，华侨出国赚钱，寄钱回乡买田多作为族田或学田赠送，他们的家属照样按人口可以分得土地，因此华侨及侨属大多数拥护土地改革。后田村又是龙岩县第一个发起暴动的村)做调查时，访问一位当时 73 岁的老农，该老农说："过去(指 1929 年以前)农民收支相差太大，卖田、卖屋、卖儿女者比比皆是，大部分农民陷于不能生存之境地。""从前收谷后，大家均把谷子向地主或高利贷者的谷仓里集中，现在则分租于自己家里。""紫岗乡黄坑村，是佃农最多的村，1929 年以前，农民所耕尽系地主之田，负担过重，生活极为悲惨；分田后，不必交纳田租，因此生活与过去相差大有天壤之别。"

到了 1931 年，由于分田后确定了农民的地权，1933 年闽西根据地的农业生产普遍增加了 15%，杂粮种植方面，1933 年已超过分田以前的水平，收成普遍增加 20%，有的县甚至增加 30%。

根据对上杭县蛟洋乡陈坊村的调查，农民分析分田后粮食增产的原因为："由于分田，人人学会了耕田，特别是妇女学会了犁田、耙田和莳田；采用较好的肥料，如牛骨粉、硝盐等混合使用；从别乡请来工匠制造新式风车，改良山区水利条件；平均每三户人家有一头耕牛，每户饲养猪一至二头，养牛养猪也增加肥料。"

上杭县上郭车乡的农民在调查中也反映："分田后大家粮食总有一点剩余，吃饭问题比分田前有较大改善。由于有了点剩余粮食就可养猪，这样农民就有能力建造房屋改善居住条件，先养一至二头猪，猪养大后，卖了一笔钱，即可开始购买木料，动工起墙基，钱用光了便停下，再等猪养大后又继续建造，这么一来，两年左右时间，就可把新房建造起来了。"

(二)社会风气的改变

土地改革后的闽西农村根绝了烟(抽鸦片烟)、赌、嫖的丑恶现象,随之而来的是农民文化素质有较大提高。在苏维埃政府提倡下,每个村都设立一个"列宁小学",同时还普遍设工农夜校和识字班,卫生事业也有相当发展。

(三)地主势力受到打击

土地改革的目标就是要消灭封建地主土地所有制,土地改革前地主拥有土地,他们有钱也有权,靠出租土地收租谷过日子,在乡村作威作福。实行土地改革时,大批地主逃亡,他们的浮财和土地被没收了,生活水平直线下降。1945 年章振乾教授还对回乡的地主做了调查,龙岩县霞阳乡当时 72 岁的杨占文说:"我原来是本乡的大族巨富,祖上遗下的田产很多,子孙过洋的过洋(外出当华侨),经商的经商,生活很富裕。土地改革后,良田都被过去(原书中是运去)的佃户分去了,业主只分坏田,生活真是从天上掉到地下。我家隔壁的一位地主也姓杨,原来有几千担(一担为一百市斤)租谷,还有一妻一妾,土改后,妻妾和他自己都靠挑担维持生活。"龙岩县紫岗乡西洋村的地主也说:"1929 年以前生活很好,分田后,好的田地通通被过去的佃农分去了,仅剩下一些不好的田地,有的地主连坏地还分不到,生活急剧下降。"

闽西地区的土地改革,是实行按人口平均分配土地,土地分配后,地权归农民所有,这对于改革封建地主土地所有制起了重大的作用。在评价闽西土地改革时,不少学者认为,解决了农民土地所有制的问题,就是解放了农民生产力,就会大大促进农业生产的发展。我则认为,这是把解决土地所有制问题与农业的经营形态两个问题混为一谈。"按人口平均分配土地"只解决"耕者有其田"的问题,却没有解决闽西小农经济传统的细小的经营形态。前面说过,闽西大部分是丘陵起伏的山区,平坦的大块平原很少,如果村内有少数较为平坦和肥沃的土地,土改时实行"抽多补少,抽肥补瘦"的原则,要把一块较为平坦的农田,又割裂成数块各种形式的田,分属于不同的主人,这样,导致村里的田地更为零碎。闽西地区土改后,由于佃农不要交租给地主,粮食是多了,生活有了改善,但因为人口的增殖、农户的激增,耕地总面积因政府提倡垦荒虽然有所增加,而每户的经营面积却明显趋于缩小(如表 3 所显示),坎数增加的比例高于面积增加的比例，即说明土改后农田面积缩小了。如古田乡、蛟洋乡每户经营的坎数有的达 80 坎左右，每坎平均面积只有 0.14 亩，最小的一坎田只能插几株苗，如斗笠大小。美国学者布克(Buck)在 1936 年曾对中国水稻区水田细碎程度做调查，其调查结果与闽西土地改革区做比较，如表 4 所示。该表显示，闽西土地改革后，田地是全国最细碎的。我认为这是土地按"人口平均"分配的必然结果，农田的细碎连耕牛和较大的农具都难以使用，更谈不上大规模的土地改良和水利建设了。也就是说，田地细碎，势难发展农业生产，如龙岩县的白土、紫岗、西墩等乡，土地改革前亩产稻谷是 5.07 市担，土地改革后为 5.08 市担。有不少的乡如白沙乡反而减少。这就说明，土地改革只能解决土地由地区所有权转变为农民所有权，如经营方式不改变，农业生产率无法提高，农民的生活要得到很大改善是不可能的。

表 3　龙岩县各乡土改前后每户平均经营面积及坎数增减率

地　区	土改后比土改前每户平均经营面积增减率	土改后比土改前每户平均经营坎数增减率
白土、紫岗、西墩	－10.0%	－5%
龙门、厦和	＋2.4%	＋11%
古田、蛟洋	＋6.0%	＋67%
白沙	－26.0%	＋90%
茶境	＋16.0%	＋7%

本表根据章振乾教授调查。

表 4　1936 年中国部分水稻区每户耕地状况

地　区	每户耕地平均丘数	每一丘田平均面积(亩)
扬子江水稻区	10.40	2.25
四川水稻区	23.70	1.20
西南水稻区	18.40	0.75
闽西水稻区	40.91	0.23

土地改革与闽西苏区社会结构的变化[①]

李小平

费正清评价中国土地改革时说:“目的不仅是经济上的,而且是社会和政治上的。”[②]20 世纪 20 年代末至 30 年代中期,闽西苏区的土地改革即是一场政治、经济革命,它深刻影响了闽西农村的历史进程,也是一次社会革命,使苏区的社会结构发生变化,并对苏区农民的社会心理、社会意识产生多重影响。然而,以往对土地改革的研究着力于土地政策及土地制度的演变、生产关系的变革和农民的政治解放,较少关注土地改革所引致的社会结构变化。[③] 本文以闽西苏区土地改革对社会结构变化的影响为例,通过局部研究,做一初步的探讨。

直至近代,我国广大农村一直普遍处于村落权力的直接控制之下,政府权力只伸展至县一级。“村落权力”是指以村落为单位反映的农村体制性权力和村落内生性权力的互动与整合。闽西地区,家族发育比较成熟,“血缘是稳定

① 原载《中国社会经济史研究》2002 年第 4 期。

② [美]费正清著、张理京译、马清槐校:《美国与中国》,商务印书馆 1987 年版,第 271 页。

③ 有关前者的研究专著有:许毅主编:《中央革命根据地财政经济史长编》(上、下),人民出版社 1982 年版;孔永松:《中国共产党土地政策演变史》,江西人民出版社 1987 年版;孔永松等:《闽西革命根据地经济建设》,福建人民出版社 1981 年版;成汉昌:《中国土地制度与土地改革》,中国档案出版社 1994 年版。此外,一些研究近代经济思想史的著作亦涉及中央苏区的土地改革,如顾龙生主编:《中国共产党经济思想史:1921—1997》,山西经济出版社 1999 年版;陈益寿:《毛泽东经济思想研究》,经济科学出版社 1993 年版;乔宗寿、王琪:《毛泽东经济思想发展史》,上海人民出版社 1993 年版;李占才:《中国新民主主义经济史》,安徽教育出版社 1990 年版;等等。后者专著仅见何友良:《中国苏维埃区域社会变动史》,当代中国出版社 1996 年版。

的力量。在稳定的社会中,地缘不过是血缘的投影,不分离的”。[①] 族居使血缘家族与地缘村庄重合、共生,村落权力不过是家族权利的泛化与延伸。乡绅作为官与民的中介而居于权力结构之中。家族共同体权力(族权)和乡绅权力(绅权)作为内生性权力,与政府权力透过种种官方的和非官方的渠道紧密纠合在一起,共同实施对乡村的统治。近代以来,尽管地方基层政权的组织形式屡有改变,但在闽西乡村,村落权力一直未受到有力的挑战,家族仍然掌控着乡村社会的基本权力。

土地革命前闽西农村是宗族社会:血缘家庭聚族而居,一村一姓的村庄较为普遍,家庭、房族、家族(宗族)结构上环环相连,家长、房长和族长权力层层相扣,亲属关系纵横交错,各种称谓体现着尊卑亲疏的辈份与等级。[②] 在宗族内阶级分化不明显,但贫富差距较大;农民和地主两大基本阶级都是家族共同体的成员,但在社会经济关系中所处地位大相径庭:地主以“地产权利”并借助政权的力量支配和剥夺农民,经营小块土地的农民经济和社会地位低下、精神和物质生活极度困苦。家族作为一实体性组织在村落内具有经济、祭祀、教化、惩治等功能。家族的功能性作用表现为:第一,家族对乡村社会具有整合与保障的功能,是村落权力的化身。经济上一般的大姓家族拥有族产(族田、儒资田、蒸尝田、族墟和族庙),可以举办宗族活动,扶助、周济族众,增强族众的认同感。龙岩适中镇“纵径最多不过 20 里,但宗族祠堂至少在 200 个以上,其中祭产多者达 1000 担,少者亦均在 10 担以上”,宗族拥有的土地占全镇总量的 70%。[③] 宗族土地出租在闽西是普遍现象,宗族地主占有大量土地。政治上具有双重权力,一方面与官府勾结把持乡政,闽西乡村政权操在豪绅家长手中,[④]长汀的土豪劣绅掌握“一切政权机关、财政机关”;[⑤]另一方面握有族权,族长握有族产的使用权,以家法族规教化、规范族众的行为,家法族规对族众生活的约束甚于国法律令。同时家族也为其成员提供最大限度的保护,以

---

① 费孝通:《乡土中国　生育制度》,北京大学出版社 1998 年版,第 70 页。

② 孔永松、李小平:《客家宗族社会》,福建教育出版社 1995 年版。

③ 章振乾:《闽西农村调查日记》,中国人民政治协商会议福建省委员会文史资料委员会编印:《福建文史资料》第 35 辑,1996 年,第 16～17 页。

④ 中共龙岩地委党史资料征集领导小组、龙岩地区行政公署文物管理委员会编印:《闽西革命史文献资料》第 1 辑,1981 年,第 180 页。

⑤ 江西省档案馆、中共江西省委党校党史教研室选编:《中央革命根据地史料选编》(中),江西人民出版社 1982 年版,第 49 页。

维护家族的利益与声望。文化上通过设立族学(塾)、资助族人求学以考取功名等手段,培养本族精英。土地革命前,上杭白沙中隔保的宗族占有本保60%的土地,田产收入中很大一部分用于支付弟子求学费用,族中弟子读书人占30%。[①] 家族还利用祭祀祖先、编撰族谱、举办迎神赛会等形式多样的全族性活动,实施对家族成员的教化,强化家族的凝聚力,也使家族成为族众的精神、心理依托。第二,家族的无形影响渗透于农民日常生活的各个方面,农民的宗法观念、家族思想浓厚。从岁时习俗、年节娱乐,到迎神祭祖、婚丧礼仪,无不昭示着家族的存在,显示着家族的力量。农民中识字的很少,神权、礼教、家族等观念影响极深,常被土豪利用,酿成家族械斗、族姓残杀的惨剧。永定"姓氏界限甚清,常引起械斗,永结冤仇,因械斗而死亡者甚多,最著名为黄赖械斗及张卢械斗";武平乡村均聚族而居,多一村一姓,"宗族界限极严,宗法社会的习惯极深",受宗法观念影响,农民内部纠纷常演变为姓族冲突。[②]

土地改革后,在新旧因素的磨合与创新中,闽西苏区出现了以政治系统为核心的社会结构:农民从家族共同体的依附性成员转化为带有明显阶级印记的社会成员,阶级意识冲击了家族意识,乡村传统的礼俗文化和家族观念被压抑,阶级与阶级斗争等政治文化被导入苏区,使苏区农民的行为、信仰和社会心理发生改变;家族组织结构隐没在阶级架构之下,阶级成分成为人们确认社会地位、社会身份及其相应政治、经济权利的依据,并以此来规限自己参与政治活动的范围和深度;族产被没收后,家族承载的社会功能亦大都被各种新型社会组织取代,如列宁小学取代族塾乡学之教化功能,乡村苏维埃和群众团体代替家族乡党的裁决、协调、保护、济困等功能;村落权力悄然让位于以乡村苏维埃为代表的政府权力,国家权力渗透到农村基层,驱逐了"虚拟"国家职能的乡族势力和乡绅权力。闽西苏区社会结构变化的起点是启发阶级意识、划分阶级成分。

---

① 章振乾:《闽西农村调查日记(1945年4月—7月)》,中国人民政治协商会议福建省委员会文史资料委员会,《福建文史资料》第35辑,1996年,第151页。

② 中共龙岩地委党史资料征集领导小组、龙岩地区行政公署文物管理委员会编印:《闽西革命史文献资料》第4辑,1983年,第491页;第1辑,1981年,第190页;第2辑,1982年,第300页。

一、阶级意识的启蒙与强化

马克思认为农民(以法国小农为例)虽然具有共同的阶级状况的特征,但并“没有形成一个阶级”,只有在阶级意识觉悟后,才能起到具有历史意义的作用。[①] 农民作为一个“自在”的社会利益集团,没有自己独立的阶级意识,他们会自发地抗拒掠夺和贫困,但“单是贫困事实上不足以引起人们造反……只有当社会统治者的腐败得到充分揭示,这种贫困才变得不可忍受。因此,新的形式和思想应当指出革命的出路。在实现这个伟大目标的过程中,同样是这样一些群众将会证明他们能够容忍二倍和三倍的贫困”。中国共产党担负起旧社会的批判者、新社会理想的宣传者、新社会的组织者和创造者的历史责任。“如果没有农民军队和广大村民的支持,中国共产党是不可能夺取政权的。但是如果没有共产党,农民们显然也不可能产生革命的理想”。[②]

农民“产生革命的理想”的过程就是阶级意识觉悟过程。

首先,红军和党的地方组织用发布告、贴标语、召开群众集会等形式,揭露旧的社会制度的不合理及所造成的社会不公,对农民遭受土地奴役和权贵欺凌的痛苦生活深表同情和关切,指出这一切并不是天经地义而是可以改变的,其出路就在于农民的团结与斗争。当农民逐步接受地主收租是阶级剥削、土劣欺压是阶级压迫的观念时,阶级的意识觉醒了,而这种意识本身就具有强烈的革命性。如 1929 年年初《红四军司令部布告》用农民切身感受到的土豪劣绅“横行乡镇,重息重租”的事实,使农民意识到阶级剥削与压迫的深重,号召农民同共产党一道“打倒军阀”、“合力铲除”国民党反动政府,以实现“地主田地,农民收种,债不要还,租不要送”、“苛捐杂税,扫除干净”的社会理想。永定县地方党组织发布文告揭露本地土豪劣绅和军阀暴行,呼吁民众挺身斗争。[③] 经过红军和地方党组织的启蒙宣传,原本对政治冷漠的农民渐渐有了政治诉求,“阶级”与“阶级斗争”这一全新的政治概念成为农民认知自己和社会的新坐标。

---

① 《马克思恩格斯选集》第 1 卷(下),人民出版社 1972 年版,第 693～697 页。

② [美]费正清主编、章建刚等译:《剑桥中华民国史》,上海人民出版社 1992 年版,第 2 部,第 710 页脚注,第 299 页。

③ 中共龙岩地委党史资料征集领导小组、龙岩地区行政公署文物管理委员会编印:《闽西革命史文献资料》第 2 辑,1982 年,第 9、100 页。

其次，通过打土豪、斗土劣以显示阶级的力量，树立群众对阶级团结和阶级斗争的信仰。开始时红军把打土豪没收的谷子、财物等秘密分送到群众家里，慢慢地公开发放，并鼓动农民与红军一块儿去打土豪。当革命的力量站稳脚跟后，便发动群众打土豪，采取先打外乡（村）土豪，再过渡到打本地土豪的策略。打土豪、分浮财令欺压百姓的土劣威风扫地，使饱受欺压的农民感受到"阶级斗争的力量"，同时也使群众在物质上得到实际利益。农民逐渐被发动起来，表现出摧枯拉朽的强大力量。"没有任何一个社会集团比拥有土地的农民更保守，也没有一个社会集团比几乎无地可耕或须缴高昂地租的农民更革命。"[①]农民"组织自己阶级的群众，武装暴动，自动地打倒豪绅地主，分谷子，分土地，焚田契，烧借约，成立自己的工会、农会，他们对豪绅地主阶级、国民党的仇恨和欣幸自己的力量，真是到了极点"。闽西暴动中，龙岩白土农民烧田契、分谷子，"数日间杀土豪四五十人"；永定下湖雷群众"自动捕杀土劣"，溪南里农民拆毁象征封建势力的县城城墙；长汀畲心农民"自发集合起来"捉土劣、烧田契、杀猪、派米。上杭县北三区塘下村既无党组织也无农会组织，但农民"自动起来杀豪绅地主，焚烧田契"。[②] 应当看到，革命伊始参加暴动的农民不一定都真正理解阶级斗争与宗族冲突的本质不同，有的带有相当强的仇富恨霸的报复心理，而使暴动陷入更深的宗族主义之中。[③] 阶级意识的启蒙和"打土豪"是发动群众、组织群众的社会动员，在这一过程中，中国共产党在农村成功地扩大了政治参与，并利用由此产生的政治力量来改变社会和经济结构。

"社会阶级在任何时候都是生产关系和交换关系的产物……是自己时代的经济关系的产物。"[④]根据社会成员在社会经济关系中所处的地位划分阶级，是土地改革的必要前提。划分阶级成分使农民的阶级意识具体化了，并由此达到新的社会整合。地主、富农的土地、财产被没收，中农所有的土地基本维持不变，缺地或无地的贫、雇农分得土地。分田地使农民得到土地的所有权和使用权，这直接影响着农民的政治取向，"土地重新分配的结果是农民积极

---

① ［美］塞缪尔·亨廷顿著、李盛平等译：《变革社会中的政治秩序》，华夏出版社 1988 年版，第 365 页。

② 中共龙岩地委党史资料征集领导小组、龙岩地区行政公署文物管理委员会编印：《闽西革命史文献资料》第 4 辑，1983 年，第 72 页；第 3 辑，1982 年，第 65 页。

③ 中共龙岩地委党史资料征集领导小组、龙岩地区行政公署文物管理委员会编印：《闽西革命史文献资料》第 1 辑，1981 年，第 178 页。

④ 《马克思恩格斯选集》第 3 卷，人民出版社 1979 年版，第 66 页。

并迅速地倒向共产党。……农民更欢迎共产党而不是国民党”。[①] 然而，近代闽西农村阶级分化不明显，乡族冲突的复杂性、多向性与阶级斗争多样性、多层次性交叠，准确而又合乎实际地划分阶级相当困难。由于富农的资本主义特征发育不完全，带有浓厚封建性（如放高利贷、出租土地收高额地租），闽西苏区常发生把中农当富农、把富农当地主的现象，[②]长汀水口甚至发生枪毙中农、贫农的事件。[③] 苏区内出现“三种剥削是富农，五种剥削是地主”的机械分法和“破产地主”“仁慈地主”“劳动富农”等名词。[④]

重新分配土地及按阶级成分进行社会资源与社会权益再分配，强化了苏区农民的阶级与阶级斗争的观念。为了保住分得的土地，闽西组织了 1 万人以上的精干善战红军、赤卫队，百余万革命群众中红军、赤卫队的后备军队和少年先锋队有 20 万以上；为了适应军事与政治斗争的需要，苏区内形成快速、高效的信息传递网，“在苏维埃区域相隔五里就有一个交通站，专门担任代递来往信件。苏维埃下的群众，不论得了好坏的消息马上报告政府。苏维埃区域的消息非常灵通，这种灵敏周密的交通网的建设，完全是群众的力量”；[⑤]“为着革命战争的胜利，为着苏维埃政权的巩固与发展，为着动员民众一切力量加入于伟大的革命斗争，为着创造革命的新后代”，[⑥]苏区的社会教育与义务教育皆以“阶级性”“革命性”和“鼓动性”为宗旨，[⑦]培养并巩固了广大民众的阶级意识和阶级斗争观念。随着乡村苏维埃的建立，苏区的社会意识日渐阶级化，“各城市和穷乡僻壤的墙壁上布满了革命的标语，就是厕所里都布满了革命的空气”；“各乡建设有俱乐部，它的作用不但供群众游玩，而且是做群

---

① ［美］费正清主编、章建刚等译：《剑桥中华民国史》，上海人民出版社 1992 年版，第 2 部，第 210 页。

② 孔永松：《中国共产党土地政策演变史》，江西人民出版社 1987 年版，第 86～88 页。

③ 中共龙岩地委党史研究室：《福建省苏维埃政府历史文献资料汇编》，鹭江出版社 1992 年版，第 299～300 页。

④ 中共龙岩地委党史研究室：《福建省苏维埃政府历史文献资料汇编》，鹭江出版社 1992 年版，第 229 页。

⑤ 中共龙岩地委党史资料征集领导小组、龙岩地区行政公署文物管理委员会编印：《闽西革命史文献资料》第 3 辑，1982 年，第 80、81 页。

⑥ 江西省文化厅革命文化史料征集工作委员会、福建省文化厅革命文化史料征集工作委员会编：《中央苏区革命文化史料汇编》，江西人民出版社 1994 年版，第 80～81 页。

⑦ 谢济堂：《闽西苏区教育》，厦门大学出版社 1989 年版。

众教育最好的地方,它充分表示无产阶级的精神。每晚有人做政治报告,有人讲故事,说笑话,演新剧,唱歌,呼口号”。① 苏维埃政府还增设和推行新的节庆纪念日,如三八国际妇女节、五一国际劳动节、二七纪念日等,以强化苏区社会意识的无产阶级化和革命化。

阶级意识的觉悟使农民卷入革命,并成为新民主主义革命的主力军,但是农民阶级本身并没有在革命中得到根本的改造:经济上维持着封闭的小农生产方式;政治上崇尚权威,尚无民主观念;观念上仍保持着对传统社会的忠诚,小农意识浓厚。毕竟,阶级意识不等于民主思想,阶级斗争亦非民主法制。因此,农民阶级意识的启蒙只是民主化的起点,农村政治现代化进程依然荆棘丛生。

二、苏区社会结构的重构

土地改革后苏区社会结构出现新的组合。原有的社会等级划分和社会资源占有被打破,社会财富、社会权力和社会地位在不同阶级中重新分配,地主与农民的社会地位呈颠覆性改观。土地改革后,闽西农村由阶级分化不明显的乡族社会,转化为农民与地主两大基本阶级阵线分明、相互对垒的社会。苏区内阶级构成为:在总人口中,农民约占 80%,富农约占 5%,地主约占 3%,其余是小手工业者,小商人和游民。农民各阶层人口占人口总数的比例大致为:中农占 17%～20%,贫农占 65%～75%,雇农占 1%～5%。②

从社会分层看,苏区内阶级分层取代姓氏之分、家族之别,苏区居民的社会地位主要是由其阶级成分决定的。各阶级的权利与义务界限清楚,地位明确。地主阶级是革命的对象,不仅失去土地、财产,经济上被剥夺净尽,而且不给予任何政治权利,政治权威丧失殆尽,社会声望扫地,跌落为最没社会地位、最受鄙弃的“落魄潦倒的居民”③。革命伊始,他们被杀的被杀,跑的跑,大部

① 中共龙岩地委党史资料征集领导小组、龙岩地区行政公署文物管理委员会编印:《闽西革命史文献资料》第 3 辑,1982 年,第 81 页。

② 中共龙岩地委党史资料征集领导小组、龙岩地区行政公署文物管理委员会编印:《闽西革命史文献资料》第 2 辑,1982 年,第 142 页;第 3 辑,1982 年,第 275 页。

③ 何友良:《中国苏维埃区域社会变动史》,当代中国出版社 1996 年版,第 215 页。

分被肃清。[1] 留在乡村里的大多是中小地主，感觉“从天上被丢到地下来了”，“年复一年衰落下来”。一杨姓老地主分田前生活“相当优裕”，分田后，老婆和他自己非挑担不得饱食。武平外逃地主现钱用罄，生活艰难时，普遍的心理是：“只要共产党不杀，我们都愿意搬回家去，不要田地也可以。”[2]尤其实行“地主不分田”政策后，地主基本断绝与生产、生活资料的联系，被编入劳役队强制劳动，一无所有。一些小地主或上山为匪或逃往白区或讨饭度日。

革命之初，中国共产党对富农实行的是经济上限制、削弱，政治上吸收、联合的统一战线策略。[3] 富农大多受过教育，“在社会上早就处于领袖地位”，被大量吸收进党政机关工作，掌握部分领导权。[4] 富农利用手中权力不失时机地保护自己的利益（如延迟分田、瞒占良田等），引起党和贫雇农的愤怒与不满；共产国际亦批评中国共产党“联合富农”政策。[5] 以南阳会议为转折，[6]开始执行“向富农进攻”政策：富农被剥夺政治参与权，驱逐出党和苏维埃组织；经济上受打击，生产条件恶化，经济地位下滑；对富农的定性也由农民之一部分，属中间阶级，转变为是剥削阶级的一部分，是革命的敌人，富农社会政治、经济地位骤降。1931 年后，中国共产党从经济上消灭富农，他们只能分得较坏的“劳动份地”，没收其多余的生产、生活资料。[7] 次年，征发富农组织劳役

---

① 中共龙岩地委党史资料征集领导小组、龙岩地区行政公署文物管理委员会编印：《闽西革命史文献资料》第 2 辑，1982 年，第 296～301 页；第 3 辑，1982 年，第 380 页。

② 章振乾：《闽西农村调查日记（1945 年 4 月—7 月）》，中国人民政治协商会议福建省委员会文史资料委员会编印：《福建文史资料》第 35 辑，1996 年，第 26～28、172 页。

③ 《第一、二次国内革命战争时期土地斗争史料选编》，人民出版社 1981 年版，第 270～271 页。

④ 中共龙岩地委党史资料征集领导小组、龙岩地区行政公署文物管理委员会编：《闽西革命史文献资料》第 2 辑，1982 年，第 206 页；第 4 辑，1983 年，第 60、325 页。

⑤ 中国社会科学院编：《第一、二次国内革命战争时期土地斗争史料选编》，人民出版社 1981 年版，第 282 页。

⑥ 《富农问题》从总体上改变对富农的估计，认为富农“自始至终是反革命的”，“剥削比较地主更加残酷”；富农“混入共产党内的投机行为”已成农村斗争中最严重的问题。要把富农当作地主一样看待，无条件开除出党，剥夺其选举权，不得参加苏维埃；没收已分给富农的土地，按抽肥补瘦原则重新分配；废除富农的一切债权，从分青、平谷、筹款和征税等方面打击富农。（中共龙岩地委党史资料征集领导小组、龙岩地区行政公署文物管理委员会编印：《闽西革命史文献资料》第 3 辑，1983 年，第 329～338 页。）

⑦ 《土地法草案》，见《第二次国内革命战争时期土地革命文献选编》，人民出版社 1981 年版，第 282～285 页。

队，限制人身自由。查田运动更使富农处境困顿，社会地位跌至谷底。随着对富农阶级定性的改变，富农的社会地位亦经历了大起大落。

农民参与了土地革命，土地革命也使农民摆脱封建压迫，获得梦寐以求的土地，农民的社会身份、经济地位发生根本性改变，成为独立的小私有者。他们主持土地分配、建立苏维埃政权、参加苏维埃选举，行使当家做主的权利，一下子成为乡村政治舞台的主角，“贫农是农村政权的主干，成了农村中的指导阶级”。① 获得土地的农民尽心尽力地为自己生产，粮食产量普遍提高，②生产和生活条件大为改善。分田前，农民收获的粮食向地主或高利贷者谷仓里集中，自己却无以为生，“卖田、卖屋、卖儿子者比比皆是”，分田后，粮食归自己，一般农民生计改善很多；佃农生活与过去相比也“大有天渊之别”。具有初步阶级意识的农民大量加入共产党，闽西党组织迅速壮大，到1930年7月约有万人之众。③ 农民在收缴土豪、民团枪械武装自己的同时，④踊跃参加红军。在苏区内，农民全面参与苏区的政治、经济生活，成为最有社会地位、社会权力的阶级。

妇女社会地位提高也是苏区社会结构的新变化。妇女们走出家门，广泛参与苏区政治、经济、文化等活动，“妇女得到了解放，各级苏维埃代表与委员都有女子参加，无论在政治上、经济上、教育上都与男子丝毫没有两样，对革命的贡献与男子也是一样”。⑤ 妇女与男子一样分得田地，到“政府中去做事”，享有选举权与被选举权，是平等的公民；苏区内实行一夫一妻制，废除了买卖婚姻，妇女有婚姻自主权，能够自由地“找爱人”，自由地离婚。童养媳的权益也得到法律保障；妇女们第一次跨进学堂大门，参加夜校、扫盲班、识字班，学文化，取得受教育权；苏区妇是军事化的妇女，是劳动生产的重要力量，“她们

---

① 中共中央文献研究室编：《毛泽东农村调查文集》，人民出版社1982年版，第221页。

② 张侃、徐长春：《中央苏区财政经济史》，厦门大学出版社1999年版，第92～95页。

③ 中共龙岩地委党史资料征集领导小组、龙岩地区行政公署文物管理委员会编：《闽西革命史文献资料》第3辑，1982年，第394～395页。1929年5月党员约1300人。中央档案馆、福建省档案馆编印：《福建革命历史文件汇集 闽西特委文件(1928—1936年)》，1984年，48～49页。

④ 中共龙岩地委党史资料征集领导小组、龙岩地区行政公署文物管理委员会编印：《闽西革命史文献资料》第2辑，1982年，第296～301页。

⑤ 中共龙岩地委党史资料征集领导小组、龙岩地区行政公署文物管理委员会编印：《闽西革命史文献资料》第3辑，1982年，第80页。

截了发，赤着足，完全是另一个世界的妇女”。[1]

从社会关系上看，苏区内激烈的阶级斗争和外部残酷的军事“围剿”环境，使人们把复杂多样的社会关系简约为黑白两极、敌我对立的阶级斗争关系，社会关系急剧唯阶级化，造成阶级斗争扩大化、唯成分论等致命性错误。苏区社会关系呈泛政治化、唯阶级化倾向，使苏区内不仅按阶级地位分享社会资源，而且各种社会组织的建立亦以阶级为畛域。查田运动中将已经参加革命数年的剥削阶级家庭出身的干部，不问表现如何一概清除出政权机构，送劳改队，怕他们逃跑还在他们头上开“马路”；[2]地主、富农不准参加劳动生产合作社、消费合作社等群众组织，只能被归入劳役队、苦力队。这种画地为牢的做法，阻断正常的社会流动，使社会结构缺少发展变化的弹性，显示出僵化封闭的特征，不利于苏区生产的恢复与发展和社会进步。从社会结构特征上看，苏区社会结构具有封闭性和先赋性特征。封闭性是指苏区内各阶级既各自封闭又与其他阶级相互隔离，即阶级构成的非开放性。地主就是地主，贫农就是贫农，阶级成分一旦划定，个人无论如何表现，都无法改变自己的阶级归属。先赋性是指苏区各社会成员的社会地位不是凭自己的业绩获得，而是由他所属的阶级决定，即确定一个人社会地位的唯一标准是阶级。土地革命时期，苏区居民社会地位大变动是引入“阶级”标准后，人为划分出来的结果。在这一过程中每个人都是被动的，阶级成分一旦划定，他们的社会位置就固定下来，不由他们去流动。每个阶级的社会地位和社会价值是预设好了的，社会成员只要被类属于某一阶级，就先赋地拥有了与之相对应的社会地位和社会价值，不可僭越阶级分隔。如地主、富农等剥削阶级应被排除在政治生活之外，只有农民才享有政治权利，参与社会政治生活，所以将地主、富农出身的党员、干部清除出党和苏维埃政权组织的政策与行动，可以说是对地主、富农僭越阶级界限的回击。因此，苏区居民社会地位的急剧变动，与其说是社会流动，还不如说是阶级定位。[3]

在苏区，社会经济是自给自足的小农经济，农民仍以小生产方式进行低水

---

① 中共龙岩地委党史资料征集领导小组、龙岩地区行政公署文物管理委员会编印：《闽西革命史文献资料》第 4 辑，1983 年，第 72 页。

② 上海纺织工学院马列主义教研室编印：《温仰春同志关于闽西革命斗争史若干问题的回忆》，1990 年，第 11 页。

③ 何友良认为苏区存在“广泛的社会流动”并“以垂直流动为主”。见何友良：《中国苏维埃区域社会变动史》，当代中国出版社 1996 年版，第 82 页。

平简单再生产。在社会经济结构没有本质性变化的历史条件下，农民的思想观念和整个苏区的社会结构无法突破传统的特质。

三、苏区基层权力苏维埃化

土地革命打破地主阶级对乡村权力的垄断，铲除其赖以生存的经济根基，使国家权力渗透到偏僻的乡村基层，实现了社会权力转移。其中最具意义的是农村苏维埃取代村落权力。闽西苏区基层政权的组织形式是乡苏维埃，它是全乡选民"选举出来的全乡政权机关，为苏维埃政权的基本组织"，是一个具有广泛权力的基层国家政权，乡村中一切权力属于苏维埃。[①] 由群众选举产生的程序使乡苏维埃具有行政合法性；议行合一的代表会议制则从制度上保证农民群众"话事"主事的权力。苏维埃代表会议的代表同居民有固定的联系，使苏维埃政权得以与民众直接沟通；群众对代表的工作进行直接监督，无法胜任工作或选民不满意的代表，或被罢免或是将在下一次选举中落选。上杭县才溪乡 1933 年 10 月进行乡苏选举时，先公布候选人名单，让群众评议。下才溪每村贴一张 160 多人的候选人名单，群众在候选人的名下填注意见，受到群众批评的有 20 多人。这些地方 80%的选民参加了投票选举，老人也拄着拐杖到会。下才溪前任代表 73 人，落选的有 23 人，50 名连任，新当选代表 41 人。上才溪 53 名前任代表中有 32 人落选，21 人连任，新当选代表 54 人。[②] 代表会议下设有常设或临时委员会，才溪乡就设有拥护红军委员会、选举委员会、劳动合作委员会等。委员会由乡苏代表和普通的农民共同组成，围绕苏维埃政府的日常工作和中心任务开展工作。乡苏领导下的委员会制度让农民直接参与行政管理，既扩大了政权的参与面，也培养了农民的自我管理、相互协调的能力。因此，毛泽东在考察了才溪的情况后说，委员会制度"使苏维埃与

---

① 《地方苏维埃政府暂行组织条例》(1931 年 11 月)，江西省档案馆、中共江西省委党校党史教研室选编：《中央革命根据地史料选编》(下)，江西人民出版社 1982 年版，第 146～176 页。《苏维埃政府组织法案》(1930 年 3 月)，中共龙岩地委党史资料征集领导小组、龙岩地区行政公署文物管理委员会编印：《闽西革命史文献资料》第 3 辑，1982 年，第 195～197 页。

② 《才溪乡调查》，中共中央文献研究室编：《毛泽东农村调查文集》，人民出版社 1982 年版，第 337～338 页。

民众的关系更加密切”,“使苏维埃工作的执行得着雄厚的力量”。乡苏维埃的建立,使乡村权力从地主士绅手中转移到农民手里,乡村政权的基础由地主士绅变为农民群众。

苏维埃政府拥有广泛的社会职能,[①]其影响力渗透到苏区社会生活的所有领域。闽西苏维埃政府不仅颁布了土地法、婚姻法、劳动法等法律,而且发布通告禁止杀耕牛、禁止烟赌、保护婴孩以及关于组织残疾院、设立赈灾委员会和募捐等法令,对社会生活的各个方面加以规范,乡苏依法律、法规行使职权,牢牢地掌了农村基层权力。

> 解决了农村一切斗争。修理了一切水道,农民间一切扯皮不清的事,苏维埃政府都干脆解决了。现在农村里除有声音洪亮的歌声外,没有打架啼哭的声音了。各乡都有由群众集股开设的消费合作社,减轻了他们所受的剥削,还组织了各种生产合作社,共同经营,共享权力。各县开设列宁师范,区乡列宁小学已在十分之六七的地方开设了,成人补习夜学亦渐渐到处兴办,还有一种普遍的识字运动。现在闽西男女老幼,都有了受教育的机会。多数区政府办了信用合作社,群众可向政府贷款,打破了高利贷的剥削。苏维埃决定了劳动保护法,废除了一切虐待工人的条例,得了一切集会结社言论出版绝对自由。苏维埃区域没有叫花子,没有偷窃,政府把他分配了工作,参加了革命战线。一切残废无依靠的人,政府给了大笔经费供养。区乡政府聘请了医生,设立公共看病处,苏维埃下的群众有病去诊断,不取分文钱,同时设立药材合作社。现在农民不但发生政治问题要提出意见到苏维埃解决,就是身上小小的病患,都有苏维埃解决;同时区乡苏维埃也就不但可以解决工农的政治经济问题,连工农身上的病患,苏维埃都有解决的本事。[②]

中国共产党之所以能在农村站住脚,最主要的因素之一是在苏区建立起稳固的基层政权,基层政权组织强化了共产党的政治权威和其所建立政府的权威,又抓住了大部分农民群众,从而增强了共产党和苏维埃的力量。“红军

---

① 蒋伯英、郭若平:《中央苏区政权建设史》,厦门大学出版社1999年版,第131页。

② 中共龙岩地委党史资料征集领导小组、龙岩地区行政公署文物管理委员会编印:《闽西革命史文献资料》第3辑,1982年,第80页。

与苏维埃区之所以发展存在，第一个重要原因为中共的土地政策……苏维埃政府成立，实行没收土地、重新分配。满足农民毕生所愿，对红军自大为感戴，惟恐其败。”[①]苏维埃权力渗透至农村基层，这是中国历史上首次将国家权力延伸到村落，村落权力置于政权的直接控制之下，受到打击并退缩到政府权威的背后。反观国民政府各种乡村改造的顿挫，其中重要一点就是国民政府对农村渗透受阻，造成国民党和国民政府同乡村的疏离。国民政府治下，在乡间担任公职的人有两派，“一派是不做事体的好好先生，一派是武断乡曲的土豪劣绅”。[②] 因而它在农村实施的各种土地政策都因缺乏社会基础而难以推行，无论是土地整理、田赋整顿、租佃改良还是扶植自耕农均以败而终。苏维埃政权建立与逐步稳固的过程中，却呈现出政权组织的阶级构成越来越单一化、纯净化的特点。如初创时期的苏维埃吸收一些富农出身的人，有的还居于领导地位，[③]是苏维埃政权重要参与者。1930 年后，肃清富农路线的斗争日益高涨，加紧反富农斗争，“坚决的在政治上排除富农出政权机关，经济上限制富农的经济发展”，“红军中排除富农流氓分子”；在苏维埃中“坚决的洗刷富农”。于是，基层党组织和苏维埃中只剩下贫农、雇农和极少数知识分子，虽然突出了农民在乡村政权中的主导地位，但大大缩小了乡村政权的政治资源。农村苏维埃成为中国共产党领导下的纯正的农民政权。

苏区政权机构的唯阶级化、唯成分论，对闽西苏区土地改革的良性发展造成不利的影响。中央红军北上后，闽西苏维埃政权主导下的社会结构的变化被打断了。返乡地主在国民政府的支持下向农民反攻，欲强行恢复地主阶级原有的政治经济秩序，但是遭到农民的抵抗，经过土地革命的暴风骤雨，闽西社会已经无法恢复到原有的轨道。各种社会政治力量相互交织，彼此争夺，成为 20 世纪 30—40 年代闽西社会的一大特点。

首先，地主与农民阶级较量的态势总体来说发生逆转，地主处于攻势，农民处于守势，但是，在局部地区双方依力量对比强弱而显现出不同状态：在龙岩、永定、上杭等农民势力较强的分田区域内，地主回乡后无法恢复权势，农民仍对土地形成事实上的占有，向政府交纳田赋，承担土地所载有的各项义务，

---

① 郭廷以：《近代中国史纲》（下），香港中文大学出版社 1986 年版，第 593 页。

② 许纪霖、陈达凯主编：《中国现代化史》第一卷，1800—1949 年，上海三联书店 1995 年版，第 452 页。

③ 中共龙岩地委党史资料征集领导小组、龙岩地区行政公署文物管理委员会编印：《闽西革命史文献资料》第 4 辑，1983 年，第 321～322 页。

拒绝向地主交纳地租;即便是在一些地主恢复了业权的地方,农民对地主的地租负担也不同程度地有所减轻,地主对土地的控制权受到一定的牵制与削弱。农民和地主矛盾尖锐的上杭白沙几酿成地主村庄与农民村庄为争夺土地的集体械斗。因此,恢复地权运动效果并不好。国民政府治下土地制度的调整(龙岩扶植自耕农运动、上杭白沙土地国有实验等),就是基于土地制度已经无法恢复到地主土地所有制这样一个事实,不得不进行的一次土地制度改良。土地改革区的高利贷也受到一定程度的遏制,借钱的高利贷减少乃至消失,借谷的高利贷虽然依旧存在,但是利息较非土地改革区为低。

其次,经过土地革命,农民对国家、政府和自身的认识有所改变。据章振乾 20 世纪 40 年代中期的调查,土地改革区的群众对社会生活的态度与非土地改革区的群众有所不同。如在龙岩土地改革区,农民分得土地后努力耕种,无出卖劳动力之事,而非土地改革区则经常有农民赶圩列队待雇;土地改革区的农民交纳田赋达 99%,踊跃完粮已成为一种风尚,而非改革区地主占有土地,大半欠缴田赋,收取田粮极为不易,白沙捷步就是显例;土地改革区农业推广工作较为容易,而非改革区却“毫无办法”。上杭“分田地区的人民对政府帮忙很大,表现在运输、修路、接济粮食各方面”。[①] 闽西苏区社会结构的变化,尽管是短暂且是局部的,但对整个闽西社会的影响是深远的。农民在中国共产党地下组织的领导下,在游击队的支援下,坚持不懈地开展各种形式的斗争,保卫已取得的土地改革成果。据统计,闽西苏区之龙岩县、上杭县和永定县约 15 万人口地区的农民群众,通过保田斗争,基本上保持了土地改革后形成的分田状态,这在全国堪称奇迹。

---

① 章振乾:《闽西农村调查日记(1945 年 4 月—7 月)》,中国人民政治协商会议福建省委员会文史资料委员会编印:《福建文史资料》第 35 辑,1996 年,第 4、6、7、55、98 页。

模糊身份与弹性纠偏

——1950—1954年福建省龙岩县的华侨土改[1]

张 侃 谢丹琳

新的政治秩序意味着需要形成新的政治认同,这是国家制度推进的必经之路。如何动员传统小农并将他们转化为新阶层,适应现代国家建构的需要,是新政权要面对的现实。在传统经济体制下,土地分配不均长期存在的问题,新国家可以通过"有计划的社会变迁"重新确定土地产权,进而达到动员效果,使农民得以被塑造为新国民。中华人民共和国成立后,中国共产党领导的土地改革是整体性的社会改造运动,也是形成新社会、塑造新人的重要环节。学界对其正义性和合法性已有大量论述,总结为了政策—效果的"革命史范式"。[2] 毫无疑问,土地改革是国家政治权力对乡村的社会的制度性安排,是具有蓝图性的新体制建设,但不同时期和不同地域的土改实践只能按照实验逻辑展开,因此总有历史阵痛夹杂其中,涤陈、异变、蜕化、重组交织在一起,由此引发的社会矛盾与人际纠结也时时可见。近年来,社会学、人类学、政治学

---

[1] 原载《人间思想》2016年第5辑。

[2] 叶明勇:《新中国成立后土地改革运动研究述评》,《北京党史》2008年第5期;农业部农村经济研究中心当代农业史研究室:《土地改革研究综述》,《中共党史研究》2000年第6期;张学强:《1979年以来解放战争时期土地改革研究的回顾与思考》,《广西社会科学》2003年第10期;张佩国:《中国乡村革命研究中的叙事困境——以"土改"研究文本为中心》,《中国农史》2003年第2期;张一平:《三十年来中国土地改革研究的回顾与思考》,《中共党史研究》2009年第1期;卢惠:《建国初期的土地改革运动研究综述》,《宜宾学院学报》2009年第10期;黎志辉:《建国初期原中央苏区的土地改革和经济恢复》,《江西财经大学学报》2012年第6期等。涉及的问题有:土地改革的准备情况、《中华人民共和国土地改革法》的制订和贯彻情况、土改的偏差问题、土地改革的评价、土地改革中的民众心理、发动群众与和平土改的争论、中国共产党在土改中的阶级路线和政策、土地改革中的重要人物、大陆与台湾土地改革的比较等。

逐渐以事件—过程的分析路径，探究微观生活实践，分析权力运作、民众动员、话语体系、行为机制、集体记忆等内容，涉及了上层与下层、中央与地方、国家与民众的多元互动关系，展示了广义土改所蕴含的减租减息、反奸诉苦、支前动员等环节，形成了新的研究范式。①

福建省龙岩县是革命老区，②又是一般侨乡，③土地占有情况复杂，也具有特殊性。由于华侨和侨眷的身份比较特殊，确定其剥削程度存在难度，具有一定模糊性，因此容易“成为阶级划分标准的技术性失误的牺牲品”。④ 本文利用龙岩县新罗区档案馆资料分析中华人民共和国成立后侨区土改中的错划阶级及其弹性纠偏。意在追问：由于政治格局和战争事态的转变，新区土改设想与此前的土改有何不同？土地改革作为国家意志，政策措施是否具有顶层设计的特征？土地改革是否是一场社会实验？各地情形具有多样性，是否存在实践行为的特殊性？如果特殊土改存在，表现形态如何？推进过程受到什么

---

① 郭于华、孙立平：《诉苦：一种农民国家观念的形成机制》，《中国学术》2002年第4期；张鸣：《动员结构与运动模式——华北地区土地改革运动的政治运作(1946—1949)》，《二十一世纪》网络版2003年6月号；张小军：《阳村土改中的阶级划分与象征资本》，《中国乡村研究》第2辑，商务印书馆2003年版；李放春：《北方土改中的“翻身”与“生产”——中国革命现代性的一个话语——历史矛盾溯考》，《中国乡村研究》第3辑，社会科学文献出版社2005年版；李里峰：《华北“土改”运动中的贫农团》，《福建论坛》2006年第9期；等等。赵正桥在《新世纪以来关于中共土地改革研究的新进展》(《史林》2015年第1期)将近年研究以革命史范式的新解读、国家—社会关系分析、从现代化视角分析、行为与心态分析进行归纳，有比较全面的介绍，可参见。

② 1929年到1949年，龙岩地权经历了四次变化：第一次，1929年红四军入闽，发动土地革命。第二次，1930年，红军退出龙岩后，有的地主向农民收回土地，有的收回后私下退还，或名义上出租给农民耕种，听凭农民交租。第三次，1932年，十九路军开展“计口授田”，调整了部分土地属性。第四次，龙岩绥靖公署专员李汉冲推行“扶植自耕农”政策，将1929年以后农民从地主、富农手里分得的土地全部折价，向政府交钱，地主、富农向政府领回地价。

③ 土改前，福建出国华侨约有350万人，福建省内有侨眷约150万人。以泉州人数为最多，约占60%，漳州和福州各占10%左右，厦门和莆田两市占5%左右。闽西、闽北、闽东北地区华侨及侨眷人数占10%。划分为重点侨乡、一般侨乡、第三类侨乡。华侨侨眷人数众多，侨汇多，与海外的联系十分密切，为重点侨乡。部分乡镇华侨侨眷较多，部分乡镇因华侨侨眷不多，侨乡特点不明显，为一般侨乡。与非侨乡无多大差别，仅有零星华侨，为三类侨乡。龙岩县属于一般侨区。

④ 黄宗智：《中国革命中的农村阶级斗争——从土改到文革时期的表述性现实与客观性现实》，《中国乡村研究》第2辑，商务印书馆2003年版，第82～83页。

因素的影响？华侨作为中国社会的特殊社会群体，其阶级身份如何确定？在复杂的社会运动中，阶级划分会出现怎样偏差，原因何在？是客观所致，还是主观所为？阶级划分出现偏差，有否出现纠错机制？如有，是在什么情形下展开？是全盘纠正，还是弹性而行？而这些反复性的行为，是否具有策略性？给华侨群体的身份识别又会带来怎样的影响？

一、土地改革的实验逻辑

北方老区的土改是在国共内战环境中进行的，没有按照一定程序稳步前进，有些错误还相当普遍和严重，出现了“过左”和“过火”的现象。中国共产党高层领导人对此有所了解，也予以了纠正。不过，旧区土改的显著社会动员效果，使中国共产党对土改抱有乐观态度。在他们眼中，有限而短暂的暴力行为是革命过程的必然现象。政权的有效建立、暴力的稳步下降和平静的较快恢复，是他们希望实现的社会结果。1949 年，中国共产党掌握政权后，在新区继续推进土地改革这一任务被摆在了历史日程上。1950 年 2 月 12 日，刘少奇为中央人民政府政务院起草了《关于新解放区土地改革和征收公粮的指示》：

> 所有华东、华中、华南、西北、西南的新解放区，由于准备工作及群众的觉悟和组织还未达到应有的程度，决定在 1950 年秋收之前，一律不实行分配土地的改革。在 1950 年秋收以后，在江苏、浙江、安徽、福建、江西、湖北、湖南、广东、陕西九省，甘肃、宁夏、青海三省之汉人地区，凡是准备工作已经充分，群众觉悟与组织已达应有水平之地区，由各省人民政府决定开始实行分配土地的改革。在以上各省，届时如有某些地区准备工作仍不充足，群众的觉悟与组织仍不充分，或有土匪骚扰者，亦得由各省人民政府决定在 1950 年秋收以后仍不实行分配土地的改革，待 1951 年秋收以后再实行。[①]

从当时的政治经济局面看，这个指示具有征收公粮的策略性含义，因此不

---

① 国务院法制办公室编：《中华人民共和国法规汇编（1949—1952）》第 1 卷，中国法制出版社 2014 年版，第 26 页。

急于进行土改而保证农业生产秩序，但新解放区分阶段、分地区进行土地改革仍是中华人民共和国蓝图中的基本内容。刘少奇将指示电告当时在莫斯科与苏联进行中苏友好协议谈判的毛泽东和周恩来。2 月 17 日，即 1950 年的大年初一，毛泽东和周恩来联合回电：

> 关于新区土改征粮指示草案收到。一般甚好，而且亟待适时发出。惟第四部分因涉及分配土地问题本身，可否暂缓发表。因斯大林同志曾在我向其报告土改政策时，提及将分配地主土地与分配富农土地分成两个较长的阶段来做，即使目前农民要求分配富农多余的土地，我们固不禁止，但也不要在法令上预作肯定。……去年十一月政治局会议时关于江南土改应慎重对待富农的问题亦曾提到过，因此事不但关于富农而且关系民族资产阶级，江南土改的法令必须和北方土改有所不同，对于一九三三年文件及一九四七年土地法等，亦必须有所修改。[①]

回电认可了土地改革可以“从容”开展，确定新解放区政策有别于北方老解放区，应执行因地制宜的方针。值得注意的是，他们把问题想得更为复杂。毛泽东与斯大林交换了意见，认为中国富农人数很少，不像苏联富农那样成为新政权的对立面，于是对地主和富农进行了区分，并认为可以实行先没收地主土地财产而暂时不动富农土地财产。富农并不是新问题，早在中央苏区时期，共产党对富农认识就有争论，政策也不稳定。在 1949 年 11 月的政治局会议上，毛泽东首先明确提出“暂时不动富农”，但会议未深入讨论，也未做相应决定。此时重新提出，说明中央层对问题的反复思考。毛泽东从苏联回国后，3 月 12 日，致电邓子恢等人“征询富农问题的意见”时提出：

> 今冬开始的南方几省及西北某些地区的土地改革运动中，不但不动资本主义富农，而且不动半封建富农，带到几年之后再去解决半封建富农问题。请你们考虑这样做是否有利些。这样做的理由：第一是土改规模空前伟大，容易发生过左偏向，如果我们只动地主不动富农，则更能孤立地主，保护中农，并防止乱打乱杀，否则很难防止；第二是过去北方土改是

① 中共中央文献研究室编：《毛泽东年谱(1949—1976)》第 1 卷，中央文献出版社 2013 年版，第 94 页；《建国以来重要文献选编》第 1 册，中央文献出版社 2011 年版，第 107 页。

在战争中进行的，战争空气掩盖了土改空气，现在基本上已无战争，土改就显得特别突出，给予社会的震动特别显得重大。①

制定新区的土改方案及划分阶级的文件时，中央意识到这是一个摸索过程，需要致电各中央局和分局以及省委征求意见。1950 年 3 月，针对区域性和特殊性还提出了 13 个问题：

(1)土地改革可否分为两个阶段，两个阶段的间隔不是几个月，而是几年。在第一阶段内，采取中立富农，集中力量消灭地主阶级的政策。即是说只没收分配地主阶级的土地、牲畜、农具、粮食、房屋，而对富农的土地财产一律不动。照此办法，无地少地的农民能分到多少土地，相当于全村平均数的百分之几？(2)对富农的政策，如只没收分配其出租的土地，其余的土地财产一概不动，这是否仍能达到中立富农之目的？照此办法，连同没收地主之土地，加以分配后，无地少地的农民又能分到多少土地，相当于全村平均数的百分之几十？(3)在这种“僧多粥少”的情况下，是否可以对向来不依靠农业为主的人，原则上一律不分给土地；不动富农时，雇工可否不分地，而只适当地改善其工资待遇？(4)假如富农的财产全部不动，而地主一般又没有多少耕畜、农具和存粮，农民分得土地后，生产资金的困难有无办法解决，又如何解决？(5)高利贷问题究应如何处理？能否规定出一个一般性的标准作为高利和普通利息之间的界限，并规定出适当的处理办法，以便使农民既能免除过去高利贷的盘剥，而今后农村借贷关系又不致搞死；还是在新的土地法中不提倡高利贷问题，只废除地主的债权，而其它一律不废？(6)对南方的鱼塘、桑田、竹园、茶山等特殊土地应注意哪些具体问题，你们的处理意见如何？还有哪些特殊土地问题应该在新的土地法中加以规定？(7)江浙部分地区有所谓田底权与田面权(即永久使用权，但与永佃权又有不同，因为田面权还可以出租和买卖)问题。在分配土地时，对田面权特别是中贫农的田面权应如何处理？其他地区是否也有此问题？(8)在分配土地时对典当地应如何处理？(9)分配土地的方法应如何规定？以乡(行政村)为单位分配土地有无困难，分

① 《毛泽东关于征询对待富农策略问题的意见给邓子恢的电报》，中共中央文献研究室编：《建国以来重要文献选编》第 1 册，中央文献出版社 2011 年版，第 116 页。

配土地的单位应如何规定为宜?(10)县政府内可否成立吸收开明绅士参加的土地委员会负责处理改革事宜,还是即由农协办理?(11)南方富农的收入与剥削的情况比北方均较为复杂,在划分阶级计算总收入与剥削时,是只按其在农业上的总收入与剥削收入计算为好,还是连同其在副业及其他方面的收入与剥削收入一起计算为好?这两种不同计算方法在实际上会产生何种不同的结果?(12)佃富农是否可以参加农会?(13)在分配土地时,有无留出一部分"公共事业田"之必要?[①]

这些问题涉及了土改进程中的方方面面,均为老区土改中不普遍或很少出现的现象,因此已有工作积累并无经验可供借鉴。由此可见,土地改革的实践具有社会革命和人类实验的性质。"实验"是一个试错和纠正的进程,政府或政党是一个有限理性的组织,面对着开放的复杂社会经济环境,它能处理的信息有限的,因此政治行为具有不确定性。政策是否有针对性和有效性,是以分散试错为基础。也就是说,土地改革存在人为的精心设计,具体到实践层面,存在一个不断调整的过程,需要不断讨论与摸索。

二、龙岩县土改的历史进程

土地改革的政策与措施是层层推进的,龙岩位于福建省西部,福建省的政务归华东军政委员会所辖,为明了龙岩土改的历史进程,需要先交代华东局和福建省的一些相关土改政策与措施。华东局于1950年3月14日到19日召开了华东各省(区)、市委农村工作委员会书记会议,讨论华东地区土地改革准备工作问题。饶漱石认为,中央提出的《土地改革法》只规定一些大的原则,各个地区还需要结合实际情况及其特点制定实施办法。[②] 张鼎丞作为创建闽西苏区的老干部,当时担任福建省政府主席,他接到《关于新解放区土地改革和征收公粮的指示》和华东局意见时,认为福建省是老根据地,具有特殊性,具备土改条件。1950年春节后,他组织干部讨论"提前土改"。福建干部以南下为

① 中共中央文献研究室编:《建国以来重要文献选编》第1册,中央文献出版社2011年版,第143～145页。

② 莫宏伟:《饶漱石与华东新区土地改革》,《苏州大学学报(社会科学版)》2006年第3期。

主，有华北、华东两个群体，他们的实践经验存在差异，也形成两种不同看法。前者遵循“三年不减租，五年不土改”的指示，认为“提前土改”有悖于中央精神。后者认为解放战争中一边土改、一边作战，没有矛盾。张鼎丞、伍洪祥、江一真等出身于闽西老苏区的干部，他们认为福建群众基础好，政治觉悟比较高，与华北新区不同，完全有条件进行土改。不过，张鼎丞虽然主张“提前土改”，但对如何执行是比较慎重的。他根据《关于新解放区土地改革和征收公粮的指示》中土改前期准备工作的要求，选择了闽侯、龙岩两县作为试点。委派伍洪祥为龙岩地委书记，到龙岩开展土改典型调查。龙岩一共有三个点，即龙岩县的东肖区、上杭县的石王乡和永定的富岭乡。[①]

社会变迁是开放性的结构，各种因素相互纠缠和牵扯。新中国成立初期的土地改革作为社会变迁的重要环节，其展开过程不仅与各地革命斗争形势有关，而且与国际环境变动有关。1950 年，国际形势极为紧张。朝鲜战争爆发后，台海局势骤然紧张。对于新政权而言，保证胜利果实是第一要务。福建尚有大量土匪未清剿，斗争形势尖锐。11 月 8 日，福建省收到华东局转发的毛泽东《关于加强华东区领导做好剿匪的电报》：

> 闽浙两省剿匪工作极为重要，特别是福建匪患必须使用四五个主力师，全力穷追猛打，限期肃清，该省剿匪成绩较他省为差，必须检讨原因。我提议从现在起，和广泛开展土改工作相配合（福建必须迅速实行土改），限六个月内剿灭一切成股土匪，责成叶飞、鼎丞全力以赴，做出成绩，只要福建的土匪消灭，土改完成，即令蒋介石登陆进犯，也是容易对付的。[②]

在此政策指引下，福建省加速了土改步伐。11 月 22 日，福建成立了土地改革委员会，采取剿匪与土地改革相结合的办法分两步走。第一步，在剿匪时，先没收地主的土地及其控制的公地给农民；第二步，在剿匪后视情况再没收地主应没收的其他财产，征收富农、小土地出租者应征收的土地，分配给农民。龙岩属于老革命根据地并经过“自耕农运动”，土地占有并不悬殊。1950 年，龙岩县每户或每人占有土地比较平均，“地主已不存在了，富农也很少。在

---

① 伍洪祥：《伍洪祥回忆录》，中央党史出版社 2004 年版，第 417～418、438 页。

② 中共福建省委党史研究室：《中共福建地方简史（1926—2006）》，中央文献出版社 2006 年版，第 92 页。

东红(肖)区的三个自然村只有二户富农,但这二户占有的土地不及总数的1%,而且是兼营商业的。西陈区条围村连富农也没有,占有土地最多的是中农(包括富裕中农),其次为贫农。富裕中农、中农、贫农合计占总户数的67.18%,占总人数的64.75%,而占耕地79.66%。在东红区三个村中,中农、贫农合计占总户数89.51%,占总人数的88.27%,而占有耕地92.5%。"[①]基本情况是以自耕农和半自耕农为主体,土地没有集中在地主手中。[②] 鉴于此,龙岩地委书记伍洪祥起草了《关于保护苏维埃分配土地地区及国民党"扶植自耕农"地区施行土地调整的具体办法(草案)》,其原则是:

> 在原耕基础上采取"抽多补少、抽肥补廋"的原则实行土地调整,以确定地权,颁发土地证。但国民党"扶植自耕农"地区分地极不合理,不予承认,应尽可能保持原耕基础上必须划分阶级,实行重新分配,与保持苏维埃分配土地地区采取部保持原耕不动、小部抽补的原则有所区别。[③]

福建省人民政府制定《关于开展老革命根据地区工作指示》,认可"大部分不动,少数调整"。1951 年 1 月 8 日,在上述原则之下,颁布《福建省人民政府关于龙岩专区经过土地革命地区有关土地改革若干具体实施办法的规定》,分类处理不同类型的土地关系:

> 第一,保持苏维埃土地革命果实的地区:(一)此类地区,应按共同纲领第二十七条"必须保护农民已得土地的所有权"之规定,进行必要的土地调整,确定地权,结束土地改革,发展生产。(二)保护农民及其他劳动

① 华东军政委员会土地改革委员会编印:《福建省农村调查》,1952 年,第 203 页。

② 1950 年中南军政委员会副主席邓子恢在致毛泽东的电文中也说:"江南各省土地集中情形,经过土地革命之震动,八年抗战之破坏,及国民党长期压榨结果,已不像大革命以前那样集中……特别是老苏区及其周围,更加分散,地主富农土地只占三分之一左右。自己不劳动,单靠收租吃饭的地主很少……我们经过地方党委调查,及许多老干部回家,从亲友无意闲谈中调查都是如此。虽然苏维埃失败后,地主复辟向农民倒算,但地主对反革命无信心,对革命畏惧,许多地主抓一把钱后,多转到城市作投机资本;有许多地主则被杀或屈服,不敢再向农民进攻。因此,土地分散是很自然的,地主家属在破产后,多参加劳动,也是事理之常。"(《中国的土地改革》编辑部、中国社会科学院及经济研究所现代经济史组编:《中国土地改革史料选编》,国防大学出版社 1988 年版,第 627 页)

③ 伍洪祥:《伍洪祥回忆录》,中央党史出版社 2004 年版,第 441 页。

人民在苏维埃土地革命时分得的以及土地革命后所得的土地财产，不得侵犯。（三）富农在土地革命时依法保留的土地及其在土地革命后劳动所得之自耕或雇人耕种的土地，不受侵犯。（四）对罪大恶极、血债累累之反动分子的土地财产，应予没收分配，但对其未参加反动行为之家属，应留给一份。（五）征收公田，包括族田、庙田、学田、教会田，没收在敌人重占期间反革命政权所留的乡保公田，除经专署以上人民政府批准保留者外，均由农会分配给无地少地的农民。（六）在调整土地时应切实解决革命军人家属、烈士家属的土地和其他生产资料。

第二，经过苏维埃时期的土地革命在红军北上后封建势力复辟，封建土地制度恢复地区。（一）此类地区一般应视做新区，依据《中华人民共和国土地改革法》实行土地改革。（二）恶霸地主，及其他反革命首要分子，依仗反动势力，欺压人民，霸占革命家属、烈士家属和农民的土地财产，应经过人民法庭予以严厉惩治，并没收其土地财产，由农会分配，其中霸占部份，在分配时应照顾受害户。对反革命分子家属未参加反革命行为者，应分给一份土地财产。（三）对这类地区的反动富农问题，应依据《中央人民政府政务院关于划分农村阶级成份的决定》二章第四段关于反动富农的规定处理。

第三，解放后在《中华人民共和国土地改革法》颁布之前，农民自发分配土地地区：（一）这类地区群众自发分配之土地，基本上予以承认，但依据中华人民共和国土地改革法精神向农民进行教育，并进行复查，继续没收尚未没收的地主土地财产，并征收尚未征收之公田，以彻底摧毁封建势力，端正政策，加强团结，确定地权；结束土地改革。（二）自发分配土地时，个别多占果实者，必须予以适当处理，应说明退出其多得部分。（三）中农利益被侵犯者，应以公田及没收地主的土地财产中进行补偿，并加强对中农政治上、组织上的团结。①

龙岩地区实行了以“土地调整”为主的土改策略，没有大规模开展划分阶级运动，重新核定 1929 年土地革命时期划定的地主和富农。不过，为了开展工作，也召开小型诉苦会，并采用“穷富财产展览会”、烈士追悼会等形式予以

① 《中国的土地改革》编辑部、中国社会科学院及经济研究所现代经济史组编：《中国土地改革史料选编》，国防大学出版社 1988 年版，第 706 页。

辅助。据伍洪祥回忆，当时的情形比较温和：

老革命根据地的群众与新区群众的觉悟程度是截然不同，由于第二次国内革命战争时期土地革命的深远影响，老区农民对土改已很熟悉，因此，一开始我们就不是从宣传土改的正义性、合理性入手，而是先从思想上解除“变天”的顾虑。因为老区农民在1929年曾经进行过“打土豪，分田地”，红军北上后反革命势力复辟，对他们的血腥统治是残酷的，这些“变天”的惨痛事实深刻地教训了善良的农民，他们害怕再来一次“变天”。这个思想顾虑不先彻底解除，必将阻碍运动的胜利发展。为此，工作队进村第一阶段工作都大力开展形势教育，宣讲土改政策，使群众解除顾虑，而后转入反霸诉苦斗争，这是打开局面发动群众的关键。老区农民在政治上要求翻身很迫切，尤其老区烈军属多，长期受迫害深，因此，烈军属一般都作为优先动员、访贫问苦的对象，然后通过他们逐步串联，以追忆反革命复辟中惨痛事实来启发一般农民的阶级觉悟。①

在这种工作模式之下，龙岩开始进行土地改革。前期工作比较细致，进度稍慢于全省，后期就相对快一些。陈耀煌根据相关资料可以整理出福建土地改革的进度表，可以引用对比如表1所示：②

表1 完成乡数占总乡数的百分比

时间	年份	1950		1951									
	月份	11	12	2	3	4	6	7	8	9	10	11	12
地区	福建	1	8	20	27	51	67	72	85	89	92	92	97
	龙岩	1	1	10	28	60	60	60	78	92	95	93	100

龙岩县90个乡进行土地改革。其中64个乡已进行过土地革命，分别以不同类型进行“土地调整”，③承认过去分田的土地所有权，补发土地证。土地调整后，龙岩雇农每人平均1.71亩，贫农每人平均1.74亩，中农每人平均2.13

① 伍洪祥：《伍洪祥回忆录》，中央党史出版社2004年版，第454页。

② 福建省人民政府土地改革委员会：《福建省土地改革进度说明表》，见《福建省土地改革文献汇编》，下册，福建省人民政府土地改革委员会1953年编印，第12页。

③ 伍洪祥：《伍洪祥回忆录》，中央党史出版社2004年版，第417～418页。

亩,地主每人平均 1.45 亩,富农每人平均 2 亩。①

三、华侨身份的模糊状态

中华人民共和国成立后,辨别华侨身份与阶级属性,成为土改过程的一个重要问题。其财产与汇往国内的侨汇处理得当与否,直接涉及中华人民共和国能否得到海外华侨的支持。如司徒美堂指出的,“华侨,其实是破了产的贫雇农,逃到海外,借辛苦工作赚了一点外汇,返回祖国买田养老,与封建地主的田租剥削大不相同。……华侨地主中与其他富有华侨中的自建洋房最好不要动。洋房之来,是来自他本人血汗所得,与靠封建剥削的地主洋房不同。华侨出外数十年,其与祖国的联系,就是他对国内的亲属与薄田数亩或洋房一座的田园之乐的怀恋。动了这些就斩断了他们与祖国的联系,断了联系也就是断了大笔有利于国计民生的侨汇”。②

1949 年 10 月 1 日宣布中华共和国成立时,毛泽东即为侨胞题词,“侨胞们团结起来,拥护祖国的革命,改善自己的地位”。③ 为了合理处置华侨财产与切身利益,周恩来分别找陈嘉庚、司徒美堂等侨领和广东、福建两大侨省的领导人叶剑英、张鼎丞等交谈,倾听意见。司徒美堂根据自己的亲身体会,考虑国家大计,在 1950 年 6 月的人民政协全国委员会第二次会议上,提出《关于处理华侨土地房屋问题的建议书》的议案。会后又写成《关于华侨土地问题的几点意见》,由中央侨委会转呈给毛主席,强调了身份定义的重要性:

> 什么叫华侨,什么是华侨地主,其定义必须有明确的规定。在划定何者是华侨土地、何者不是华侨土地的时候,技术上要非常精细准确,执行土改的下级干部,要认真对全部政策以及华侨情况作透彻的了解,如果不然,就会引起许多意外麻烦。侨眷有贫富之分,许多贫苦侨眷,侨汇少,生

① 《龙岩县结束土改工作总结》,1952 年 7 月 16 日,转引自郑学秋:《龙岩解放初期的土地改革》,《龙岩文史资料》第 37 辑,2008 年,第 53 页。

② 转见傅颐:《司徒美堂与侨乡土改》,《访史集》,中共党史出版社 2012 年版,第 2 页。

③ 中共中央文献研究室:《毛泽东年谱(1949—1976)》第 1 卷,中央文献出版社 2013 年版,第 2 页。

> 活难，十年八年也接不到多少次侨汇，租种一两亩瘦地过日子，在阶级成分言，他们倒是实际的贫雇农。……华侨捐款办学而置下的新式"学田"，有利于发展侨乡的教育事业，应予暂时保留。……如国内环境安定，华侨愿意回来进行大规模的农业生产，不知道这样的土地将来是否可能租得到？华侨能否收买土地来进行新的农业生产？土改条文中应加说明。①

司徒美堂认为，土改首先要划分阶级，土改法令要对华侨、华侨地主等概念进行清晰界定，执行干部要认真对待全部政策，并对华侨情形要详细了解。于是1950年7月15日，周恩来责令广东、福建两省各起草一个在土地改革中处理华侨土地房屋的条例草案。福建由龙岩、漳州、闽侯地区及厦门市组织调查，魏金水带队到侨乡晋江县第八区塘市乡搞土改试点，江一真带一些干部到闽南重点侨乡摸底调查。通过调查，1950年9月2日，福建省颁布《闽华侨土地房屋问题处理办法草案》②，将华侨分为四种类型，即侨眷中的地主阶层、在农村不依靠经营土地的华侨工商业家、侨眷中的半地主式富农、侨眷中的小土地出租者。根据华侨类型提出了照顾华侨、处理华侨土地财产的意见。③1950年10月，周恩来主持政务院会议，在《闽华侨土地房屋问题处理办法草

---

① 傅颐:《司徒美堂与侨乡土改》,《访史集》,中共党史出版社2012年版,第2页。

② 中国社会科学院、中央档案馆编:《中华人民共和国经济档案资料选编(1949—1952)》,农村经济体制卷,社会科学文献出版社1992年版,第320～321页。

③ "甲、对侨眷之属于地主阶层者,因有本人出国前原系地主与原系劳动阶层,出国后以其劳动所得购买土地,家庭构成地主之本人现尚为劳动阶层者两种情况。故对前者照顾,房屋不动,其他按土地改革法第二条处理;对后者则除土地按土地改革法第二条处理外,其他均一律不动,以分别两种不同的情况,给以不同照顾。乙、华侨工商业家在农村不依靠经营土地,故除房屋照顾不动外,土地则按土地改革法第四条处理,这样对农业生产有好处。丙、侨眷之属于半地主式的富农,一般按土地改革法第六条处理,并不影响其生活。而海外属于劳动成分者,则其全部土地超过全村每人平均百分之一百五十者,所有土地中除过依照上述标准保留的数量之后,只征收其出租土地之多余部分。丁、侨眷中的小土出租者,其出租土地超过当地每人平均百分之二百者,亦给以照顾,一般可不征收其多余土地,以给以较大的照顾。依以上照顾华侨之标准,则土改后华侨中之地主工商业家,均必非华侨地主工商业家在房屋问题上普遍照顾不动,有些还在牲口、农具、多余粮食上照顾不动。小土地出租者,基本上可不动,可保持高出全村平均土地的标准。半地主式的富农,则亦保持了高于全村平均土地百分之五十标准。这样,在雇农土改后亦达不到全村平均土地的情况下,半地主式的富农比土改后之贫雇农平均地仍更高。"见杜润生主编:《中国的土地改革》,当代中国出版社1996年版,第320～322页。

案》的基础上讨论华侨土地财产处理办法。周恩来以“宽松”为主导方向对待华侨的财产处置和阶级划分，他指出：

> 大多数华侨是由于在旧中国不堪忍受地主的残酷剥削和压迫，无法生活才背井离乡，出走异国的，或者被当作“猪仔”贩到国外的。大多数华侨眷属在土改中会得到好处，他们会拥护土改的。但估计还有百分之二至四的华侨地主，他们的土地要被没收分配，这些人是不会满意的。如果我们在华侨地主的房屋问题上给以照顾，就会波而不动，这对我们团结国外华侨有好处，而且他们的房子大都是用寄回的侨汇盖的，不是封建剥削来的，要把这些情况向干部和农民讲清楚。[①]

在此精神指引下，1950 年 11 月 6 日，政府颁布了《关于土地改革中对华侨土地财产的处理办法》，以照顾为主，如保护华侨的房屋、财产、工商业，不征收原来是劳动人民的华侨的超过当地人均平分土地百分之二百的出租土地。华侨及侨眷如只占有小量土地，部分自耕式、雇人耕种、部分出租者，不应认为半地主式富农。[②] 可见，中央和省级政府也一直强调注意侨乡土地占有关系的特殊性以及划分阶级成分的复杂性，审慎处理容易划错的成分。例如提出，对出租土地但生活来源又不是靠地租剥削的华侨工商业家，要防止划成兼地主者。一些在国外是小职员或小商人，国内侨眷通过侨汇置办小量土地，将土地雇人耕种或由亲友代耕，更应小心谨慎，防止错划为地主。

龙岩县华侨主要集中于印尼、马来西亚、泰国、缅甸、新加坡等南洋各地，多以工商业资本家和小商贩、工人、店员为主，“四不像户”的现象比较突出。一方面，华侨家庭经济形态差别很大，有地华侨户基本靠土地出租或雇耕获取收入，侨汇是生活的补充部分，而无地华侨户基本依赖侨汇。现根据华侨分户

① 中共中央文献研究室：《周恩来年谱（1949—1976）》（上），中央文献出版社 2007 年版，第 93 页。

② 中国社会科学院、中央档案馆编：《中华人民共和国经济档案资料选编（1949—1952）》，农村经济体制卷，社会科学文献出版社 1992 年版，第 322～323 页。

情况，[①]可知龙岩华侨收入有地租、雇工耕作、自耕劳动、海外侨汇、工商业经营、地租倒算、高利贷收入、担任乡职等，来源较为多元。其中最容易被划错的包括：(1)华侨工商业家有一些土地出租的，容易划为兼地主成分。(2)在国外劳动的华侨，家中有青壮年不参加劳动的，将小量土地出租或雇人耕种的，容易将此种小土地出租或者小土地经营者划为土地或半土地式富农。(3)华侨小贩、店员因家中生活较好，容易错划为工商业者。[②] 东肖区下辖洋潭、溪圣、中民、龙泉、榴田、后田六乡华侨的职业具备了这种可能：

表 2　东肖区下辖六乡华侨在外从事职业情况

职业	洋潭	溪圣	中民	龙泉	榴田	后田	合计	比例
资本家(工商业)(人)	8	86	13	3	10	4	124	26%
小商贩(人)	17	55	27	22	17	11	149	32%
店员(人)	29	44	32	5	17		127	28%
教职员(人)	4	2	1	1	1	1	10	2%
工人(人)	1	31	5	6	1	2	46	10%
不详(人)	2	1	4		1		8	2%

资料来源：福建省龙岩市新罗区档案馆藏档，馆藏号：29-1-97。

另一方面，龙岩县华侨家庭大多出国人口较多，大部分青壮年都在海外，华侨户的生计情况比数据显示的内容更为复杂。为了更为微观地观察华侨家庭，整理部分华侨家庭人口数据如下：

表 3　东肖区下辖六乡部分华侨家庭人口数据统计表

	溪圣	西安	中民	后田	龙泉	洋潭
户数(户)	149	76	71	9	36	52
人口(人)	1 374	887	658	71	232	444

① 龙岩县委：《东肖区有关华侨土改前后各种情况调查》，福建省龙岩市新罗区档案馆藏档，馆藏号：29-1-97；龙岩县委：《龙岩县关于土改中华侨分户情况统计》，福建省龙岩市新罗区档案馆藏档，馆藏号：29-1-11；龙岩县土改办：《关于土改时各乡华侨分户调查材料》，福建省龙岩市新罗区档案馆藏档，馆藏号：29-1-09。

② 陶奎璋：《福建省侨区土地改革情况》，1952 年 3 月。《中国的土地改革》编辑部、中国社会科学院及经济研究所现代经济史组编：《中国土地改革史料选编》，国防大学出版社 1988 年版，第 806 页。

续表

	溪圣	西安	中民	后田	龙泉	洋潭
在家(人)	586	349	294	18	112	204
国外(人)	788	538	364	53	120	240
国外/在家	1.3	1.5	1.2	2.9	1.07	1.2
家庭规模(人/户)	9.2	11.8	9.3	7.8	6.4	8.5
全乡规模(人/户)	6.1	5.2	4.2	3.8	5.6	

资料来源:福建省龙岩市新罗区档案馆藏档,馆藏号:29-1-68、29-1-97。

龙岩华侨作为"新客",在侨居地没有发展二代或三代家庭,家庭成员在侨居地和侨乡两地流动。由于华侨家庭的出国人口比留在国内人口多,家庭经济成分核算的难度也大。西陈区大洋乡的"处理有关华侨问题分户材料"较为完整地登录了华侨的家庭组成和成员职业,可见一斑:①

(1)邱×兰,45岁,女,家务。夫,章×生,50岁,1927年往南洋教书,1932年回岩充任十九路军委员长,1933年又往南洋(有四人)。女,章×瓶,26岁,福州大学读书。

(2)刘×治,已死。妻谢×姑,57岁,家务。子,刘×厚,?岁,1935年往南洋经商,在外四人。子刘×洪,19岁,厦大读书。女,刘×惠,16岁,二中读书。

(3)林泽×,52岁,1927年往南洋,槟城天成号店员。妻邱×红,51岁,有附带劳动。母,张×凤,76岁,家务。子,林×纪,13岁,读书。

(4)林×彬,50岁,1927年往南洋(新加坡)做木头生意,在外七人。母,徐×地,71岁,家务。弟媳,郭×花,36岁,家务。侄女,林×仙,16岁。

(5)王×花,35岁,家务(曾在南洋当保姆,因病回家)。子,刘×魁,3岁。夫,刘×淡,38岁,1937年往南洋阿齐,起初当店员,现在泗水做小生意,在外四人。

(6)邱×鸿,已死。妻郭×地,74岁。子,邱坤×,38岁,1937年往南洋做小生意。媳,章×仁35岁,有参加附带劳动。孙,邱××,解放前读

① 龙岩县土改办:《西城区大洋乡华侨问题分户调查材料》,福建省龙岩市新罗区档案馆藏档,馆藏号:29-1-68。

书,曾受华安特务训练班训,现在东肖教书。孙女,邱××,11 岁,读书。

(7)林×凤,男,50 岁,1933 年往南洋代人做工(日里义和店店员)。妻郭×菊,47 岁,家务。子,×团,30 岁,小学毕业后教书四年参加过三青团分队长、区分部组织委员、十八猛首要分子。在 1946 年假托收神祖、建神牌到南洋去收伪中 35 万元,解放后参加工作,去年清洗回家生产。子,林×瑞,25 岁,解放,在读书。林×南,19 岁,读书。媳,段×琼,25 岁,做家务。孙,林××,5 岁。孙,林××,4 岁。

(8)林×金,男,41 岁。1929 年后往南洋经商。在家 3 人,在南洋 20 人。子,林×美,24 岁,一中读书。媳,李×娥,? 岁。孙,? 岁。

(9)黄×文,男,68 岁,1946 年起做小贩。母,郭×莉,94 岁,家务。妻,魏×科,69 岁,家务。子,黄×旺,41 岁,在南洋做店员,每年有侨汇。子,黄×富,35 岁,解放前在南洋,帮他亲戚店内,现在汉口企业部门。媳,陈×娇,31 岁,跟随夫在外。孙和孙女二人,年小,在外。

(10)林×和,男,58 岁,解放前为大老板,在本城合股开瑞记布庄兼办华侨汇兑。妻章×梅,56 岁,家务。子,林×秋,33 岁,在南洋开木料店。子,林×仙,30 岁,在上海高等法院任职。媳,翁×姣,30 岁,在南洋家务。母,邱×秀,90 岁。

(11)廖×和,男,? 岁,基督教负责人(1946 年已死)。妻陈×姑,63 岁,基督教徒。子,廖×山,63 岁,在南洋做店员,现学修机器。媳,林×梅,41 岁,在南洋助家务。孙女,廖×良,23 岁,解放前读书,1951 年参军于学校。子,廖×秀,38 岁,教员。女,廖×贵,27 岁,读书。女,廖×芝,23 岁,读书。女,廖×芳,21 岁,参军于学校。

上述资料中的家庭可分作三类。第一类为核心家庭,包括家庭(1)、(2)、(5),这类家庭即两代人组成的家庭,其家庭成员是夫妻两人及孩子,孩子通常未婚;第二类为三代家庭,或称“主干家庭”,包括家庭(3)、(6)、(7)、(8),这类家庭指由祖父母或外祖父母、父母及第三代等直系亲属组成的家庭;第三类为联合家庭,包括家庭(4)、(9)、(10)、(11),这类家庭通常由父母和两代或两代以上已婚子女组成,或是兄弟姐妹婚后不分家的家庭。这也是侨乡较为普遍存在的家庭模式,其中也包括上文曾出现的陈×姑式的两头家模式(即联合家庭与核心家庭混杂),这类家庭中的强劳力因生计问题而长居南洋,留在侨乡的普遍为缺乏劳动能力的老人或妇孺,强劳力在南洋有稳定家庭,但在侨乡仍被登记在华侨家庭名下。这种类型家庭是核心家庭同代横向扩展的结果，成员关系较为复杂。

四、错划阶级及其负面后果

龙岩地区开展土改时，制定《关于保护苏维埃分配土地地区及国民党“扶植自耕农”地区施行土地调整的具体办法（草案）》，参考了《关于土地改革中对华侨土地财产的处理办法》规定：“手工业工人、店员、华侨、商人、职员、自由职业者等不依靠土地为其生活，其出租土地不超过当地每人平均土地数百分之二百，且该项目土地又确实系其本人劳动所得购买者，均保留不动；超过此标准者，得征收其超过部分的土地，或在征得其本人之同意后，征收其全部出租土地。”[①]土改政策以温和态度为主，诉苦也以反霸斗争为主，其目的在于阶级觉悟，以扭转自发分田和“和平分田”的思想，而非纯粹的阶级划分。

龙岩的土改政策原来想在地主、富农等层面进行微调，一旦“阶级”可以作为社会标签和象征而被运作时，[②]农民的心态很容易处在兴奋又压抑的焦虑中，以情感带动的行为容易超越界限。[③] 如李金铮在研究华北土改时指出的：

> 中共从改造传统的民俗伦理入手，通过“挖穷根”、“斗争大会”等方法，激发农民对地主阶级的被剥削感、阶级对立意识、革命斗争意识和拥护中共的意识。在此基础上，一向温和、忍让的中国农民将整个地主阶级打翻在地的复仇情绪宣泄到极点。不仅如此，其传统的平均主义心态不再限于打倒地主阶级的“均贫富”，而是发展为部分贫苦农民侵犯中农利益的绝对平均主义行为。在此贫富错位的社会裂变中，农民传统的发家致富心态转变为既渴望富裕、又惧怕富裕冒尖的矛盾心态，甚至不惜将现

① 伍洪祥：《伍洪祥回忆录》，中央党史出版社 2004 年版，第 441 页。

② 张小军：《阳村土改中的阶级划分与象征资本》，《中国乡村研究》第 2 辑，商务印书馆 2003 年版。

③ 郭于华、孙立平：《诉苦：一种农民国家观念的形成机制》，《中国学术》2002 年第 4 期；李里峰：《土改中的诉苦：一种民众动员技术的微观分析》，《南京大学学报（哲学人文科学社会科学版）》2007 年第 5 期。

有的财产挥霍浪费……其中的复仇心态和绝对平均主义是以土改为媒介的农民传统心态的延续和放大。[①]

政策执行者、广大乡村农民乃至于被打倒的剥削者，他们面对的是新政权、新政策、新行为，没有惯性行为可作为参照系。在此状况下，“华侨”或“华侨地主”等具有模糊空间的身份概念，很容易在阶级划分中发生偏差。再加上土改干部对相关政策了解不透彻，如东肖区委李书记认为：“我们（基层干部）思想上没有深入形成‘华侨’的概念，不明确保护侨汇政策的意义和重要性。”于是，龙岩县土改在实践过程中，未把国内外人口与其实际经济情况联系起来，就出现了偏差。龙岩县十三个乡华侨家庭成分中，地主为48户，占60%；土豪劣绅5户，占6%；富农10户，占12.5%；中农11户，占12.5%；贫农3户，占3.5%；农民2户，占2.5%；工商1户，占1%。[②] 而龙岩地区土改后的阶级划分是：地主占3.32%，富农占2.44%，债利生活者占0.03%，工商业者占0.25%，中农34.18%，贫农54.33%，雇农1.22%，手工业者0.76%，小商贩0.39%，其他2.33%，小土地出租者占0.75%。[③] 从总体数据看，华侨有侨汇收入，生活比较富裕，被认为剥削阶级。[④] 华侨地主的比例过大，一些本不应划为地主的华侨被划入了地主行列。以洋潭乡侨属张×地为例，评成分时凭国内人口和经济情况来确定，结果评为地主。比如将主要劳动认为附带劳动，认为其有劳动力无劳动，靠雇工剥削和侨汇收入维持生活，应为地主。[⑤] 还有一些在没有调查清楚部分华侨雇长工情况下，把家庭成员视为长工，结果也导致了偏差。

除了华侨经济的模糊增加政策执行难度外，“左”倾的工作惯性也在发挥作用。如福建省《闽华侨土地房屋问题处理方法草案》中就含有这一倾向，“对

---

① 李金铮：《土地改革中的农民心态：以1937—1949年的华北乡村为中心》，《近代史研究》2006年第4期。

② 福建省龙岩市新罗区档案馆藏档，馆藏号：29-1-11。（原档案无标题。）

③ 龙岩地区地方志编纂委员会编：《龙岩地区志》（上），上海人民出版社1992年版，第213页。

④ 东肖区委：《对东肖区处理土改遗留问题中有关华侨问题重点调查报告》，福建省龙岩市新罗区档案馆藏档，馆藏号：29-1-97。

⑤ 东肖区委：《东肖区洋潭乡有关划分阶级成份情况统计》，福建省龙岩市新罗区档案馆藏档，馆藏号：29-1-124。

华侨中之封建剥削部分，不能因为照顾华侨利益，保留过高标准，使与土地改革的总原则产生抵触。对华侨土地问题的处理，不能应该动的不动，不应该动的分给，使对农业生产不利。作为对华侨本身而言，亦应充分认识土地改革与华侨经济发展的密切关系，才不致单纯的、孤立的夸大华侨特殊性，提出不适当的过高要求。福州座谈会中，大家都认识到土地改革是解放农村生产力，发展农业生产，提高农民购买力，发展工商业的根本道路。华侨工商业资本家，即从自身利益出发，也应首先拥护土地改革，不应首先争取保存封建土地剥削制度”。[①] 在此政策引导下，一些乡镇基层干部认为广大农民生活贫苦，无地少地，生活困难，相较而言一些侨眷不仅有较多的耕畜和农具，并有充足的粮食，生活比较富裕，本着“土改应该均贫富”的原则，基层干部在绝对平均主义的思想下，自觉或不自觉地提高华侨阶级成分和扩大没征收侨眷范围，作为满足贫雇农土地财产要求的办法。[②]

土改运动开始后，在“斗争”情绪和平均主义思想的作用下，就容易出现阶级划分的偏差，如一些贫农或中农侨眷说：“他（村华侨地主）收租吃饭，不劳动，和非华侨地主都一样，他辛苦我们比他还辛苦。”“不分华侨地主土地，我们分什么？”“土地必须分，不分就对不起贫农，分了土地祖国强盛，华侨在外也有地位了。”[③]

华侨错划阶级的直接后果是对华侨房屋和其他财产的没收和罚款。比如应没收的未没收，不应该没收的没收了。华侨工商业者、中民人陈×粦（全家都在国外），土改中其女陈×珠被评为地主，华侨分户材料中对其女有如下描述：

> 陈×珠，其生父陈×粦在1929年被评为地主成分，暴动后前往印尼经商，在外七口人。陈×珠嫁张×洪为妻，自1936年起为生父家管理其生父产业，向农民进行收租倒算，每年都把已分配给农民的耕牛夺回耕田，直至1942年牛死，还分去三分之二的牛肉，并向农民张×发、张×旺等倒算厝租至1953年，共收租光洋39元，干谷129桶，解放前三年占有土地4.84亩，雇工耕种，陈×珠不参加农业劳动，丈夫经营小商业维持个

---

① 中国社会科学院、中央档案馆编：《中华人民共和国经济档案资料选编（1949—1952）》，农村经济体制卷，社会科学文献出版社1992年版，第321～322页。

② 赵增延：《建国初期侨乡的土地改革》，《中共党史研究》1990年第5期。

③ 中国社会科学院、中央档案馆编：《中华人民共和国经济档案资料选编（1949—1952）》，农村经济体制卷，社会科学文献出版社1992年版，第322页。

人生活。[①]

陈×彝在土改中被划为华侨工商业者，陈×珠因经营其土地被评为地主后，陈×彝的房屋四间，厕所一间，晒谷坊半个被没收。1952年陈×彝曾寄回人民币3 600万元，以整存整取形式存入人行白土营业所，委托华侨服务部代管，后由华侨服务部把存单交其女婿张×洪代管，存单上注明要由华侨服务部得其本人委托通知后才能领取。陈×珠继评为地主后，土改队在摸底中了解了上述存款，区委研究罚其利息900万元，因存款不付利息，又要经华侨服务部通知才能提取，陈×珠无法领取。后以其抗拒不缴，决定加罚三倍，计3 600万元，经区委请示县委将报地委批准，通知银行解付。[②]

罚款追到海外的现象也有不少。如后田乡归侨陈×奎，母亲55岁在家料理家务，其妻在家劳动生产，两个儿子年纪小，但有土地2.42亩。1929年其祖父陈×英(一贯在外经商)被划为富农成分，没收了他的房屋。1940年大家庭分家生活，共有三家：陈的伯父侄×生为一家(×生在江西南□经营□产店铺)；陈的叔父×坤一家人早年即往印尼棉兰，经营百货二盘商；陈×奎自己一家(陈×奎从年轻就到南洋做店员、会计，后回家结婚又重新往南洋，于1951年归国，现为华侨补习班学员)，祖母轮流在这三家吃饭，土改时评定其家庭为评为工商业。由于其祖母1939—1952年向农民倒算房租140～160桶，因摸底了解陈×奎只得存款6000万元(系其1952年由国外侨汇存入)，罚款3000万元，结果由陈×奎提取缴交，×奎以三家共负担，写信给印尼棉兰其叔父陈×坤，希望其汇款接济负担一部分。

在此情况之下，许多归侨、侨眷惶惶不安，认为罚款与侨汇有关，对政府保障侨汇政策与国家银行保密和取款制度表示怀疑。[③] 华侨张×泉在侨联会欢迎新归侨座谈会上听取银行干部对保障侨汇的发言后，与张×庭等在私下交谈中说："什么保障不保障，事实摆在眼前，黄×杰家后罚款从18.9万元增至一亿七千万元，其妻郑×地说：'银行存款，群众都晓得，我有一亿七十万元，就

---

① 东肖区委：《东肖区中民镇华侨评定分户资料》，福建省龙岩市新罗区档案馆藏档，馆藏号：29-1-104。

② 东肖区委：《对东肖区处理土改遗留问题中有关华侨问题重点调查报告》，福建省龙岩市新罗区档案馆藏档，馆藏号：29-1-97。

③ 龙岩县委：《龙岩县委对有关华侨地主间分户处理初步意见》，福建省龙岩市新罗区档案馆藏档，馆藏号：29-1-14。

罚一亿七千万元'。郑×地接其子海外来信中写道:'印尼有倾向台湾和拥护新中国两派,我是站在拥护新中国的一派,支持祖国建设。像我这样爱国,家庭却受到这样对待,闻讯如晴天霹雳。'并说这事已传遍印尼。""有些侨眷怕多寄侨汇会提高成分或增加罚款,便写信给海外亲人少寄侨汇,海外亲人听闻家乡土改情况,也纷纷表示出于自身考虑,减少侨汇或是减少对家乡事业建设的投资。"①1954 年龙岩县第三季度和 1953 年侨汇汇入减少 32.5%。②

五、侨汇政策下的弹性纠偏

中国华侨的侨汇对中国国民经济影响重大,1950 年 5 月 6 日的《人民日报》载文指出,"侨汇在我们国家经济建设中的作用是很显著的。……上千万的侨眷依靠它来维持生活与进行生产"。③ 按中华人民共和国成立初期中国银行的统计,赡家性侨汇比例高达侨汇总额的 97%以上。政府可以通过侨汇结汇方式,将本币解派给侨眷用于日常生活,而外汇则可以用于国民经济建设发展需要,推进对外贸易,平衡国际收支。土改举措的不当导致旅外华侨产生不满,减少或停止向国内寄侨汇。侨汇减少直接影响了对外经济活动,中央很快有所反应,他们意识到的:"个别地方县、区政府特别是乡村基层干部,处理上有严重的偏差,土改时期是看侨汇提高成分,看侨汇开数,对侨眷滥行罚款,清算无底。土改后看侨眷有侨汇,强迫贷款、捐献,农会扣押侨汇当农会基金,等等。因此侨眷有所谓四怕:一怕汇款来了提高阶级成分;二怕取款时银行分期扣付;三怕暴露目标强迫捐献;四怕农会强迫贷款。"④华侨被错划阶级的原因还在于弄不清楚华侨在国外的情况,也无法计算其家庭劳动人口。中共中央在回复福建省上报处理土改遗留问题的报告中就指出:"对国外情况弄不清

① 龙岩县委:《县土改办有关提前改变华侨成份的报告》,福建省龙岩市新罗区档案馆藏档,馆藏号:29-1-23。

② 东肖区委:《对东肖区处理土改遗留问题中有关华侨问题重点调查报告》,福建省龙岩市新罗区档案馆藏档,馆藏号:29-1-97。

③ 《人民日报》1950 年 5 月 6 日。

④ 人民银行、侨委会党组:《关于三年来侨汇及华侨投资的报告》,1952 年 12 月 10 日;中国社会科学院、中央档案馆编:《中华人民共和国经济档案资料选编(1949—1952)》,金融卷,中国物资出版社 1996 年版,第 843 页。

的侨眷，依其国内情况划分成分时，应暂时假定该家庭有人在国外从事劳动，并把这一因素计算在内，否则容易扩大打击面。”①

为了纠正错误，中共中央在《对土改中华侨土地财产处理的九点办法》中规定：“过去划错成分应予纠正，某些农村在不纯分子操纵下乱划成分者，应宣布其原成分无效并进行重划。”明确规定，虽有出租土地，不能构成地主的侨眷有三种情况：一是因主要劳动力在国外而出租小土地者；二是出国后因在国外从事其他职业，积蓄钱汇回国内购置少量土地者；三是在国内眷属的主要生活来源是靠地租生活，占有土地的数量在当地小土地出租者的最高标准数以下者。因此家庭的确有人在海外从事其他职业，是符合小土地出租者的构成条件的。若不区别清楚此类情况，很可能把华侨工人或华侨工商业者都简单划为地主，毫无分别地当作消灭对象。占有土地稍高于当地小土地出租者的最高标准数，但超过不多者，在多数农民同意的条件下，亦可不定为地主，按小土地出租者对待。②

在上述政策推动下，龙岩县从地委统战部、侨务科、发展科等单位抽调人选组成工作组，选择重点地区和对象，深入乡镇进行调查，通过多方渠道调查国外华侨的情况，结合侨户国内外家庭、经济情况，在政策范围内予以纠正。如侨户张×地，工作组认为该户解放前虽未分家，但经济上已各自独立多年。因而对张×地一家问题做出更改：张×地等居家人口，属于劳力从事其他职业，改划为小土地经营者；其五子×博外出渡洋，依靠工商业；至于长子×林一户，暴动后一贯靠救济度日，评为自由职业。土改时被没收的两间房屋，可说服农民予以退回。③ 阶级成分得到了纠正，原先被没收的财物也要得到相应处理，具体情况这样的：

1.侨汇问题。侨汇包括两种来源，一是华侨工人的薪资，一是华侨工商业

① 《中共中央复华东局、福建省委对侨区华侨土改遗留问题处理意见》，1952年5月4日，转引自杜润生主编：《中国的土地改革》，当代中国出版社1996年版，第456页。

② 中侨委党组：《对土改中华侨土地财产处理的九点办法》，1952年1月3日，转引自中国社会科学院、中央档案馆编：《中华人民共和国经济档案资料选（1949—1952）》，农村经济体制卷，社会科学文献出版社1992年版，第324页。

③ 东肖区委：《对东肖区处理土改遗留问题中有关华侨问题重点调查报告》，福建省龙岩市新罗区档案馆藏档，馆藏号：29-1-97。

者以资本主义剥削而来的利润。[①] 中侨委对此明确指出："土改以国内封建财产为限，不追至国外，侨汇不是封建剥削。"[②]龙岩县华侨侨汇大部分属于前一种，因此工作组表示，土改工作任务是消灭封建剥削，不是资本主义剥削，若因侨汇收入多就将其划为地主，没有弄清楚剥削与被剥削的区别，也没有区分封建剥削与资本主义剥削的性质。有了这一政策认识，对此前错划被侵犯的侨汇全部退还。并且规定，侨眷对退回侨汇有自由处置权；严禁以侨汇收入多少作为提升或者确定侨眷阶级成分的标准；侨汇按银行原规章制度办理，禁止工作队干涉侨汇；对华侨地主的罚款，也由本人（或本人委托亲属）办理相关手续后，再由本人（或本人委托亲属）交由农会。

2.房子问题。华侨建房有两个目的：首先，他们是侨居在外的中国居民，并没有把海外侨居地当作归宿，而是在故土建房作为归宿之地；其次，华侨的房屋作为固定财产，具有经济活动的信用担保意义。工作组针对不同情况采取了不同措施：对错划成分的给予退回，如已分配给农民居住，作为内部问题进行协商解决，可以借住，并在乡内调整。屋主可以自愿将房屋折价卖给现居住者，并由政府贷款或在社会救济项下补助现居住者户偿还。例如 1929 年土地革命时期是地主，现是华侨资本家者，其房屋向农民倒算来的，不予退回。房屋不是倒算获得，仅没收老房屋，本人新屋可不退。如新屋被没收，应设法让出退还。

1953 年 3 月 28 日，周恩来与邓小平、李维汉、廖承志商谈闽粤侨务问题，特别指出了错划纠偏之事，"两省在侨区土改出现偏差后，提出的纠偏方针、办法是正确的，应予同意，即对错划阶级的应无条件地给予纠正，尽量赔偿损失，并做好争取团结工作"。[③] 当然对于阶级划分纠偏，政策总是希望能尽善尽美，但在具体工作中，还是有所侧重的。后来接任龙岩地委书记的李敏唐在给工作组成员的报告中说，做好华侨土改遗留问题具有重要意义，将进一步保护侨眷正当权益，争取团结国外华侨建设祖国；正确保护侨汇的所有权和使用

① 莫宏伟：《新中国成立初期的广东土地改革研究》，中国社会科学出版社 2010 年版，第 293～294 页。

② 赵增延：《建国初期侨乡的土地改革》，《中共党史研究》1990 年第 5 期。

③ 中共中央文献研究室：《周恩来年谱（1949—1976）》，中央文献出版社 2007 年版，第 292 页。

权，也是进一步落实中央侨汇政策，解除侨胞顾虑的需要。[①] 这一表述中，“争取侨汇”的政策意图相当清楚，“能否争取更多的侨汇用于投入祖国建设及促进投资”是一个极为重要的出发点。事实确实如此，以《县土改办关于处理土改遗留问题时对各乡华侨的处理意见》中几个例子证明：

如龙岩县附城区大湖乡人王和×，新中国成立前在家有六人，占有土地四亩，有劳力却不参加劳动，土地全部雇人耕种，被划分为地主。其三弟王振×给中侨委写信中反映：“（我）兄解放前生活主要是我寄款接济的，（我）对（土改中划分的）地主成分表示有意见，要求政府提前给予改变。”王氏兄弟均为龙岩华侨中的重要人物，工作组经过调查后，这样描述其兄弟：二弟王锦×，属新加坡归侨，为政协龙岩县第一届委员会委员，侨联会委员，中国贸易公司龙岩分公司第三副主任，对家乡公益事业表现热情，投资省华侨投资公司二万元。三弟王振×，有名的华侨资产阶级，关系网很广，在国内外华侨上层中很有威望，对推动华侨投资祖国建设起了一定作用，现任广州市华侨事务局副局长，中国□国华侨联合会筹备委员会副主任等职。因此产生的处理意见的倾向性是很明显的。工作组按《对土改中华侨土地财产处理的九点办法》中“华侨国外经济状况及寄回的信件材料应作为划分成分的参考，一般往下划成分”的原则，将王和×从地主改为中农。

另如大洋乡人王×龙，“其子王×伦1940年往南洋做店员，19□□年即自己集资经营商业，于1952年返国。该户占有土地3.28亩，家有五人，土地全部雇工耕种，并雇有女佣一人，料理家庭琐事”，根据家庭人员不劳动的状况在土改中评为地主，没收土地2.71亩，房子2间，农具1件，罚款6000万元。工作组调查后了解，其子王×伦早年往南洋经商，在印尼棉兰、楠榜等地华侨总会曾任理事及在华联小学任董事长等，对社会福利事业较为热心，思想较为进步，并心向祖国，投资建水泥厂。王×伦在海外有一定的威望，被评为地主之后，不断向中央、省委提出申诉，不断写信至海外侨联组织，向中央侨委提出申诉。工作组结合调查中华侨海外实际经济情况，认为该户应“摘去地主帽子，改评为工商业成分”，对其罚款的6000万元应退回，所征收的两间房子也应退回。

如龙岩县附城区西安乡翁×星，在华侨土改时被评为地主成分。工作组

① 龙岩县委：《李敏唐同志关于处理退还侨汇问题给工作组同志的报告》，福建省龙岩市新罗区档案馆藏档，馆藏号：29-1-97。

通过调查后了解其弟翁×林,"侨居印尼,是印尼最大的进步书店雅加达□星公司、印尼□头出入口商的□□□□、新中国影片在印尼总代理人,资力雄厚,对社会公益事业很热心,交际很广,在华侨社会中有威望,是上层社会代表人物"。工作者以团结华侨为重,争取侨汇为目的,认为翁×星在思想上有了改变,并参加劳动生产,改变地主成分,划为中农。

如林兆×,工作组经过调查和了解发现,其兄林×芝,印尼归侨,曾任龙岩县龙门侨委会主任、龙岩省政协驻会常委、省侨委职员。又弟林达×,侨居印尼,为巨港大新五金商店股东,先后投资省华侨投资公司 2 万元,曾携夫人自费归国观光,参加北京"五一"劳动节观礼。工作组认为其兄弟是统一战线的主要对象之一,于是改变林兆×地主成分,评为中农成分。[①]

上述诸多例子可见,侨眷家庭在国外的华侨,经济条件较好或在侨居地有威望的,会成为政府团结的对象,侨眷家庭成分容易得到调整,没收的房屋、土地较快被退回,缴纳罚款也被退回。若华侨能表现出继续寄回侨汇并支持家乡公益及建设事业倾向,则会成为工作组对侨眷阶级成分下调的重要参考因素。这些情况说明,工作组在处理华侨错划纠偏问题时,具有弹性幅度。

六、结 语

土地改革是共产党领导发动的一场大规模社会运动,是国家—地方—民众的互动结果,既有经济内涵,也有政治意义,对国家形态和民众命运产生了直接而深远的影响。本文从龙岩县土改中华侨的错划与纠偏入手,考察复杂历史进程中的多元土改实践,希望回到那个时代去考察当时的行动者与历史的关系,让各种历史要素尽可能地回归本位,从而考察国家(政党)、地方和民众的历史选择和行为策略,并梳理这些因素最终如何形塑了土改运动的运作和面貌。

1949 年,中国共产党取得全国性胜利,建立政权。从国家意志而论,土地改革是势在必行之举,这是制约着其他行动展开的前提。土地改革首先影响

---

① 龙岩县委:《县土改办关于处理土改遗留问题时对各乡华侨的处理意见》,福建省龙岩市新罗区档案馆藏档,馆藏号:29-1-09。

地主的利益，因此不可能以“民主的”“和平的”方式发生，只能以强力干预而实现。[①] 中国共产党充分意识到新区土改与北方老区土改的差异，力图避免“过火”“过左”的土改方式和“一刀切”的粗糙手法。在指导思想、政策和具体实施步骤也与以往有较大变化，以发挥地方个性、尊重特殊为重要特征。可见，这是一种“实验逻辑”思维。如果将龙岩土改放置于这样的土地改革框架中，可以更好理解其特殊做法。龙岩具有老根据地和一般侨乡的双重特殊性，土地占有关系也更为复杂，必须采取特殊土改方案。龙岩土改以“土地调整”的特殊形式出现，其实是中央与华东局，华东局与福建省，福建省与龙岩地区的多重互动或能动的结果，是一种摸索性的“社会实验”。后来主张“提前土改”的张鼎丞在针对邓子恢批评伍洪祥时说：

> 龙岩的土地调整，有缺点，有错误，但不能说完全没有开展阶级斗争。镇反、剿匪、反霸，龙岩工作并无原则错误，地委调整土地的细则也是对的。开始土改时省委强调政策，当时我就说，如果单纯强调政策，土改是不会胜利的，因为土改首先是消灭封建势力，土改的基本问题是革命。当初我认为老根据地的情况复杂，我担心群众和干部的报复情绪，对他们遭受的迫害要同情，但必须防止报复而引起混乱。在龙岩搞土改，如无一批干部和骨干是有困难的。[②]

从这点上讲，张鼎丞是新解放区进行土改运动的省级主政者，他根据地方实情而推行政策。伍洪祥等作为基层的地方官员对于中央政策的灵活弹性落实，也反映了国家意志与地方运作的有效分合机制。对此，杜润生的认识是有道理的：

> 中国共产党的土地改革既作为一项经济制度变革，又作为推进政治变革的阶级斗争。在废除地主土地所有制、发动农民自求解放，实现“土地还家”的同时，彻底推翻乡村的旧秩序，使中国借以完成20世纪的历史

---

① Ladejinsky, W., Agrarian Reform in Asia, *Foreign Affairs*, April, 1964, pp. 445-460，转引自瞿宛文：《台湾战后农村土地改革的前因后果》，《台湾社会研究季刊》第98期，2015年。

② 伍洪祥：《伍洪祥回忆录》，中央党史出版社2004年版，第460页。

> 任务：重组基层政权，使上层和下层、中央和地方整合在一起，政令统一，获得巨大的动员能力。[①]

不过，土地改革是社会动员也是"社会实验"，从中央层面一般只提供比较笼统、方向性的政策，附带简洁明了的动员口号。通常不会规定的过于具体，以免陷入死板，以预留回旋空间，也可以视为政治策略。地方土改得了操作空间，因地制宜，因具体情境而采取策略化手段，也难免会带有经验认识及主观随意性，容易造成划分以及处理方法上偏差。龙岩土改具有特殊性，也存在模糊地带。由于华侨阶级身份模糊，加之家庭的混杂性与经济形态的繁复，华侨土改的阶级划分变得困难。虽然中央以照顾华侨利益为原则，为华侨群体制定了专门的特殊政策，龙岩县华侨土改也在中共中央《关于土地改革中对华侨土地财产的处理办法》和福建省委《闽华侨土地房屋问题处理办法草案》指导下开展，但在土改进程中，因对华侨户的情况掌握不够以及基层干部和群众对于华侨土改政策的认识不清，导致土改进程中华侨地主扩大化，以及罚款、没收房屋等的偏差。

黄宗智认为，由于执政党的表达性现实和中国农村社会结构的客观性现实之间存在着一定程度的偏离，因此尽管许多村庄实际上并没有符合客观标准的阶级敌人，但国家通过土地改革，"把'阶级'在马克思、列宁理论中的物质层面的意义，转化为在每一个村庄上演的善对恶的戏剧化斗争中的象征——道德意义"。[②] 该认识具有一定启发性。需要说明的是，这并不是龙岩特殊土改所要表达的政治意志。新政权的建立和土地改革创造了"新人"，"新人"已成了土地改革的主体，历史实践进程具有开放性，行动者往往无法控制事态演进，历史可能超越了他们能理解的范围，人被卷入其中，不自愿或不自觉地在历史中行进。如果出现的各种事态出乎政策制定者和执行者的意料，问题就在于是否能够调整政策，是否具备自我纠错的能力，而不是放之任之。中共中央的土地改革政策制定者刘少奇对此情形的认识是：

---

① 杜润生：《新区土地改革的回忆——农村变革回忆之一》，《百年潮》1999年第10期。

② 黄宗智：《中国革命中的农村阶级斗争——从土改到文革时期的表达性现实与客观性现实》，《中国乡村研究》第2辑，商务印书馆2003年版，第82～83页。

> 农村中绝大部分人口的阶级成分是明朗的，容易划分的，也不会有太多的争论，应将这些人的阶级成分首先确定，另有一小部分人的阶级成分是不明朗的，难于划分的，有争论的，应该摆在后面，多加研究，并请示上级，然后去划分，不要急于去划分这些人的阶级，以至划错，引起他们不满。总之，各人的阶级成分不应该划错，划错了的，必须改正。

龙岩华侨土改的偏差冲击了海外华侨信心，导致了侨汇减少。侨汇对百废待兴与参与朝鲜战争的新政权极为重要，争取侨汇不仅可以实现经济恢复和稳定侨乡社会，而且涉及对外贸易和国际收支。因此，中央决定对华侨土改中的问题进行纠正，龙岩也即时予以落实。一方面，召开侨眷座谈会，宣传和说明政府土改中的华侨政策，听取侨眷意见；另一方面，针对华侨实际状况及其在海外的具体情况，对土改遗留问题纠偏。当然，侨汇成为纠偏的重要驱动力之后，选择纠错对象就具有一定的侧重，充分显示了政策的统战效用和弹性机制。总体而言，通过政策调整后，龙岩县华侨打击面减少，侨眷对华侨政策有了切身体会。[①]

华侨作为中国社会发展过程中的一个特殊群体，由于处于跨国活动的境况之中，长期以来，族群意识和国家认同具有弹性，身份也具有多元性、流动性和模糊性。中国共产党进行的土地改革，不仅改变和调整社会经济结构以确立新的土地产权归属，而且重新确定社会身份，以此建立新的政治秩序。从本文的分析可以看出，从错划到纠错的历史过程，华侨身份的模糊性一直在起作用。不过，相对于土地改革之前，国家制度的强有力介入，“华侨”身份及阶级属性也正处于逐渐“明晰”的过程之中，其形态如汤普森指出：“阶级是一种历史现象，而不把它看成一‘结构’，更不是一个‘范畴’，我把它看成是在人与人的相互关系中确实发生（而且可以证明已经发生）的某种东西。”[②]因此，土地改革的纠偏工作结束之后，“华侨”具备了身份定位，并成为了新的社会阶层。值得注意的是，此历史结果又影响了中共的华侨政策，为了适应新的国家关系，他们逐渐出台确定华侨国籍的相关措施，这一个过程对亚洲的政治秩序和侨乡社会产生了其他的社会效应，有待另文讨论。

---

① 东肖区委：《对东肖区处理土改遗留问题中有关华侨问题重点调查报告》，福建省龙岩市新罗区档案馆藏档，馆藏号：29-1-97。

② E.P.汤普森著，钱乘旦等译：《英国工人阶级的形成》，译林出版社2001年版，前言。

政权实践的乡土逻辑

1929—1930年闽西乡村苏维埃政权的执政实践

——以"芷溪苏维埃政府公文底稿"为中心的分析①

张　侃　李小平

乡村苏维埃政权建设是革命根据地得以维系和扩张的基础，红四军入闽之后，毛泽东对基层苏维埃建设也极为重视，他在《乡苏如何工作》中就阐述，"我们要建立一个坚固的塔，就要从打下坚固的塔脚做起，我们要建立坚固的苏维埃，也要打下坚固的苏维埃塔脚，这就是城乡苏维埃了。"②为此，他常常深入周边农村进行调查，召开座谈会了解情况，并直接指导基层苏维埃政权建设。学界对中央苏区的基层政权建设已经进行过多方面讨论，其成果以利用文件或档案为主，并集中于1931年中华苏维埃共和国建立后的乡村苏维埃政权。相比较而言，1929—1930年的基层苏维埃政权形态的论述尚有不少空间。笔者在连城县新泉革命纪念馆查阅到一份红四军"新泉整训"后的苏维埃政权公文誊写底稿，这是记录乡村苏维埃政权运行的最原始资料，十分珍贵，学界也没有系统解读，本文在整理底稿的基础上描述连南乡村苏维埃的政权形态，并从微观角度考察中华苏维埃共和国建立前的闽西乡村苏维埃的执政实践。

一、"公文底稿"的基本形态与内容演变

新泉纪念馆所藏文稿是一份苏维埃政府文秘人员的文件誊写本，其内容以信函、布告、报告居多，大致可以判断为公文底稿。少数文稿未署时间，大部分均有准确月日标示，可以明确文稿涉及事务发生在1929年12月至1930年

① 原载《东南学术》2017年第1期。

② 毛泽东：《乡苏如何工作》，《毛泽东文集》第1卷，人民出版社1993年版，第343页。

7 月之间。其中 12 月的信函不少发给连南区苏维埃，根据前人已有研究可知，1929 年年底，连城为芷溪、儒畲、池溪等各地成立区苏维埃，因此文稿应为这些苏维埃政权的公文底稿。公文内容事涉庙前、芷溪等地，其中文稿还写明了 1930 年执委构成主要为黄、杨、丘、华四姓，与芷溪村落民众的姓氏构成基本一致，由此可推断文稿可能是芷溪苏维埃政府的公文底稿。“公文底稿”誊录的文体比较多样，信函 67 份，布告 29 份，报告 8 份，判词 1 份，共 105 件（笔者整理后，按照顺序编为公文底稿 1、2、3…… 本文即按此编号引用）。按月分类如下：

表 1　芷溪苏维埃政府公文底稿分类表

时间	文类	数量(份)	合计(份)
1929 年 12 月	报告	2	16
	布告	5	
	信函	9	
1930 年 1 月	报告	2	7
	布告	2	
	信函	3	
1930 年 2 月	报告	2	14
	布告	8	
	信函	3	
	判词	1	
1930 年 3 月	报告	1	6
	布告	3	
	信函	2	
1930 年 4 月	报告	0	15
	布告	7	
	信函	8	
1930 年 5 月	报告	0	23
	布告	0	
	信函	23	

续表

时间	文类	数量(份)	合计(份)
1930年6月	报告	1	14
	布告	4	
	信函	9	
1930年7月	报告	0	10
	布告	0	
	信函	10	

根据表1统计可知,每月公文在10份到20份之间,文献类型以往来公函为多,且其增加趋势最为明显,1930年5月份达到了23封信函。而此态势又与1930年4月连城县成立苏维埃政府有关。当时连城县苏维埃政权管辖四区一市:芷溪为第一区,包括丰图、庙前,主席邱振群;儒畲为第二区,包括良坑、吕坊、江畲、仙坪等地,主席杨庆标、副主席杨钟发;良福为第三区,包括岭下、大垄坪、兰屋凹、上官塘等地;池溪为第四区,包括南岭、小鱼潭、斜背;新泉由区改为市。① 随着连南地区乡村普遍建立了苏维埃政权,组建各种群众武装和非武装组织,区苏维埃和乡苏维埃相互之间的事务性联系增多,公函也就增多了,有上下级请示信函,也有区内同一级政府间的交涉或证明函,还有跨区之间的交涉或证明函。

公文类型的演变与基层苏维埃政权的工作重心变化有关。1929年红四军"新泉整训"前后,以成立政权为主。底稿中的一份报告是工农代表会议写给林彪的,要求支持赤卫队枪支:

> 为报告事,窃当此国内军阀斗争、时局紧张之候,对于反动之徒,应当随时防范,以期肃清地方,巩固工农政权。惟敝政府赤卫队枪支仅少,力量薄弱,恐没法扩充,□□增大势力。为此,经工农代表议决,□□□□,特此恳请赐助。(公文底稿1)

红四军选择在新泉进行整训,与当地的群众基础和粮食供应有很大关系。

① 《连城人民革命史》编写组编:《连城人民革命史》,厦门大学出版社1989年版,第36页。

张鼎臣在 1978 年给“古田会议前后”的证明材料对此有说明,“一九二九年十二月初,毛主席把部队集中到连城的新泉开展整训。主要是因为长汀被攻克,而连城新泉的工作基础好,群众发动得好,粮食等方面也较充裕”[①]。基层乡苏政府为了保证红军的粮食供应,需调拨周边乡村的物资,筹集粮款也成为工作中心,因此一份与其他区苏维埃政府的往来信函,就是关于粮食采籴与运销的:

> 刻因军队驻乡,所需粮食甚多,每月挪运,仍不敷接济,业经函达贵政府,请代操办大批粮食。现其军队催促甚急,应付艰难。用特再函请贵政府准予通知所属各乡,如有敝乡派人到来时,望在先籴足本□□米一百斗,明天早饭要的,请即悉数籴妥。再因近日天雨,谷不合用,所□变粉的。所有各情,望为示复。(公文底稿 3)

芷溪苏维埃政府的日常事务与闽西苏区的整体发展形势和状况契合,显示了革命与地方基层政权之间的密切关系。1929 年 12 月 21 日,芷溪乡苏向区政府报告(见公文底稿 11)反映了各种具体事务,包括政权建设、文化教育、社会治理、财政经济、公共服务等,简要列表如表 2:

表 2　公文底稿 11 所反映的各项事务统计表

类别	具体事务
建设	a.工会支部已于本月七日派人召集全乡各项工人开大会,当场选出执委五人,宣告成立,分配任务,并开始工作。会址:公长公祠
	b.劳动妇女会亦于十七日派组织妇女召集全乡劳动妇女开大会,当场选出执委七人,当于本日宣告成立,并分配任务开始工作。会址:□□公祠
	c.长溪济难会已积极筹划巨款,将来到各处挪运大批食米,并办平籴,救济平民
文化	a.平民学校正致函前办各教职员即日回来,续办该校,□化儿童及不识字的平民□□,并灌输共产主义。课本:□□□
	b.宣传任务,已派文化科率同宣传员每日到农民或工人工作地方努力宣传,(解)释痛苦。共产主义救济方法

① 转引自林水梅:《珍贵的资料　永恒的铁证——解读张鼎臣写的一份证明材料》,政协连城县委员会文史与学习宣传委员会编印:《连城文史资料》第 35 辑,2008 年,第 211 页。

续表

类别	具体事务
民政	a.杨斯仁案。□伊母认缴单快一支、土造五响一支(该支无曲尺)。但该二支均未能取出,用款充代。未交到
	b.黄瑞花反动谣言案。兹因民众保释,着罚款三百角,以作开办费。(业已释放)
	c.黄成郊案。结果罚款大洋一百元
经济	a.前乡农会每月支销并交通费约需一百一十角。除入土豪黄成郊一百元,并项福会八百毛外,又入土豪黄补□谷拾三担、土豪黄桂世谷拾一担一斗以作粮食,又先行入七来谷六担。各该项数目已于十五日结束,仍存□□谷,交政府经济委员会管理
	b.敝政府每月支销约须□,因刻日间各项工作繁多,在政府办事者共十余人。俟各项工作就绪后,当极力节省经费,留常委会□办
	c.各项福会已一并归政府没收作经费
交通	刻已雇妥交通二人,每日走往送信,再日前交通费已费去五百余角(因时常有病兵到来,着抬送蛟洋后方休养,又雇挑夫数次)该项刻。敝政府经济困难,望将情转报军部,请通饬所属。如有病兵回后方休养,不能跑路者,应自备轿夫费

1930年1—4月,闽西政治局势稳定,革命形势发展较好,乡村政权建设稳定展开,于是移风易俗、解决地方纠纷等又成为主要工作。1930年4月,连城县赤卫独立第四团(后称“老四团”)整编为红十二军四团。同年5月,攻打连城县城,因军事行动的展开,乡苏维埃政府工作内容增加了送军衣、补充战士和参加烈士纪念等。

二、乡苏维埃政权换届与人员更替

1929年3月20日,红四军在汀州召开前委扩大会议时谈及地方工农运动的发展:“我们散发土豪及反动派的谷子财物并扩大宣传后,工人及近城农民大大起来。连日进行农会、工会的基本组织,日内即成立临时政权机关——革命委员会。”[①]从政权性质而言,农会和革委会均非工农代表选举产生的政

① 《红四军前委关于攻克汀州及四、五军,江西红二、四团行动方针等问题向福建省委和中央的报告》(1929年3月20日),江西省档案馆、中共江西省委党校党史教研室选编:《中央革命根据地史料选编》(中),江西人民出版社1982年版,第66页。

权机构，属过渡形式，具有不稳定、不成熟的特点。如 1929 年 7 月，中共闽西第一次代表大会通过的《苏维埃政权决议案》指出："革委会内组织凌乱，办事没有分工，以致各事分不开。办理异常迟滞，充满了官僚习气。有些地方如上杭东三、东四区等处政权为土豪地主所把持，有的竟为流氓所占据，如白沙等处，利用之以剥削农民。这个现象是新政权致命的伤痕。"即有些地方建立了"乡苏维埃委员会"，但与群众隔阂很大，"没有建立起代表会议的规模，每一事件，群众大会人庞杂，不便讨论，结果只是少数委员处理，客观上便与群众隔绝，所谓引导广大群众参加管理政事竟成空话。同时委员会被群众目为仍是旧政权机关，跟不上群众，模糊了代表会议的精神"。[①] 毛泽东曾指出："乡苏维埃（与市苏维埃）是苏维埃的基本组织，是苏维埃最接近群众的一级，是直接领导群众执行苏维埃各种革命任务的机关。"[②]为了完善乡村苏维埃组织，闽西"一苏大"制定了《苏维埃组织法》，说明各级苏维埃组织构成，其中乡一级苏维埃的机构设置与人员构成如图 1 所示：

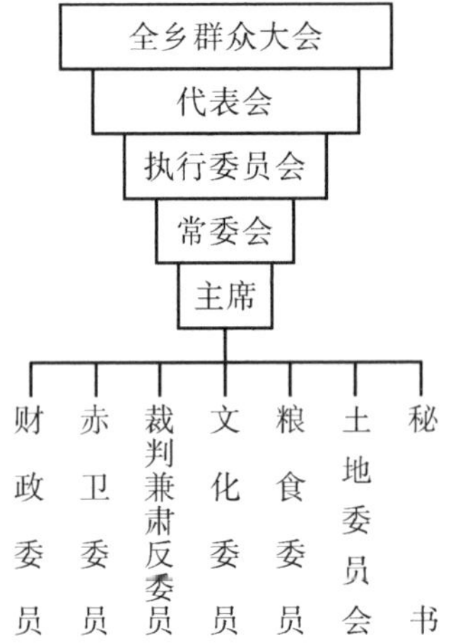

图 1　闽西乡一级苏维埃机构设置与人员构成

① 《中共闽西第一次代表大会关于苏维埃政权决议案》（1929 年 7 月），江西省档案馆、中共江西省委党校党史教研室选编：《中央革命根据地史料选编》（下），江西人民出版社 1982 年版，第 15 页。

② 毛泽东：《乡区如何工作？》，《毛泽东文集》第 1 卷，人民出版社 1993 年版，第 343 页。

学界已有资料比较少集中体现这一制度框架的运行实态，"芷溪苏维埃政府公文底稿"的诸多公文则翔实地展现了乡村苏维埃政权建设与人员更替情况。1929 年 12 月 16 日的布告宣告乡苏维埃执委会的成立："本乡各工农代表业经昨日开会选出执委，成立苏维埃政府。现各执委定于今日上午宣告就职及分配工作，除报告外，仰阖乡民众一体知悉。"（公文底稿 2）按照《苏维埃组织法》规定，"乡区两级苏维埃代表任期六个月"①。因此到 1930 年 4 月 14 日，乡苏致函区政府主席张瑞铭（明）报告第三届执委会换届事宜：

> 敬启者，敝政府第二届执委会业经届满期限。定于昨日下午开群众大会选举第三届代表，即于是晚开工农兵代表大会。用投票法选定杨骏洪、黄国瑜、丘井群、黄仕潮、杨碧芳、华佛养、黄琼文、黄汝桓、黄联升、黄益群、张兰英、黄佑彬十二人为执行委员。同时互推仕潮、骏洪、井群、益群、佑彬等为常务委员。组织常委会，总（?）有互推仕潮为主席，国瑜为经济委员；佑彬为裁判兼肃反委员；碧芳为文化兼建设委员；骏洪为军事委员；井群、佑彬、兰英为土地委员，组织土地委员会；益群为秘书。均于本日就职任事，理合函报备案，惟仕潮同志老成练达，又兼娴习政务，敝乡群众最为信仰。故于日昨一致挽留，如果迁调他处工作，不独敝乡群众失所依靠，即各执委办事亦感困难。应请区政府列位同志准予挽留，俾勿他调，以副本乡八千群众之厚望。（公文底稿 46）

此函显示，"组织法"在地方实践稍有变通，不设"粮食委员"，"财政委员"与"经济委员"通用，"赤卫委员"与"军事委员"通用。除了汇报情况之外，函件希望曾任新泉区苏维埃主席的黄仕潮能留在本乡服务。为了取得群众支持，执委会还发布告，以简单直白的话语说明当选执委与分工：

> 这几日，我们乡政府执行委员第二届的期限算是完满了。应该改选补充才好，接续办事，所以前天（十三号）下午开群众大会时经群众选定的代表共有七十五人。即日晚上开第三届工农兵代表大会，用投票法选举执行委员，当经当选的杨骏洪、黄国瑜、丘井群、黄仕潮、杨碧芳、黄汝桓、

① 《苏维埃组织法》（1929 年 8 月），江西省档案馆、中共江西省委党校党史教研室选编：《中央革命根据地史料选编》（下），江西人民出版社 1982 年版，第 20 页。

黄益群、张兰英、黄佑彬九人，候补委员有华佛养、黄琼文、黄联升三人。接续，由执委互推仕潮为主席，黄国瑜为经济委员，黄佑彬为裁判委员，杨碧芳为文化委员，骏洪为赤卫委员，井群为土地委员，益群为秘书。各执委推定之后，统统在昨天(十四号)就职任事了。但各执委识欠成陋，力量又很是薄弱，又没有什么经验，恐怕这样大的任务不能够办到有什么成绩和好处，还希望各界同志时时加以指导和辅助，用来匡救我们的不逮。这样我们乡里的政务庶几有蒸蒸日上的好景象。同志们呵，各人都请注意罢。(公文底稿 50)

区苏维埃需组织工农代表大会予以换届，乡苏在召开工农兵代表大会选举执委会时，推举了 10 名代表，因此于 1930 年 4 月 15 日致函连南区第三届代表大会筹备会介绍情况：

敝乡兹推定杨如定、黄联升等十人为赴本届会议代表(姓名年龄职业另附详表呈审)，类皆可靠忠实分子。今日会期已届，着一同专赴会场，到时请赐接洽并介绍一切为荷。此致连南区第三届代表大会筹备会列列同志均鉴。代表一览表：

杨如定	43	参加革命	经营小商业
黄联升	36	同前	同前
黄汝桓	25	同前	充任学校教员
杨汝炘	32	佣工	
杨登赐	55	菜农	
杨春仁		缝工	
张达桂	28	教员	
黄国标	31	小商	
杨达流	31	菜农	
黄海珍	41	佣工	

(公文底稿 47)

1930 年 4 月 20 日，区苏维埃换届选举中，黄仕潮、黄汝桓二人被选为区政府执委，乡苏维埃增选杨如定并调整了执委会组成：

> 敬启者，敝乡于前日(十三号)改选第三届工农兵代表已经选定。即晚开代表大会选举执行委员，当经选定杨骏洪、黄国瑜、丘井群、黄仕潮、黄汝桓、黄佑彬、杨碧芳、黄寿祺、张兰英九人为执行委员，连工作亦经配定，前经函报在案。惟黄仕潮、黄汝桓二同志现又当选区政府执委，不能分身在敝政府负责。故于日昨举行补选，经补入杨如定一名，后又互推丘井群即振涛为主席，黄国瑜为经济委员，杨骏洪即雪邨为裁判委员，杨碧芳即爱群为文化委员，杨如定为军事委员，黄佑彬即监河为土地委员，黄寿祺即益群为秘书。均经就职任务，理合函报备案。(公文底稿52)

1930年6月26日，乡苏维埃进行了第四届换届选举，并于28日公告于群众：

> 我乡第四届的工农兵代表已经在本(月)廿六号群众大会当中选定了五十个真正工农分子和忠实同志以及有□个无产阶级富有革命性的知识同志来充当这次代表，并于即晚开代表大会，用投票的方法选举执行委员。当经当选的有：杨雪邨、华赤农、杨爱群、黄益群、丘田松、丘镜烈、黄栋楠、黄赞河、杨德香十二人。中间黄开福、黄作朝、黄春瀛三人为候补委员。又接着由执委互推华赤农为主席，黄益群为秘书长，杨雪邨为经济委员，黄赞河为裁肃委员，杨爱群为文建委员，黄栋楠为军事委员，丘镜烈为土地委员会主任，丘田松为粮食委员。(华赤)农等遵于本日就职，开始办公，坚决地站在无产阶级方面、切实为无产阶级谋解放谋利益。倘有违背愿应纪律的制裁，但农等智能绵薄，素少经验，对于本乡所应具□各种要务，希望当地群众经常加以协助和督促日报，能够□□□□□，最为欣幸。(公文底稿89)

而此次换届选举，则按照《组织法》设了“粮食委员”，由丘田松担任。丘井群的主席职务由华赤农接替，原因可能是丘井群被选为更高的执委会成员。1930年9月1—9日，闽西第二次工农兵代表大会召开，选举了政府35名新执委会成员，丘井群即为其中之一。[①]

芷溪苏维埃政府管辖范围较大，有8000多人口。根据1930年3月第一次闽西工农兵代表大会通过的《苏维埃政府组织法案》，5000人以上的乡为甲等乡，办事人员为7～9人，但芷溪乡苏随着政权管理事务的增多，人员不够使用。1930年7月，加以连城等地发水灾，需要增加政府工作人员，于是向区苏申请临时添加干事：

> 日前蒙转到县革委会通告，其第三条第一项开"人选要遵照闽西决议案，不得多用，如欲多用者，须得上级允准"等因。奉此，敝政府立即召集执委慎重讨论，会议当经议决，办事人员因敝乡地方辽阔、事务特别繁多，至少要有八人。此外，另置伙夫、收发各一人，常备丁三人，又女主席一人，女同志一人，少先队办事员二人，共计十七人，此系关于经常的范围。惟现在水灾过秋成，又届调查灾情和土地以及征收累进税，种种手续非常复杂，实有难于兼顾之势。除由各职员随时协理外，还应添雇临时干事三五人，以资帮助。（公文底稿89）

三、消除旧有权势的乡村影响力

"打土豪"起源于军事游击的经费筹集，后来慢慢地演变为促进农民走向革命的重要手段。创建革命根据地的过程中，"打土豪"与"分田地"相互联系，成为合二为一的行动口号和指南，成为一个发动群众，促使群众从长期受反动宣传欺骗和宗族观念束缚中解放出来的过程。"土豪劣绅"经过长期历史演变而成，为传统国家控制基层社会的主要基础和旧有权力的有机组成，毛泽东在《湖南农民运动考察报告》中曾指出，"这样的机关里的劣绅，简直是乡里王。农民对政府如总统、督军和县长等还比较不留心，这班乡里王才真正是他们的'长长'，他们鼻子里哼一声，农民晓得这是要十分注意的"。后来毛泽东调查井冈山根据地时也继续认识到，"无论哪一县，封建的家族组织十分普遍，多是

---

① 《闽西苏维埃政府布告第一号——第二次工农兵代表大会选出的政府委员及主席》(1930年9月11日)，中央档案馆、福建省档案馆编印:《福建革命历史文件汇集　苏维埃政府文件(1930年)》，1985年，第234页。

一姓一个村子，或一姓几个村子”，“革命初期，中间阶级表面上投降贫农阶级，实际则利用他们从前的社会地位及家族主义，恐吓贫农，延长分田的时间”。[①]因此新政权建立之后，形势不稳定，这些群体往往发挥作用，如前文所引中共闽西第一次代表大会通过的《苏维埃政权决议案》指出：“有些地方如上杭东三、东四区等处政权为土豪地主所把持，有的竟为流氓所占据。”[②]芷溪乡苏辖下也发生此类事件：

> 杨向荣本是土豪黄润轩走狗，尚存有枪数支，并带有子弹数百……。黄生林勾串反动、谋害乡里。当二月廿九日，敝乡政府派武装前赴隘门地方围拿反动分子黄李福仔时，竟敢串同逃走。经过曹家阳，并在该乡反动宣传，说反动派杀来等情，被该乡人目击见明。又私勒土豪黄成郊款拾伍元，又私勒工人黄林深款二百角，又私食伊万公家上坎数百角。（公文底稿27）

虽然杨向荣被捕扣押，黄生林被枪决，但如何消解旧有权力体系的社会基础与不良影响成为新政权建设的重要工作。“土豪劣绅”的社会基础是中国乡村的宗族社会，这也是农民对阶级意识和苏维埃认同形成的主要障碍，犹如美国学者在分析中国现代化进程中指出的，“中国社会注重家族的团结而削弱了阶级意识”。如果说能冲击“土豪劣绅”，将农民从旧有权力体系中解救出来，最直接有效的办法之一是削弱宗族作为基层控制组织的能力。中国共产党人在这点上，有比较一贯的认识，如1927年5月《中国共产党第五次代表大会关于土地问题决议》的解决方案是：“要破灭乡村宗法社会的政权，必须取缔绅士对于所谓公有的祠堂寺庙的田产的管理权。”[③]具体到地方政策，如1929年10月《上杭县第一次工农兵代表大会决议案》明确指出，“一切地主、土豪及福会、众堂等田地，不论典当与卖绝，一概没收，归苏维埃政府分配与农民耕种”，“所

---

① 毛泽东：《井冈山的斗争》，《毛泽东选集》第1卷，人民出版社1991年版，第69页。

② 《中共闽西第一次代表大会关于苏维埃政权决议案》（1929年7月），江西省档案馆、中共江西省委党校党史教研室选编：《中央革命根据地史料选编》（下），江西人民出版社1982年版，第16页。

③ 《中国共产党第五次代表大会关于土地问题决议》，中国社会科学院经济研究所中国现代经济史组编：《第一、二次国内革命战争时期土地斗争史料选编》，人民出版社1981年版，第92页。

有土豪、地主以及公堂、公山、山场一律没收归公，山契焚毁”。[①]

连南宗族社会发育比较成熟，乡村土地大量由“福会尝田”控制。芷溪东邻庙前，北隔山界寨头坝，西通新泉官庄，南与丰图仅一山之隔。这一带群众“各务生理，而商贾为多”，商品经济发达，家族公产极为普遍。黄昌永先生曾整理了清代以来此地的学田、尝田和义仓，其中黄氏义仓万担谷田以上者有笃本仓，拥有千担谷田以上者有华平社，拥有数百担谷田以上者有云义仓、荆玉义仓、四义仓、永义仓、长义仓、臣义仓、孝义仓、滋兰社等，拥有数十担谷田以上者不可胜数矣。连南境内二十余个村落(包括上杭县界的陈坑、下车)，80%以上的土地都归芷溪黄氏义仓所有。[②] 在政权建设过程中，芷溪一带的此类宗族公产也成为处置的重要对象。不过，实践过程却比较复杂，出现了各种不同的情况。

如 1929 年 12 月 29 日，赤卫队向乡苏征粮，复函写道：

> 着敝政府暂借出谷一百斗，本应遵命办到，奈因敝政府现在所存粮食无多。虽近日在阁康封存有子云公蒸尝、芹行公义学共二百余斗，被一、二反动之徒，封建势力走狗故意把持，多方阻挠。窃此□非即严办，不足以维持工农政权。(公文底稿 15)

“阁康”为芷溪丘姓聚居地，“子云公蒸尝”即为尝田所收租谷，“芹行公义学”即为义田所收租谷。依照法令，苏维埃政府成立之后，尝田、义田等均充公平分，原存租谷也应开仓分配。但从行文所言推断，芷溪当时只进行了分田分地，而义仓谷物却未处置，仍在旧有权力体系把持之下。也正因如此，在封存过程中不仅出现了偏袒，而且打击了贫农，损害了群众利益。乡苏在 1930 年 1 月 2 日向区政府提交报告和 1 月 3 日直接写给连南区政府主席的信中，对此有比较详细的叙述：

> **报告：**阁康某某某投身地方工作以来，对于主义上无半点信仰，诸事

① 韩延龙、常兆儒编：《中国新民主主义革命时期根据地法制文献选编》第 4 卷，中国社会科学出版社 1984 年版，第 103～104 页。

② 黄昌永：《义仓》，政协连城县委员会编：《福建连城芷溪古宗祠文化初探》(《连城客家情》第 8 辑)，内部发行，2003 年，第 94 页。

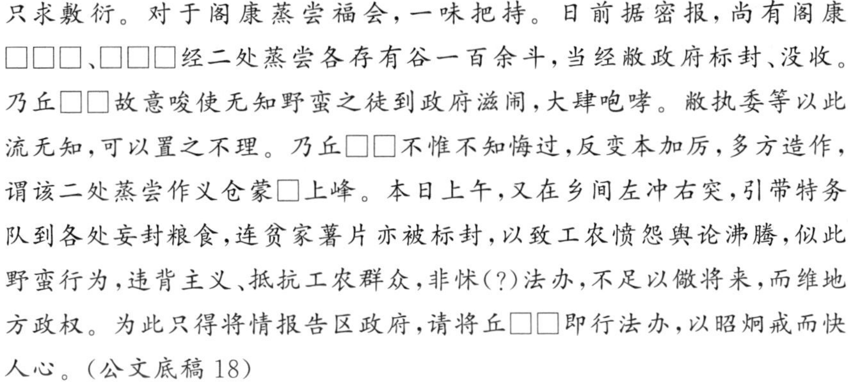

只求敷衍。对于阁康蒸尝福会，一味把持。日前据密报，尚有阁康□□□、□□□经二处蒸尝各存有谷一百余斗，当经敝政府标封、没收。乃丘□□故意唆使无知野蛮之徒到政府滋闹，大肆咆哮。敝执委等以此流无知，可以置之不理。乃丘□□不惟不知悔过，反变本加厉，多方造作，谓该二处蒸尝作义仓蒙□上峰。本日上午，又在乡间左冲右突，引带特务队到各处妄封粮食，连贫家薯片亦被标封，以致工农愤怨舆论沸腾，似此野蛮行为，违背主义、抵抗工农群众，非怵(?)法办，不足以儆将来，而维地方政权。为此只得将情报告区政府，请将丘□□即行法办，以昭炯戒而快人心。(公文底稿 18)

信函：窃去年十二月二、三两日，新泉特务队张队长莅乡，阁康丘钧枢引路，到各处妄封粮食，属在贫民、义仓或数担干薯片之类，亦被标封。以致工农愤怨，平民沸腾。顷据多起平民、难民报告，请将丘钧枢扣留法办等情，前来当经敝政府派员复查无异，是将丘钧枢一名押来政府，并详加研讯。据供，所有封谷之事，是丘礼兴、丘元兴等鼓使，伊实无知被骗、请原谅情形。各情亦于日昨面报在案。现在丘元兴于本日畏法潜逃，除一面派员拿回处理，合将丘礼兴、丘钧枢二名连同供词一纸押解法办，恳请察核查收，并与分别依法处断，实叨公信。(公文底稿 19)

芷溪多山，清代前期开始，即有不少商人由汀江而入潮州贩运木排发家，由于木材贸易投资巨大，山场一般归宗族或各支派、民间会社所有。在土地革命过程中，乡苏按照法令将境内山场归公，政府办理山林砍伐，但山场广袤，工作人员难以管理，一些民众借机盗伐。1929 年 12 月 28 日发布的公告，即论及此事：

为布告事照得本乡境内山场，当经区工农兵代表大会议决，由本政府没收。无论属公家、蒸尝、福会或私人产业，所有山林出产品竹林松杉自应由本政府办理。乃查近日有不法之徒任意践踏私自砍伐，兹据万斯学堂家长报告，在横山背一带被杨成福砍伐尤多，实属不顾公益、狼子野心，莫此为甚。除从重罚办外，用特再行布告。仰全乡民众等，一体知悉。自后如敢有在本乡境内私自砍伐树木者，一经查觉定以枪决，不稍宽。其各□遵从勿违。切切，此布。(公文底稿 13)

万斯学堂为杨家学堂。杨家为芷溪的木材商人，起家于雍正年间的杨登台，后来其子杨明安(峻亭)经营运往福州的木材，获利甚厚。杨西林接手杨家生意之后，由木材兼营纸业。他先直接向槽户订货，渐渐地向槽户投资，进而推行包产包销，并由此买下诸多竹山，请人管理。在汕头建立了从原料、生产加工、运输、销售一条龙的纸业销售网络。杨西林还垄断了新泉、矶头、上杭、峰市、潮州、汕头的纸行，杨家基本上垄断了纸业生产，由此成为巨商，民间有“两代三个百万公”的传说。杨西林和杨峻亭建两座九厅十八井的住宅——永裕堂和万斯堂，万斯堂设有内学堂和外学堂，称为“万斯学堂”。此时，杨家山场被政府没收，但杨家可能对自家产业还有依恋之情，因此被不法分子擅自砍伐时，就及时予以报告。乡苏对山林收益也很看重，因此以布告方式宣告了严惩措施——枪决。由于宗族已成为乡民文化生活的组成部分，其隐性作用会潜伏性地长期存在。1930 年 2 月 12 日，芷溪乡区所公布一个判决结果就是例证：

为判决事。照得黄林修草坪田垅岗先父坟墓，与伊祖黄世琮公墓亿文等发生争执一案。查该林修当买坟之日与安葬之日未经通告房族，实有不妥之处。且该坟与世琮公墓实有妨碍，只得着世琮公裔赏还价银三百余角，该黄林修先父棺柩限二月初二日未时起迁后，将坟作废。仰双方当事人即便遵照，毋得多生纠纷。此谕。(公文底稿 36)

这是一次典型的传统乡村因坟地、风水、安葬而产生的族人与族人、宗族与宗族之间的纠纷。由判词推断，房族应从中出面协调，并予以是非的断定，乡苏只是加以认可而已。乡苏政府人员也深知这种乡村惯习只能通过乡族势力进行调解，要消除宗族文化的影响，还需要长期的文化教育工作，因此在 3 月 19 日进行了公开布告：

为布告事。照得物质文明、科学进步时代，对于风水之说早已废除尽净。唯我连南各乡以地方偏僻，文明知识概未能普遍输入，所以乡村一切风俗习惯未能骤然改弦更张，诸事惟有曲体民情，逐渐感化，折中办理而已。即在过去黄世琮公坟墓与黄林修先父坟墓争执一案，以数千年风水积习，不过暂予变通办法，断不可视为成例。乃查近日乡间对于坟墓争执，层见叠出，实属不通时势，不达人情，若不予取缔，则必至多生纠纷，为乡间社会文化上莫大之障碍。兹特布告，愿望我乡人等嗣后对于坟墓风水勿得再生争执。但有故违，定将双方当事人从重处罚。仰阖乡民众一体知悉。（公文底稿32）

从复杂的历史情形可以看出，土地革命后，乡村的社会经济结构发生了深刻变革，农民从家族共同体的依附性成员转化为带有明显阶级印记的社会成员，家族财产转变为社会公共财产或农民私有财产，家族权力让位于国家政权的基层组织苏维埃。然而，这些并不意味着宗族影响完全消除，因此消除旧有权力的社会基础具有长期性和曲折性。

四、维护纸业贸易与保全民众利益

中国共产党人在乡村地区进行新政权建设，是崭新的革命实践，既具有开创性，又具有风险性。所谓“开创”，就是大胆地按照实际情况，遵循党的正确方针政策开展工作；所谓“风险”，就是没有旧例可参，容易被革命热情冲昏头脑，导致行动失误或错误，严重者极大损害人民群众利益，乃至丢失根据地。由于缺乏经验，伤害到民众利益的事例还不在少数，如1929年7月，中共闽西第一次代表大会通过的《苏维埃政权决议案》指出：“革委会变成了政府衙门：许多革委会尤其是新发展区域，革委会变成了派款机构，而且派及农民小资产阶级，有的更收起捐款。”[①]芷溪乡苏维埃成立之后，保全民众利益成为政权的工作之一。1929年12月17日即致函连南革委会，反映民众呼声，纠正农会任意筹款、罚款、没收的一些不妥做法：

本日据敝乡黄际良家报称，黄际良之子并母亲被礼本乡农会扣留，不知何故。该乡农会累次押难来往行人，□□杨福东本一画像工人，亦被该农会累次扣留，罚去毫洋四百角，已交去百二角。再黄佛义之烟叶亦被扣留，要罚一百元，至今尚未释放解决。本来我们农会实为工农无产阶级解

---

① 《中共闽西第一次代表大会关于苏维埃政权决议案》（1929年7月），江西省档案馆、中共江西省委党校党史教研室选编：《中央革命根据地史料选编》（下），江西人民出版社1982年版，第16页。

除痛苦，乃该农会乱行扣留来往行人，实属不合，为此报告贵会，望致函该乡农会，即刻释放黄际良之子并母亲，并取消杨福东罚款，交还黄佛义烟叶。（公文底稿 4）

为了能落实该事，芷溪乡苏不断致函予以追问与说明：

径启者，接来二函，领悉一切，黄际良虽是年前资本家，自去年以来，生意歇业，已告破产，如何办法亦唯命。再黄佛义烟叶承蒙启封，如本人□□□回时，望嘱陈佰登照数交还，不胜盼祷之至。（公文底稿 6）

此后，黄际良案又起风波，于是乡苏转达其家人意见，希望召开民众大会进行公决：

径启者，前日曾派代表来贵部接洽黄际良一案，昨据回报谓：黄队长责其私藏枪支并系小资本家，须罚大洋五百元等语。所有黄际良状况前函已详明，兹不多赘。兹据其家人报称，可否请各同志到来敝乡，开民众大会，如何办理看民众表示公决。（公文底稿 12）

黄际良案并非孤立之事，芷溪乡苏为之频繁交涉，主要考虑到地方以小商品经济为主的实际情况。清康熙年间，朋口至新泉，经矶头至上杭，再过永定峰市直下广东潮州的水路开通，再加上陆路有“官道”通向连城、长汀、上杭、龙岩，于是兴起新泉、芷溪、庙前、杨家坊（称乐江）四个墟场。芷溪作为四大墟场之一，与新泉、庙前、丰图等地距离相当，从事商贸活动的人越来越多，一方面芷溪兴建拱桥店、凉棚街、三角坪和十字街等街道；另一方面外出经商的人逐渐增加，为小本生意赴附近各墟的商贩，大多走水路与陆地，以木材、纸业为主业，也有到上杭、连城、武平等地经营烟叶生意者。革命斗争期间，木材、纸品、烟叶等商品受局势影响较大，“与白色区域交通不甚方便，农村的输出品售不出去，如连城之纸、杉木，永定之条丝烟”。① 相对而言，芷溪纸业生意主要在

① 《巡视员谢运康给中共福建省委的报告——关于金汉鼎入闽与我们的应付方策等情况和问题》（1929 年 10 月 25 日），江西省档案馆、中共江西省委党校党史教研室选编：《中央革命根据地史料选编》（上），江西人民出版社 1982 年版，第 150 页。

区内销售，如后人总结：

> 芷溪人经营的纸品多数是草纸，来源于江畲、朱地、黄泥坑、园墩背、西山下、桃源等有竹林的山区村寨。……墟期槽户把纸挑到行里，芷溪人即到此行去买。行里负责登记、收发、保管，收些扎地钱。……芷溪人买回纸品后，盖上自己的招牌，写上收发地号，即雇人挑到上杭矾头过驳行，再由过驳行负责雇船发运到上杭纸行去卖。旧时，芷溪人在矾头有数间过驳行，如杨志洪、杨采武、杨南春等行都是经营多年的。上杭的盐油布匹杂货上船到矾头，也由过驳行转运到芷溪。①

在当时形势之下，短途日常用品贸易受到影响不大，保有一定的经济效益。面对着金汉鼎入闽，当时就提出“切实保护小商人，使市场得以维持”，“鼓励小商人向外买卖”的应对措施，②保全了这些小商人利益，就保证了根据地物资供应，也就保证了地方经济发展与群众民生。芷溪乡苏根据闽西一大决议规定“统一累进税”，于1930年2月1日决议纸业累进税额并予以公布，这是目前所见乡苏落实“商业统一累进税”文件公告：

> 为布告事，照得本政府经费困难，当经执委会开会议决，对于纸业一项，着各纸商照缴累进税。自二月一日起，一律实行大包纸四角，中包二角，篓子十角。分别价值，依数缴解。仰各纸业商人，一体知悉。务到来政府报明。但有以多报少或匿报等情，一经查觉除将纸没收外，并从重处罚，其各凛遵勿违。切切，此布。（公文底稿24）

商人缴纳商业所得税，意味着其遵从苏区政府的各项规定，成为合法商人在各地活动，因此芷溪乡苏反复强调纳税的重要性，1930年6月15日，再次发布通告：

---

① 黄榜燔：《经营纸品》，政协连城县委员会编：《福建连城芷溪古宗祠文化初探》(《连城客家情》第8辑)，内部发行，2003年，第112～113页。

② 《巡视员谢运康给中共福建省委的报告——关于金汉鼎入闽与我们的应付方策等情况和问题》(1929年10月25日)，江西省档案馆、中共江西省委党校党史教研室选编：《中央革命根据地史料选编》(上)，江西人民出版社1982年版，第150页。

我乡各纸商营业所得税，截自阴历四月廿一日，由砚发运之纸，业已照调查数目分别回收，但尚有由金沙或下湖山等处经过者概未查明，无数可核，应由各纸商将前所发运纸数，即日亲自报来回收。以昭一律，再自旧历四月廿二日起，无论由砚或由别处发运之纸，如系本乡纸商所采办者，均应一律于十九号起，务将从前已发运纸数报到本政府登记其有无发运者，亦须于发运之前，予到本政府报明，并掣回凭单，以便稽查，倘有隐匿或短报情事，一经查觉或经人指报后应即依照日前决议案施行，决不宽徇。希各纸商一体知照，勿违。切切，此布。（公文底稿83）

当然部分商人不按时纳税，乡苏政府经过与纸商协商，定下罚金倍数，予以反复通告：

照得本乡纸商发运纸数应各依照原议，报到本政府登记。前经通告在案，乃该纸商竟不遵报前来，实属玩忽公令。兹再布告通知由砚市下者自旧四月廿二日起，由他处下者自旧正月初一起，须一律将实数报来登记。刻已派定负责人员分别出发调查，倘有虚报或匿报情事，断难□□。对于虚报、匿报，罚例昨晚经各纸商议决，处以百倍之罚金。希各纸商从速实报，免贻后悔为盼。此布。（公文底稿91）

芷溪纸业商人出外经贸活动时，常常被错扣罚款，比如黄佛□的八担篓纸被江畲乡政府扣留，芷溪乡苏出具信函证明，要求正确处理：

窃吾党主张对于小商人一律保护并不没收，顷据黄佛□到来报称：有篓纸捌担承蒙贵政府收留，请为转函准予发还等情。查该黄佛□是小商人，非如土豪资本家曾经我党罚办者可同等而论。相应函达，请贵政府查照。但对于黄佛×之篓纸捌担，作何办理之处，烦希见复为祷，此致。（公文底稿31）

商人对苏区经济流通和物资供应的重要作用日益明显，1930年4月，闽西苏维埃政府专门针对商人特别布告，保护其“自由交易和私有财产制度”，规定八条经济政策，要求“各级政府切实保护纸、木、烟及各种商品之来往，不得扣留没收”，“保护外来客商”，“各级政府对于遵守本政府颁布商人条例之商人，不得借口土豪，自由筹款"，"各地政府不得自由没收商品"，等等。[①] 5月，闽西第一次工农兵代表大会通过《商人条例》，明确规定"商人遵照政府决议案及一切法令，照章缴纳所得税者，政府予以保护，不准任何人侵害"，"商人自由贸易，政府不予限制其价格"等条款，客观上为芷溪乡苏保护本地纸业商人提供了依据。芷溪纸商杨福崇到上杭北四区圩场采办，与当地商人发生了一些商业纠纷，于是由芷溪乡苏利用这些法规出面交涉：

> 顷据敝乡纸商杨福崇声称，伊素在贵辖□年圩采办纸，一向与人无争。只去冬在张茕清行内过驳之纸，于本年二面结算后，尚短中包纸四术。此项短少之纸，查系存在贵处。近日因事到贵处，亲见有二术系伊字号之纸，当即收回。讵贵处合作社责成交还纸，并按之闽西代表大会议决经济条例第四条"不得自由没收商品"之规定殊为不合。请予通函贵政府，询明原委前来，不知究竟有无此事。相应函达贵政府查照，希烦查明示悉。（公文底稿76）

芷溪纸商沿河运纸至旧县被拦截，引发了金融紧张，周转不灵。由于此事为跨县商务纠纷，乡苏致函连南区政府，要求联系上杭县政府予以交涉，要求旧县乡政府开通河道，进行自由运输：

> 兹据敝乡政府各纸商□□□等报称，顷因各号到矶之纸运至旧县，屡被阻截，不予放行，以致影响买客顿生疑虑。前所汇出之票款与目下约□之现银，因见纸船无下，概被拒绝，未允照付，河流一断，银根（遂绝），周转不灵，恐慌斯大，因□□必然所也。若再延迟下去，想此后□□，势必更甚于此不已。要求函达区府，体念商民危困，设法救济务期河边开通，恢复原状，以利商民等语前来。据此查纸商所称各节，尚属实在情形，不知旧县政府何故施行禁运，如谓戒严期间，自然□□，但现在战事既了，又是无严可戒。如谓纸船到杭，恐被没收，则各商，先后所运尚属安稳，此次当无意外。总之该商自运□□，定有把握，得失当在我。兹据报称，前情理合，函请区政府迅予设法救济，并请致函上杭县政府，请其转着旧县政府，即

① 中央档案馆、福建省档案馆编：《福建革命历史文件汇集 苏维埃政府文件（1930年）》，1985年，第102～103页。

日开通河道，藉便起运，以松银根而利商民，可否。即乞裁定示复为盼。（公文底稿 81）

除了保护纸商之外，公文底稿中还有多份保护商人的交涉函件，一份是要求区政府免除对商家的筹款行为：

顷接来函，着向各商家筹借大洋一百元，以济前方军食，自应勉力遵办。惟是敝乡现有商家均是无产阶级，至于殷实早已逃脱殆尽，况前此曾经募捐数次，如帮助全国工农斗争运动费及慰劳前方士兵军衣费，选派少先队衣帽费种种，均尚办理未完，对于群众方面，目前经济、地位感万分困苦，昨蒙嘱交款近大洋一百元。本月又着筹借一百元，似此等筹借公文连接而来，恐有难于筹措处，但关于前方军食，自不能不勉为筹借，接济。只有尽力办去，能否如预，尚在不可知之，用特先函奉告，如有延搁之处，尚希鉴原为盼。（公文底稿 73）

其余三份均为证明函件，一份致畲背乡政府：

顷据报敝乡黄以先前来报称，伊兄黄璞人素在梅村经营小商业，日前由舍运货往该处，行经畲□地方，忽被贵处武装同志扣留，并有布带一头，亦被带去，同时另有黄百生一名，亦被扣留，请予函乞释放等语，据此查黄璞人、黄百生二人均系忠实分子，并无轨外行动，此次蒙贵政府扣留未知有何违犯规律之处，如果无特别违法情事，应请贵政府迅即准予释回，俾复原业、以安商旅。（公文底稿 84）

一份致县革委会：

兹据敝乡杨梅生前来报称，伊兄福豪因日前与船户杨四老烟×驳运一案，已由区委办理了结。忽于日昨又被县总工会筹备处扣留。继于本日转送至县革委会处理，原此案由区工会办理清楚，中间忽又发生波澜，不知缘何有此。请予代函询明。并乞释回家业云云。据此，查该杨福豪委系一个小商贩，现有资本全在人，人工借挪而来，并非同剥削和资本家可比。况此案业已一再处理就绪，该福豪亦予受赔偿，似不可以再发生枝节。兹据××前来，理合代为函请察核，并希体念小小商贩，准予依照原办了结，即须将福豪释回家业，可否之处，尚请裁夺为盼。（公文底稿 94）

一份复第一区政府：

顷奉来函，着调查丘永章家属及行动如何，敝政府遵即照行。查永章系店背丘永河、丘永余之弟。兄弟分居，十有余年，伊兄家永余有些小资本，经营生意，惟永章平素在新泉佣工有琢银手艺。家口七人，家境颇苦，过去并无非为，现在有无非法行动，不可得而知。此系敝政府查得之实情，理合函复，请予察核，转致为祷。（公文底稿 104）

五、余论

苏维埃政府是红色政权主体，是新的国家政权形式，“是被压迫工农群众自己管理政事、镇压旧统治阶级的政权组织”，[①]但以往研究过于静态或结构化，对其自身政权实践缺乏微观考察，无法有效展现苏维埃制度各种活态互动。本文依新泉纪念馆珍藏的“芷溪苏维埃政府公文底稿”，从“过程—事件”的论述策略对部分公文进行梳理，就“乡苏执委换届”“消除旧有权力基础”“民众经济保全”等具体事务予以微观考察，揭示了 1929—1930 年连南地区乡村苏维埃活动的多层内容。

乡村苏维埃常常出现在革命到达一定高潮的时期，它们受红军活动影响甚大，“相当力量的正式红军的存在，是红色政权存在的必要条件”。[②] 芷溪苏维埃政府的执政形态与红四军多次出入新泉、庙前等地，以及“新泉整训”有直接关系。不过，它们与区域政治形势变迁也关系密切，连南地区苏维埃健全与闽西“一苏大”关系密切，其政治实践的主要内容和重要原则直接来自闽西“一苏大”及其他决议，两者天然相连。与此同时，必须指出，乡村苏维埃政权直接

① 《中共闽西第一次代表大会关于苏维埃政权决议案》（1929 年 7 月），江西省档案馆、中共江西省委党校党史教研室选编：《中央革命根据地史料选编》（下），江西人民出版社 1982 年版，第 16 页。

② 毛泽东：《井冈山的斗争》，《毛泽东选集》第 1 卷，人民出版社 1991 年版，第 50 页。

面对人民群众，无法脱离地域社会的政治结构与经济利益，既需要面对宗族社会的隐性影响，也需要尊重社区的经济惯性，以及民众的文化习性。其中的权力博弈以及“正式权力的非正式运作”的复杂程度远远超越了原有制度的预想与设计，具有极大的弹性。

应该说，1929—1930 年为乡村苏维埃的初始阶段，存在诸多不足之处。但芷溪乡苏依据民众意愿，开展了一系列具有一定成效的政权实践。连南各地苏维埃政府犹如一张周密的大网，将政府与人民群众密切联系在一起，其形态如毛泽东后来指出的：“依靠民众自己的乡苏代表及村的委员会与民众团体在村的坚强的领导，使全村民众像网一样组织于苏维埃之下，去执行苏维埃的一切工作任务，这是苏维埃制度优胜于历史上一切政治制度的最明显的一个地方。”[①]正因为如此，连南地区成为中央革命根据地不可缺少的重要组成部分。虽然作为边区，它经历了多次反复的赤白拉锯，但仍保持着红色政权的本色。1933 年福建省委代理书记兼省委驻杭永岩全权代表罗明接受毛泽东意见，在新泉撰写《对工作的几点意见》，其核心看法是抓住时间，迅速赤化连南、汀南东，使新泉与连城、长汀连成一片，使杭永岩不陷于孤立，以巩固闽西；同时，要与宁化、清流联结起来向永安方面发展，使闽西与闽北连成一片。[②] 可惜的是，由于“左”倾错误地发动了对所谓的“罗明路线”的批判，结果造成了社会不安局面，造成了党群之间、上下之间、军民之间的隔阂，葬送了革命根据地。

---

① 毛泽东：《乡苏如何工作》，《毛泽东文集》第 1 卷，人民出版社 1993 年版，第 350 页。

② 罗明：《对工作的几点意见》（1933 年 1 月 21 日），中共中央文献研究室中央档案馆编：《建党以来重要文献选编（一九二一——一九四九）》，第 10 册，中央文献出版社 2011 年版。

从宗族到国家：中国共产党早期的基层政权建设

——以1929—1934年的闽西赣南为中心的考察①

张 侃

1929—1934年中国共产党在闽西赣南地区(即中央苏区)进行的革命活动,对整个中国现代社会发展产生了巨大影响。本文以中国共产党在该时期的基层政治组织建设为分析对象,揭示社会基层控制力量从以宗族为主体到以地方政治组织为主体的过程,以及其间所体现的宗法观念与国家主义,进而总结现代化过程中有关社会基层控制的相关问题。

一

自宋元以后,中国的宗族组织有较大的变化,有学者简单概括为两点:"一是废除关于建祠及追祭世代的限制……使一个族姓所联系的族众范围较前扩大。二是宗族关系的政治性加强。此前宋元时期,宗族制着重于尊祖敬宗和睦族收族,此后则更着重于对族众的控制和制裁,变为维护封建统治的基层社会组织。"②从上述概括的内容看,宗族组织在政治、经济和思想文化各方面的功能性作用是显而易见的,即满足同姓族人的群体要求,维护宗族内部的稳定,达到维持社会秩序方面的积极作用,获得控制基层社会的效果。

当时的国家也认可宗族行使国家基层行政组织的某些职能的作用,如催办钱粮、维持治安、处理户婚田土、殴骂窃赌等民事纠纷和轻微刑事案件都由

---

① 原载《福建论坛(人文社会科学版)》2002年第5期。

② 李文治:《明代宗族制的体现形式及其基层政权作用——论封建所有制是宗法宗族制发展变化的最终根源》,《中国经济史研究》1988年第1期。

宗族处理，甚至行政设置中的里甲制度，也为宗族所兼理，“地方有堡子、村庄，聚族满百人以上，保甲不能编查，选族中有品望者立为族正，若有匪类，令其举报，倘徇情容隐，照保甲一体治罪”。[①] 这种状况在闽西赣南地区也同样明显。宋元之后，闽西赣南地区的一个显著社会特征就是宗族组织的发达，外来移民进入闽赣山区后，为了进行社会活动，扩大力量，就利用血缘关系建立了宗族组织，宗族在其整个社会的发展中具有典型性和普遍性。

在明清之际社会变动的过程中，宗族性的血缘网络还成为社会基层组织的主要部分。当时闽赣地区社会动荡、人口流动频繁，地方控制出现了松弛，如何建立一种有效的地方基层控制体系，运用一种社会组织来维持地方的社会秩序和规范民众行为，是当时急需解决的问题。那么利用何种组织重整地方社会呢？由于官方政治体系无法提供可资利用的体制资源，因此只能利用乡民社会固有的社会组织——宗族。

在当时的社会条件下，一些地方精英主要是利用在商品活动中积累的财富，普及宗族组织，修建祠堂，整编族谱，购买族田，在内部结构上强化宗族力量，支持宗族实体的存在；在外部职能上则使之从原来局限于尊祖敬宗发展到维护地方秩序，控制地方行为。[②] 如宗族对基层的经济活动也进行控制和调节，严格管理墟市，上杭的蛟洋集和新坊集，掌握在宗族手中。[③] 通过宗族，本乡与他乡在商业中可能出现的矛盾也得以解决，如永定古竹的墟市，“倘苏姓与外乡人争斗，则苏之老成必呵责族人而好言以安外人，其有外人实系无礼，亦必以理劝释之”。[④] 社会慈善活动也基本上由宗族承担，“每姓必建祠堂，以安先祖；每祠必公置产业，以供祭祀，名曰公堂。其公堂，合族公举一二人司其出入。四时祭祀外有赢余，则惠及族之鳏寡孤独，量给养赡。子姓有登科甲入乡校者，给予花红赴试，助以资斧，略做范文正公义田之意”[⑤]。对于这些行为，官方在法律上予以承认。如乾隆年间，江西巡抚陈宏谋根据江西的情况，特别颁布《选举族正族约檄》，奏准给予族长官牌，“以族房之长，奉有官法，以纠察族内子弟。名分既有一定，休戚原自相关，比之异姓之乡约保甲，自然便

---

① 《大清律例》卷二六《刑律·贼盗》。

② 张侃：《客家地区的经济发展和基层组织的变迁——以闽西为考察对象》，《第四届客家学国际研讨会论文集》，“中央研究院”民族学研究所，1998 年 11 月。

③ （乾隆）《上杭县志》卷二《建置志》。

④ （道光）《永定县志》卷一六《风俗志》。

⑤ （道光）《瑞金县志》卷一《舆地志·风俗》。

于觉察,易于约束”,[①]族权与政权合为一体。闽浙总督钟音也仿效此举,乾隆四十年(1775)在福建通令州县选举族正副,“以专责成”。总之清政府通过扶植宗族,以宗族为纬,保甲为经而达到地方控制的目的。道光十年(1830年)御史周作楫上奏皇帝重申家族自治的重要性:“江西会匪之案,每多挟嫌妄扳,拖累无辜,逐队成群,皆地方殷富良民,即差役亦不免有妄拿诬陷之事。该处通省皆聚族而居,每姓有族长绅士,凡遇族姓大小事件,均应族长绅士判断,一姓中之贤否,知之最悉。请通饬该省州县,将所属各乡村出示传谕各姓族长绅士,出具切实甘结,其子弟有无从入会匪等情。如有不法匪徒,许该姓族长绅士捆送州县审办。”[②]

宗族组织对基层社会的渗透是全面的,成为基层控制力量的主流。正如郑振满教授所说的:“家族组织已直接与里甲制度相结合,演变成基层政权组织。……‘私’的统治体制不断得到了强化,乡族组织与乡绅集团空前活跃,对基层社会实现了全面的控制。”[③]也就是说家族组织与里甲制度和保甲制度相结合,逐渐演变为基层政权组织,担负着治安、司法、产籍管理、赋税征派等主要行政职能,同时在水利、交通、集市贸易、社会救济等再生产领域中也发挥了重要作用,并且延师设教,培养科举人才。举行各种宗教仪式,组织各种民俗文艺活动,推行道德教化和维护传统价值观念。也如王沪宁所指出的,“各村落家族共同体实际上是一些自治的共同体”。[④]

明中叶以后,宗族组织一直是闽西赣南社会基层运行机制中的有效部分,日本学者这样评述:“保护客家人(注:闽西赣南是客家人的主要居住地)的唯一障壁,是其宗族制度,这制度支持力之坚固,恐怕万里长城也比不上。”[⑤]这种状况一直延续到20世纪初,“无论那一县,封建的家族组织十分普遍,多是一姓一个村子,或一姓几个村子”。[⑥]

---

① 贺长龄辑:《皇朝经世文编》卷五八《礼政》。

② 《清实录·宣宗实录》卷一八一,“道光十年十二月戊戌”条。

③ 郑振满:《明清福建家族组织与社会变迁》,湖南人民出版社1992年版,第242～257页。

④ 王沪宁:《当代中国村落家族文化》,上海人民出版社1991年版,第34页。

⑤ [日]稻叶君山:《中国社会文化之特质》,转引自梁漱溟:《中国文化要义》,学林出版社1987年版,第35页。

⑥ 毛泽东:《井冈山的斗争》,《毛泽东选集》第1卷,人民出版社1991年版,第68页。

二

宗族组织之所以能够在该地区成为强有力的基层控制力量，与手工业、农业结合的自给自足的村落小农经济有一定的联系，在小农经济基础没有改变的情况下，宗族组织就能保持内部结构的稳定，成为社区的基层控制力量。但是从 19 世纪中叶开始，在西方势力的冲击下，中国传统的经济形态有了较大的变化，宗族组织赖以生存的经济基础开始瓦解。随着西方政治思想和文化思想的传入，要求建立新型国家模式的呼声越来越高，在强化国家控制力量的思潮下，从观念上开始动摇宗族组织作为基层控制力量的合理性。国家主义和国民的自主性提升为社会建设的首要目标。

梁启超强调了国家主义对于国民的重要性："国家思想者何？一曰对于一身而知有国家，二曰对于朝廷而知有国家，三曰对于外族而知有国家，四曰对于世界而知有国家"，但"吾中国人之无国家思想也"，这是民族之不强、国家之不昌的重要原因之一。[①] 国家主义为什么薄弱？孙中山是如此解释的："中国人最崇拜的是家族主义和宗族主义，没有国族主义，外国旁观的人说中国是一盘散沙，这个原因是在什么地方呢？就是因为一般人民只有家族主义和宗族主义，而没有国族主义。中国人对于家族和宗族的团结力非常大，往往因为保护宗族起见，宁肯牺牲身家性命。……至于说到对于国家，从没有一次极大牺牲精神去做的。所以中国人的团结力，只能及于宗族而止，还没有扩张到国族。"[②]

显而易见，实现近代国家建设的难度不仅是按照近代民族—国家的建设模式改造上层的国家政体，而且要将国家落实到社会的基层层面，即国家如何将国家的力量延伸到每个人身上，国家将如何使"民"成为"国民"，而不是宗族之"民"。

将民众从宗族组织中剥离出来，直接的、有效的办法是削弱宗族组织作为基层控制组织的力量，改造社会基层的运作机制。随着 20 世纪初"家天下"的王朝制度的彻底崩溃，思想界对宗法观念的彻底否定，各种社会力量进行的种

① 梁启超：《新民说》，《新民丛报》第 1 号，1902 年 2 月。

② 孙中山：《三民主义》，《孙中山选集》，人民出版社 1981 年版，第 617 页。

种社会革命、政治运动为了确立近代国家的模式,开始极力改造宗族组织或消除宗族组织的影响。

三

在中国共产党的社会革命思想中,在国家政权建设的过程中,也延续了这种思维,并且得到了极为突出的表达。毛泽东在分析中国社会性质时,将“家族系统”与封建的“国家系统”“鬼怪系统”等同,将其视为社会发展的绳索,[①]这些都足以代表中国共产党对宗族组织的不满,因此在以后的革命过程中,中国共产党就要通过强大的政治实践瓦解宗族组织在社会中的影响力,如在1927年5月《中国共产党第五次全国代表大会关于土地问题决议案》中就对宗族提出了一些解决方案,“要破灭乡村宗法社会的政权,必须取缔绅士对于所谓公有的祠堂寺庙的田产的管理权”,“使农民群众从封建宗法的剥削下解放出来”。[②]

那么中国共产党独立进行的、最早的、最为有层次的国家建设是在什么区域呢?是在闽西赣南地区。对于中国共产党而言,国家建设的实践不是简单地挂起“中华苏维埃共和国”的牌子,而是要切实地进行各层政权组织的建设,尤其是要面对原来十分强大的社会基层政治单位——宗族组织,只有把基层改造好了,国家的意志和政策才能落实,才算达到整个国家建设的目的。因为宗族观念、宗族组织的存在,使社会革命出现了很大的阻碍,“人们聚族而居,死地主(祠堂、庙宇、会社)占有很大部分土地,族绅、头人可以利用这部分土地为所欲为,在‘有事不离祖’的宗法幌子下笼络群众,树立门户,党同伐异,寻找借口,挑起氏族或地方械斗。这种械斗有的连年累月,甚至结成世代冤仇”;[③]“村的支部会议简直是家族会议”。[④]

在该时期,基层政治组织的改造经过了一个由破到立的过程,首先从内在

---

① 毛泽东:《湖南农民运动考察报告》,《毛泽东选集》第1卷,人民出版社1991年版,第31页。

② 中国社会科学院经济研究所中国现代经济史组编:《第一、二次国内革命战争时期土地斗争史料选编》,人民出版社1981年版,第92页。

③ 陈奇涵:《兴国的初期革命斗争》,《星火燎原》(二),中国人民解放军战士出版社1979年版,第8～9页。

④ 毛泽东:《井冈山的斗争》,《毛泽东选集》第1卷,人民出版社1991年版,第71页。

结构和外在的功能上消除了“家族系统”的力量，其次则是构造与整个国家政治活动能一而贯之的“基层组织”——乡村苏维埃。

关于瓦解宗族组织对基层社会的控制能力，中国共产党主要从宗族内部结构的三个关键部分展开，即宗族财产、宗族精英、宗族意识。

第一，通过土地改革，消除乡族势力在几百年间积累的经济基础。在土地政策的制定上，无论大的土地法规，如《苏维埃土地法》《土地法》等等，还是地方性的土地条例，均将祠堂(或叫公共地主)的土地作为必须没收的对象。如1930年的《全国苏维埃土地暂行法》规定，“凡属于祠堂……占有土地，一律无偿没收”；1931年的《江西苏维埃没收和分配土地条例》规定，“祠堂、庙宇、公堂、会社的土地、房屋、财产、用具须一律没收”；1932年7月的《福建省检查土地条例》规定，“祠堂、庙宇等公田，过去未完全没收者应查出没收”。[①]“学田”“义田”“蒸尝田”等宗族公共财产的消失，不仅消灭了宗族进行地方秩序调节、缓解社会矛盾的经济能力，而且连基本的敬宗收祖的血缘联络活动也无法进行。

第二，通过阶级斗争的方式，清除原来在宗族组织有巨大权威的、以乡绅为代表的地方精英。在宗族事务中，主持人士不是拥有财力，就是拥有功名，而这些人在中国共产党的政治运动中，阶级定位为地主阶级或土豪劣绅，是作为革命的对象而存在的，毛泽东早在《湖南农民运动考察报告》中就清楚地阐述了政治上打击他们的方法，认为这样可以很好地达到重建地方秩序的目的，“族长及祠款经管人不敢再压迫族下子孙”，“从前祠堂里‘打屁股’、‘沉潭’、‘活埋’等残酷的肉刑和死刑，再也不敢拿出来了”。[②]闽西赣南经过阶级斗争，很多地方精英跑到了城里，“闽西各县的豪绅地主，闻朱、毛到长汀，便四散搬家躲避，逃到漳、厦者甚多”[③]，开始脱离对宗族组织的控制；[④]而留在社区中

---

① 中国社会科学院经济研究所中国现代经济史组编：《第一、二次国内革命战争时期土地斗争史料选编》，人民出版社1981年版，第392、629、710页。

② 毛泽东：《湖南农民运动考察报告》，《毛泽东选集》第1卷，人民出版社1991年版，第23～26、31页。

③ 《中共福建省委报告——闽西最近情况及省委对闽西斗争的估量与指示》，1929年4月20日，江西省档案馆、中共江西省委党校党史研究室选编：《中央革命根据地史料选编》(上)，江西人民出版社1982年版，第63页。

④ 江西省档案馆、中共江西省委党校党史教研室选编：《中央革命根据地史料选编》(上)，江西人民出版社1982年版，第223页。

的乡绅地主,境况也极为糟糕,"简直没有生存的地步",①如兴国的地主在政治上彻底失去了威信。② 显然,在原来社会基层控制系统中发挥重要作用的地主、乡绅由于自身经济优势、文化优势被剥夺,他们所能发挥的政治优势也不复存在。

第三,宗族组织之所以有强大的基层社会控制能力,很大的原因在于宗族意识从血缘层面向地缘层面的延伸,社会组织的"泛宗族"化倾向是国家建设的较大障碍,因此消除宗族观念在基层政权上的延伸,是中国共产党进行政权建设的重要工作。它采取的办法就是灌输阶级意识,将原来人与人之间的宗法性定位转化为阶级性定位,明确划分出地主、富农、中农、贫农、雇农,③按照阶级建立的社会关系,其直接的作用就是将民众从宗族共同体中分离出来,不再以血缘认同自我的身份,而是以阶级确定自己的社会地位。"过去有两姓斗争的地方,须在两姓群众的代表会议上订立'团结公约',互相承认过去错误,相约以阶级斗争代替过去的两姓斗争。"④

四

宗族的经济基础、领导阶层、认同意识被清理后,宗族权力在基层政权上的作用已经被改变,不再是直接的基层社会控制力量。那么基层社会由什么力量进行控制呢?当时闽西赣南平均每县人口为14万左右,每乡也有1500~1600人,⑤以每乡2~3个村计算,每村也有500人以上,如果不重建基层社会控制体系,国家力量只到达县一级,根本无法进行有效的社会管理。因此填补

---

① 江西省档案馆、中共江西省委党校党史教研室选编:《中央革命根据地史料选编》(上),江西人民出版社1982年版,第217页。

② 《毛泽东农村调查文集》,人民出版社1982年版,第211~212页。

③ 阶级划分的做法,毛泽东在《中国社会各阶级分析》中就大力提倡,其后在客家地区所进行的《寻邬调查》《怎样分析农村阶级》《苏维埃共和国中央政府关于土地斗争中的一些问题的决定》都采取了类似的标准,而且划分的标准越来越明确。

④ 《八县区以上苏维埃负责人员查田运动大会所通过的结论》,1933年6月21日,江西省档案馆、中共江西省委党校党史教研室选编:《中央革命根据地史料选编》(下),江西人民出版社1982年版,第489页。

⑤ 张侃、徐长春:《中央苏区财政经济史》,厦门大学出版社1999年版,第20页。

权力的真空，在闽西赣南重建乡村的基层控制体系是势在必行的。基层组织的建设分两步：一是将原来只下达到县的国家权力机关普及到区、乡两级；二是区、乡政权的工作中心在于村，在于具体基层工作。

1929年的《闽西苏维埃组织法》以法律的形式规定了乡苏是最基层的政权，一区有3个乡苏维埃政权时，要成立区苏维埃政府，它们的组织与县一级政府是相同的，除了代表大会—执行委员会—常务委员会—主席的层级结构外，还设有土地委员会、粮食委员会、军事委员会、裁判兼肃反委员会、建设兼文化委员会，委员会都由国家安排固定编制和人员。①

加强区与乡的政权，目的在于巩固与发展村级组织，“乡的工作重心在村，所以村的组织与领导，乡苏主席团应该极力注意”，②区苏主席团应经常派巡视员或“工作小组”到各村进行考察，“深刻地了解下面的实际情况”，③因为村级政权的巩固与否，直接关系到由此而上的各级政权的稳定。那么如何构建村级政权呢？

第一，设立村主任、副主任，他们由乡代表会议在该村的代表中选出，乡代表会议10天一次，而乡主席团会议5天一次，“即在前后两次代表会议的中间主席团要开两次会。村主任可以要他来参加会议”，这样一来，乡政府的意见就可以直达村一级。

第二，健全村代表会议制度，通常10天一次，忙的时候5天一次，而会议时间，则由乡政府规定，因为乡主席要出席会议，实际上就使村政的讨论置于乡政权的控制之下。

第三，建立代表联络制度，比如某村代表15人，居民500人，就可以按照家屋的远近，代表能力的强弱，多的管五六十人，少的三四十人，“实行每个代表分工领导居民的制度”，“很快吸收群众的意见提到村代表会议及乡代表会议上来，很快去解决群众中间的困难”。

第四，建立乡主席对村的负责制，注意各个村里怎样开展工作的，哪一村

---

① 《闽西第一次工农兵代表大会宣言及政治决议案》，江西省档案馆、中共江西省委党校党史教研室选编：《中央革命根据地史料选编》(下)，江西人民出版社1982年版，第54页。

② 毛泽东：《乡苏怎样工作?》，《毛泽东文集》第1卷，人民出版社1993年版，第350页。

③ 张闻天：《区苏维埃怎样工作?》，《张闻天文集》第1卷，中共党史资料出版社1990年版，第492页。

的工作比较落后,要加紧哪个村里的突击和帮助。与副主席、文书分工,出席各村会议,收集各村工作上好的与坏的现象,以供主席团会议或代表会议讨论,进而带动"主席团要明白各村的情形,要了解各村的特点,要注意各村群众中间的困难问题,根据各村的实际情形与特点去推动各村的工作,解决各村群众的困难问题"。[①]

第五,乡一级设立的各种委员会,一些重要的如"扩大红军、优待红军、生产教育、春耕、山林、水利、教育、卫生"等委员会,相应地村中也要有委员会,"村里有了组织,工作才更容易一些"。虽然村一级的委员会由村主任提名在村代表会议通过,但乡委员会主任直接管理村级委员会,而乡的委员会作为官方工作人员,与区、县、省的各级委员会是一脉相承的。

第六,乡村中设立了各种社会团体和组织,如互济会、消费合作社、生产合作社、乡村俱乐部、列宁小学等。"各乡都有群众集股开设的消费合作社,减轻了他们所受的剥削,还组织了各种生产合作社,共同经营,共享权力","区乡政府聘请了医生,设立公共看病处,苏维埃下的群众有病去诊断,不取分文钱",[②]如长冈乡设俱乐部四个,每村一个,[③]取代了原来乡村中的宗族性的慈善组织。

村一级组织的建立,在实践中被检验是有效的,"使全村民众像网一样组织于苏维埃之下",[④]同时,也使"苏维埃密切接近民众,使苏维埃因管辖不大得以周知民众的要求,使民众的意见迅速反映到苏维埃来,迅速得到讨论与解决"。[⑤] 因此,国家的意志和政策通过同样构造的各级组织层层落实、层层传递,很容易并且很快地传达和灌输到当时中华苏维埃共和国的普通民众中,实现了最大限度的社会动员,如军事动员、公债购买、修建河堤水利、组织互助社、发展犁牛社、进行春耕运动、扩大红军等,在当时都相当有成效地被推

---

① 毛泽东:《长冈乡调查》《才溪乡调查》,《毛泽东文集》第 1 卷,人民出版社 1993 年版,第 276～342 页。

② 定龙:《闽西的春天》,中共龙岩地委党史资料征集领导小组、龙岩地区行政公署文物管理委员会编印:《闽西革命史文献资料》第 3 辑,1982 年,第 80 页。

③ 毛泽东:《长冈乡调查》,《毛泽东文集》第 1 卷,人民出版社 1993 年版,第 309 页。

④ 毛泽东:《才溪乡调查》,《毛泽东文集》第 1 卷,人民出版社 1993 年版,第 325 页。

⑤ 毛泽东:《中华苏维埃共和国中央执行委员会与人民委员会对第二次全国苏维埃代表大会的报告》,《红色中华》,第二次全苏大会特刊第 3 期,1934 年 1 月 26 日。

广，[①]这样的制度安排也是毛泽东自认为“苏维埃制度胜于历史上一切政治制度的最明显的一个地方”。[②]

五

中央苏区时期基层社会组织从血缘性宗族转化为有极大国家主义色彩的政治性单位，应该说是国家制度近代化的重要标志。

按照学界的一般理解，现代化在政治领域的表现主要是简单的村社权威系统让位于以普选制度、党派制度和科层制度为基础的民主制度。而作为后发的现代化国家，现代化的起步无法按照正常的程序进行：不是先有社会分化，然后通过整合来补偿由于分化而造成的秩序的脱节和混乱，逐步形成良性的循环，使社会获得现代化的能力；而是先经过整合，然后才运用整合后的国家政权的力量来推动分化。也就是说，国家政治建设达成高度的结构分化、社会流动以及规模更大的、统一的、集中化的制度，才能获得现代化的资源。[③]

20 世纪 30 年代，中国共产党的国家设想就是通过各种制度的构建，不断改造与分化社会肌体中独立于国家的部分，或者说不利于近代国家实现资源动员的制度，使国家的力量能深入社会基层，使整个社会运行机制按照国家设想而进行，而统一，而不是像明清以来，地方基层虽有保甲、乡约等组织，但国家中央权力大体只能延伸到县一级，县级以下广大地区的权力结构组织则为宗族所控制，在从县级到中国社会的基本组成单位——每个家庭——的权力运作中宗族有相当大的权力，对上可以不接受命令，对下则可以发号施令。

从上述的基层组织历史演变看，1929—1934 年中国共产党从基层社会开始建设国家政权的目的达到了，建立了一个从上而下一体化的国家模型，使“民”属于“国”，能够与整个国家活动同步，使农民真正进入了国家建设的行列，只有农民卷入了国家的行为轨迹中，农村才能彻底发展，中国才能真正走

① 毛泽东：《长冈乡调查》《才溪乡调查》，《毛泽东文集》第 1 卷，人民出版社 1993 年版，第 276～342 页。

② 毛泽东：《才溪乡调查》，《毛泽东文集》第 1 卷，人民出版社 1993 年版，第 325 页。

③ 埃森斯塔特：《现代化的抵制和变化》，转引自[美]西美尔·E.布莱克编，杨豫等译：《比较现代化》，上海译文出版社 1996 年版，第 12 页。

向现代化。

值得注意的是,要想完全从传统的基层控制模式转变为近代的模式,并不是一件轻而易举的事情,因为血缘性家族(或宗族)和地缘性的自然村共同体是在长期的历史发展过程中产生的,尤其是外在的国家模式对之进行改造的时候,“非有一个比较长的时间,村子内阶级分化不能完成,家族主义不能战胜”①。因此宗族主义还隐性地起着一些作用。比如在中央苏区早期的活动中,“因为在两省边陲之地,隔重要地城市太远,文化及经济政治等都要较他处落后,社会组织,大多是聚族而居,从前边界采取拉夫式的征收党员时,党的组织,每每一个乡村,一个支部,开起支部会来简直就是等于家族会议”。② 再如在分田运动中农民还是愿意以村为单位分田,因为在一村一姓的情况下,“摸熟了的田地,住惯了的房屋,熟习了的人情,对于农民的确是有价值的财宝”,③结果则容易造成“一切大姓分好田,小姓分坏田的错误”,“被非阶级分子利用姓氏来包办分田”,④一不小心,很快会重蹈“土客之争”的覆辙。

总之,中国共产党在20世纪30年代进行的国家建设对整个近现代社会的影响是巨大的,同时中国共产党进行的这次社会现代化的尝试,对于以后他们所推行的现代化计划有借鉴的意义,但是任何一种制度的变迁或制度的重建,都要与原有的制度发生冲突,其间的关系极其复杂,需要对之进行周密、详尽的分析,才能理解其中所具有的社会变迁的意义。

---

① 毛泽东:《井冈山的斗争》,《毛泽东选集》第1卷,人民出版社1991年版,第69页。

② 杨克敏:《关于湘赣边区情况的综合报告》,1929年2月25日,江西省档案馆、中共江西省委党校党史教研室选编:《中央革命根据地史料选编》(上),江西人民出版社1982年版,第14~15页。

③ 毛泽东:《寻邬调查》,《毛泽东农村调查文集》,人民出版社1982年版,第169页。

④ 《第二次国内革命战争时期土地革命文献选编》,人民出版社1981年版,第574页。

文化转变的社会动力

“社会性别”视角下的“红色娘子”

——以中央苏区妇女为主体①

李雪华

19世纪末20世纪初，中国女性主义思潮和运动开始兴起。但在近代国家的建构历程中，女性主义运动和女性话语逐渐被民族觉醒、社会政治运动和以男性为主导的革命话语所同化和裹挟，因此在妇女史研究中，女性意识和话语的缺失是严重的。不过，随着近年海外中国学中妇女史研究的兴起，“社会性别”的视角开始介入中国近代妇女史研究。本文试图对中央苏区时期的妇女群体进行分析，以期反映该时期错综复杂的社会面貌，揭示该时期特定的社会特征。

一、苏区的婚姻解放运动

受新文化运动的影响，民国知识界认为女性应从“家庭”走向“社会”，因此要求社会女性接受和学习各方面不同的知识，以便将来参与社会生活或为谋职做准备。在此状况下，社会各界对妇女的看法突破了贤妻良母的格局，注重以女性为自我反省的主体，注重女性新型人格的塑造和社会价值的实现。

妇女社会处境的改变首先从婚姻家庭开始。共产党人认为婚姻与社会专制联系密切，因此“自由结婚与自由离婚一样的很重要。自由结婚是两性青年对于父母专制的反抗，自由离婚却是对于社会专制的反抗”。② 闽西的一些革

① 原为厦门大学中国近现代史硕士学位论文(2006年)，经修改成文。

② 《〈妇女评论〉创刊宣言》(1921年8月3日)，中华全国妇女联合会妇女运动历史研究室编:《中国妇女运动历史资料(1921—1927)》，人民出版社1986年版，第24页。

命者受新思想的影响，在中央苏区革命政权建立之前，开始注意对妇女婚恋自由的提倡和保障，引导人们建立新的恋爱、婚姻道德观。如“《自由恋爱的真正意义》[①]、《恋爱论》[②]等文章，从‘恋爱’、‘自由’两词的含义，以及恋爱的起源、价值，恋爱与结婚的关系等方面做了全面的阐述，以图使人们明了自由恋爱的真正意义，而‘使我们乡人历来所受礼教的婚姻思想改变’。此外，《随便谈》一文中，还引述了瑞典妇女理论家爱伦・凯女士的观点。把她‘纵然不是有规则的结婚，只要有恋爱就是道德的；没有恋爱虽然正式结婚，是不道德的’当作‘至理名言’，当作‘恋爱立场的标语’，号召青年男女们‘赶快从旧礼教的绳索束缚之下，挣扎出来，谋你们的自由解放……’”[③]

邓子恢的《离婚问题》、望明的《我对于离婚的主张》等把青年提出离婚要求的现象当作一个社会重要问题提出来，从理论和实践的角度加以分析。一方面，他们认为造成社会上离婚“恐慌”的原因都是“恶社会最后的结果”，因此，号召青年与旧传统做彻底的决裂，呼吁青年以革命的精神，大胆提出离婚要求，向旧社会开战，争得自身的解放：

> 青年们呵！你们要求离婚，便是向旧社会全体宣战！……你们要打破和废灭什么“家规——妇人七出”、“父母主婚”、“贞操”的非人制度。[④]

另一方面，他们对旧中国的妇女寄予了深切的同情，他们赞成“两性同意的离婚”和“女性中心的离婚”，不赞同“男性中心的离婚”，主张对不满的婚姻，“与其做消极的离婚，不如做积极的改造”。如果还有爱情的机会便不要离，即使离了也要为她们“谋善后的方法”。[⑤]

苏维埃政权成立后，革命者以婚姻作为着眼点，运用更多的形式对传统婚

---

① 《岩声》第 8 期，中共龙岩地委党史资料征集领导小组、龙岩地区行政公署文物管理委员会编印：《闽西革命史文献资料》第 3 辑，1982 年。

② 《新龙岩季刊》第 1 号，中共龙岩地委党史资料征集领导小组、龙岩地区行政公署文物管理委员会编印：《闽西革命史文献资料》第 3 辑，1982 年。

③ 《汀雷》第 2 期，中共龙岩地委党史资料征集领导小组、龙岩地区行政公署文物管理委员会编印：《闽西革命史文献资料》第 3 辑，1982 年。

④ 邓子恢：《离婚问题》，《岩声》第 1 期，1923 年 9 月 1 日。

⑤ 苏俊才：《闽西早期进步报刊对妇女解放思想的传播及其贡献》，《红土溯源》，北京广播学院出版社 1999 年版，第 220 页。

恋“礼教”进行批判，并在社会舆论方面关注妇女婚恋自由的提倡和保障。对于“宣传”与“妇女解放”的关系，中国共产党早在国民革命期间就有所认识，尤其对于一般妇女，她们“自身受着痛苦，而不觉得自己的痛苦，即感到自己所受痛苦，而不知痛苦之由来，而又不知解决的方法。妇协即应普遍这种宣传，使一般妇女觉悟自己的地位，并指出束缚妇女的根本原因，与解决妇女自身的办法”[①]。主要的宣传手段除了书面材料之外，更多的是喜闻乐见的“口头宣传”、“化装演讲”和“白话新剧”，因为“一般妇女知识太幼稚”，“对他们宣传，不应骤然提出革命口号使他们惊惧而远离”，要“引起她们的好奇心与注意力，较能收宣传之效”，“组织这种新剧团随时表演，寓意于剧情之中，当可收潜移默化之效”。[②]

此时，苏区掀起了具有苏维埃精神的群众性歌谣创作和演唱运动，它们在形式上吸收客家文化的养分，在内容上尽量贴近客家人的实践生活和欣赏习惯。其中有相当部分是描述原来婚姻制度的痛苦的。这些教育形式形象、生动，容易深入民心。民歌曾形象生动地烘托了童养媳苦难的深重和心中的不平：“做童养媳苦啾啾，食着冇来打骂有，三更半夜思想起，气难平来恨难休，只怨爸妈咁糊涂。”[③]再如《解除痛苦歌》简明有力地总结了客家女性所受的压迫和斗争的方向，其中第一、三、四条提出了参与革命的向往和破除家庭束缚的要求，其节奏明快，便于传播和记忆：

一除痛苦是改装，旧样除掉换春光；清早起来免梳洗，自自由由得安康。

二除痛苦入学堂，读书识字扫文盲；有书有信也会看，唔使被人骗一场。

三除痛苦上阵前，夫妻双双出阵前；各处军阀消灭后，巫愁巫急安乐哩。

---

① 《广东妇女解放协会第二次改选大会纪》（1925 年 12 月 5 日），附件二，宣传部的议决案，转引自中华全国妇女联合会妇女运动历史研究室编：《中国妇女运动历史资料（1921—1927）》，人民出版社 1986 年版，第 399 页。

② 《广东妇女解放协会第二次改选大会纪》（1925 年 12 月 5 日），附件二，宣传部的议决案，转引自中华全国妇女联合会妇女运动历史研究室编：《中国妇女运动历史资料》（1921—1927），人民出版社 1986 年版，第 400 页。

③ 《梅县采风》，古田会议纪念馆收藏。

> 四除痛苦恶家娘，可得权利可得粮；一日三餐有食饱，心情舒畅身健壮。
>
> 五除痛苦争政权，天下事情得知全；女子起来齐革命，方能除苦得自然。
>
> 六除痛苦分田庄，不纳租税不完粮；谷子割来自家得，唔使被人量到光。
>
> 七除痛苦设稚园，设到稚园唔使钱；倘若以后生男女，放入稚园得自然。
>
> 八除痛苦有力权，妇女协会设眼前；倘若丈夫来压迫，随时开会来佢争。
>
> 九除痛苦要宣传，提升妇女有成员；自动加入红军去，胜利归来乐如仙。
>
> 十除痛苦讲完全，共产主义偃了然；南京上海游到转，引船坐车唔使钱。[①]

戏剧也把破除旧婚制作为解放和发展苏区革命力量的宣传形式之一。曾志在井冈山时，为庆贺新年编演了一出戏："我扮演了一个很厉害的老太婆，虐待媳妇，待人凶狠，最后没有好下场，逗得大家哈哈大笑。大家在娱乐的同时也受了教育。"[②]李伯钊领导的中央苏维埃剧团曾演出了《富农婆压迫毒打童养媳》等戏剧，非常真实地反映了当时苏区斗争，收到了很好的宣传教育效果。后来李伯钊在她回忆苏区文艺生活时，描述了戏剧通过娱乐的方式，启迪人们建立平等、健康的家庭模式，教育人们革命是幸福家庭的依托，年轻人应积极支持和参与革命。

> 我记得最重要的一个戏是"为谁牺牲"，扮演的有钱壮飞，有我，还有胡底。内容写一个白军被红军俘虏，发给遣散费回家。在这之前他老婆不堪国民党压迫已逃到苏区。在回家的路上，他遇见老婆。她不愿意回

① 原载《福建省妇女运动史资料》第1辑，上杭县妇女联合会编：《上杭妇运史通讯》第2期，1987年3月，第15页。

② 曾志：《一个革命的幸存者：曾志回忆实录》(上)，广东人民出版社1999年版，第80页。

家，对他说回家只能给白军当炮灰，而红军打仗，是为了田地，最后这个白军参加了红军，情节很曲折，故事也很悲惨。把两万多人集中在云集区、关仓下、九堡三个地区，每天三场为他们演出，这个戏演到哪里，哭到哪里，只要演戏，下雨天有人看，场场有人看，场场哭。收到了很大的效果。[①]

其次，报纸杂志在婚恋问题上也进行了积极的话语引导。童养媳制度作为旧式婚制的典型，是苏维埃政权刊物强烈抨击的对象，甚至把宣传教育的对象推广至儿童群体，如当时的苏维埃刊物《青年实话》刊文：

禁止童养媳！是中央政府所颁布的婚姻条例上规定的。这是为了谋求小弟妹的幸福，为了保障小弟妹的自由，为了爱护儿童的利益而决定的，不容许任何人违反的。

可是有些小妹妹的父母，不依照苏维埃的法律，把小妹妹还不满婚姻期，甚至还在母亲肚子里才生下来的，就送给别人做媳妇，这不单侵犯了我们儿童的自由，简直牺牲我们儿童一生的幸福，难道这样子行么？不行，不行，那不行！小弟弟们！小妹妹们！一定要起来，反对童养媳制度！为反对侵犯儿童的自由而斗争，并要求苏维埃政府，给那些犯了法的父母，以苏维埃法令的严厉制裁和禁止！[②]

无疑，苏维埃政权这种话语目的在于强调童养媳制度的危害，并用控诉的话语达到警醒的作用。这种引导是卓有成效的，当时许多青少年就因为这种宣传教导而纷纷走出家庭，走向红色政权的道路。如具有童养媳背景的女红军邓六金、吴富莲、吴秀英和曹冬秀等都在青少年时代受影响而加入革命队伍。

1926年3月8日，福建妇女解放协会筹备会就利用国际妇女节的有利时机进行了女性受压迫的控诉，以引导妇女解放：

---

① 江西省妇女联合会编：《女英自述》，江西人民出版社1988年版，第214～222页。

② 李中：《儿童团应积极起来反对童养媳制度》，《青年实话》第30期，1932年11月20日。

被压迫的姐妹们！我们中国妇女在宗法社会种种束缚之下：有的被卖作童养媳，死于翁姑虐待；有的被父母迫嫁，死于遇夫不良；有的被卖作婢妾，死于家主摧残；有的被卖作娼妓，死于黑暗地狱。多年来受帝国主义及军阀的祸害：因为战乱死于兵匪和因为生活困穷填于沟壑的妇女，更不知多少！

被压迫的姐妹们！我们以前过的是非人生活，现在我们要解放了！我们不但要解放自己，而且要解放全中国全世界的妇女……我们应该在今天国际妇女节团结起来，高呼我们的口号：

女子在政治上、经济上、教育上一律与男子平等！

打破奴隶女性的旧礼教！

反对纳妾蓄婢！

女子婚姻自由！

女子应有财产权与继承权！

保护女工！

中国妇女解放万岁！

全世界妇女解放万岁！①

妇女作为受害者，在党的重大会议决议、宣传大纲中被反复强调，然后相应的对策也被反复提出，最后形成了苏区的婚姻立法，直接从法律上改造了苏区的婚姻形态。1929 年 2 月 24 日，《中国福建省委给中央的信——转报武平、长汀关于朱毛红军的报告及省委对武平、长汀、上杭三县有关此事的指示》一信中有关于“今后妇女运动的任务与工作路线”的内容。其中第 9 项指出：“党应帮助妇女解除旧礼教的压迫。”第 11 项指出：“党不应单纯站在某一方面，不要制止妇女离婚，使妇女失望；也不要鼓动妇女离婚，使农民恐慌。党在此时特别向妇女群众宣传，使妇女彻底明白，迫使妇女的自由的不单是妇女的家庭，而是整个封建阶级，妇女要彻底解放应与男子一致参加革命，彻底地从礼教束缚之下解放出来。”第 12 项指出：“妇女或男子有提出离婚者，党及政权

① 《为国际妇女节告女同胞》(1926 年 3 月 8 日)，中共龙岩地委党史资料征集研究委员会、龙岩地区行政公署文物管理委员会编：《闽西革命史文献资料》第 1 辑，1981 年，第 48 页。

机关应根据下列两个原则判决：(1) 双方愿意。(2) 丈夫有强迫妇女事实者。”①

根据上述精神，闽西第一次工农兵代表大会于 1930 年 3 月 18 日在龙岩召开，通过了十多个条例和《婚姻法》。其中《保护青年妇女条例》中就规定“禁止虐待童养媳，并废除妾媵童养媳制度”“禁止翁姑丈夫虐待妻媳”。《婚姻法》规定“妇女如有受翁姑丈夫压迫情形，经乡苏证实者，准予离婚”“男女年龄相差太远者，准予离婚”“夫妇间确无丝毫感情者，准予离婚”②。1929 年 7 月 15 日的《中共闽西第一次代表大会关于妇女问题决议案》，在“闽西妇女的生产地位与生活状况”中强调了妇女劳作任务的繁重和经济地位的低下，进而针对性地指出婚制方面的工作路线，其第 9 条、第 10 条规定：

9.党应帮助妇女解除旧礼教的压迫。10.禁止虐待童养媳。③

1930 年 2 月中共闽西特委第二次扩大会议讨论了妇女问题，其中围绕着婚姻制度，要求各处党要：

(A)找出当地最虐待媳妇的家婆，鼓动其媳妇向她斗争，同时，发动全乡及各乡妇女起来援助，可能时把那个家娘捆出游街。(B)就各乡中确受家庭压迫虐待的妇女要求离婚者，予以援助，并用劳动妇女会名义，发动全区或全县妇女起来援助，务须达到目的。但非确受压迫者不可如此，免引起男女两性斗争。(C)每次斗争发动后，党须鼓动各处妇女会及少先队等发宣言游行示威、援助，造成惊人的风潮，以扩大影响，更须发动男子表同情于上述斗争加以援助，以免男子嫉妒。④

---

① 中共龙岩地委党史资料征集研究委员会、龙岩地区行政公署文物管理委员会编：《闽西革命史文献资料》第 2 辑，1982 年，第 120 页。

② 江西省档案馆、中央江西省委党校党史教研室选编：《中央革命根据地史料选编》(下)，江西人民出版社 1982 年版，第 81～83 页。

③ 中共龙岩地委党史资料征集领导小组、龙岩地区行政公署文物管理委员会编：《闽西革命史文献资料》第 2 辑，1982 年，第 127～129 页。

④ 《中共闽西特委第二次扩大会议——关于妇女运动问题决议案》(1930 年 2 月 28 日)，中华全国妇女联合会妇女运动历史研究室编：《中国妇女运动历史资料(1927—1937)》，人民出版社 1986 年版，第 91～92 页。

1930 年 3 月 1 日，《中共闽西特委"三八"国际劳动妇女运动纪念宣传大纲》强调了妇女依然处于旧体制的压迫中，然后提出相应的口号：

> 10.不准再娶童养媳！11.反对虐待童养媳！12.男女离婚结婚不准第三者干涉！[①]

中央苏区的各下属单位在各自的会议与实践中落实中央苏区的女性观念与婚制政策。1930 年左右，宁都县规定的《苏维埃工作章程》中专章涉及"童养媳问题""禁止虐待童养媳，并废除妾媵童养媳制度"。[②] 针对"三八"前夕闽西特委发表的宣传大纲，共青团上杭县委于"三八"节发布《共青团上杭县委为"三八"纪念告青年劳动妇女群众书》，控诉妇女群众仍处于社会压迫的地位，并同样提出口号性对策：

> 5.废除一切旧礼教！6.打破包办婚姻！7.取消妇女聘金！8.妇女与男子同工同酬！9.反对虐待童养媳！10.取消童养媳等郎妹制度！11.反对翁姑打骂媳妇！12.援助被压迫的妇女离婚！[③]

中央苏区法令在破除旧婚恋制度和确立新婚恋方面给予有力的权力保障。1930 年 3 月 24 日，闽西第一次工农兵代表会议宣言发布，并颁布《婚姻法》：

> 一、男女结婚以双方同意为原则，不受任何人干涉。二、取消聘金及礼物。三、寡妇任其自由结婚，有借端阻止者严办。四、夫妇离婚后妇女田地不得归夫家没收。五、夫妇离婚后子女归夫家养育，但妇女愿负责者例外。六、男女结婚须向区乡政府登记。七、有下列条件之一者，准予离婚：1.夫妻间一方患残废癫狂或暗病者，经调查实在，准予离婚。2.妇女

---

① 中共龙岩地委党史资料征集领导小组、龙岩地区行政公署文物管理委员会编：《闽西革命史文献资料》第 3 辑，1982 年，第 151 页。

② 江西省妇女联合会、江西省档案馆选编：《江西苏区妇女运动史料选编》，江西人民出版社 1983 年版，第 22 页。

③ 中共龙岩地委党史资料征集领导小组、龙岩地区行政公署文物管理委员会编：《闽西革命史文献资料》第 3 辑，1982 年，第 169 页。

如有受翁姑、丈夫压迫情形，经乡苏证实者，准予离婚。3.夫妇间有相互反目半年以上不同居者，准予离婚。4.反动豪绅的妻妾媳妇要求离婚者，准予自由。5.如有妻妾者，无论妻或妾要求离婚者，准予离婚。6.婢女准其自由离婚。7.夫妇双方愿意离婚者，准予自由。8.如已经订婚而未结婚者，有一方不同意时，可以离婚，聘礼取消，但如有乘白色恐怖来时，将女子嫁钱者严办。9.丈夫出外二年以上不通音讯者，准予离婚。10.男女年龄相差太远者准其离婚。11.夫妻间确无丝毫感情者准予离婚。八、不准、禁止强迫与煽动妇女离婚，违者严办。九、妇女离婚后尚未与人结婚时，男子应该帮助其生活。

1934 年 1 月第二次全国苏维埃代表大会通过的《中华苏维埃共和国宪法大纲》第 11 条规定：

中华苏维埃政权以保证彻底的实行妇女解放为目的，承认婚姻自由，实行各种保护妇女的办法，使妇女能够从事实上逐渐脱离家务束缚的物质基础，而参加全社会经济的政治的文化生活。①

上述苏维埃婚姻法令和宪法大纲都极力维护女性的婚恋自由，并在结婚、离婚问题上给予女性最充分和最有力的保障，使得苏区女性在婚恋问题上有了前所未有的自由。正是在前述苏区社会舆论对旧婚恋制的大力批判以及对新婚恋制的大力提倡之下，配合苏区政权的法令保障，苏区妇女的婚恋生活发生了巨大的变化。

二、婚恋变化与社会问题

有了苏区政权关于新婚姻制度的保障，青年女性纷纷挣脱家庭的束缚而走向自由恋爱，家庭主妇则不再囿于无奈的婚姻而开始了新的生活与追求。在社会舆论的支持和政权法令的保障下，使得许多受旧婚恋制度束缚的女性

① 瑞金革命纪念馆：《文物史料汇编·二苏文献类(1931—1934.4)》，第 10 卷，1980 年 8 月，第 132 页。

敢于和得以改变婚姻的状况，并参与到苏区红色革命之中。

离婚率的提高说明了苏区新婚恋舆论和法令给苏区妇女生活所带来的巨大影响。据不完全统计，当时仅龙岩县东肖区盂头乡，在一个月的时间里，就有 36 对夫妇离婚，36 对新夫妇结婚。整个东肖区自由结合的青年夫妇达上百对之多。[①]

毛泽东在长冈乡调查发现，“本乡离婚无不自由……约百分之一的妇女，暴后四年半中结过三次婚”。自由恋爱也比较公开，“秘密恋爱的，暴前约占百分之五十，暴后减少至百分之十，今年更减少了”[②]。

可见，中央苏区妇女的婚姻生活已经发生了翻天覆地的变化，传统客家妇女的婚恋生活已经在中国共产党的舆论引导和政权保障下有了彻底的改变。1933 年《红色中华》社论对苏区妇女在新婚恋体制中的生活角色转变做了概括：

> 我们苏区的劳动妇女，在苏维埃政权之下，法律上已经完全和男子平等，婚姻条例保障了我们结婚离婚的自由，政治上也同样的获得了选举权与被选举权，苏维埃政府里面都有妇女的工作同志，至于经济上，也和男子同样的得到了独立和自由。在苏区里面，妇女和男子一样，都做同样的工作时间，获得同样的工资，分田……女子和男子是完全平等的，假如女子出嫁时，她有自由处置分得的田地的权利。[③]

但是，在早期的苏区政治运动中，妇女的“解放”还是在男权占统治地位的社会机制下发生的行为。大部分人还没有意识到真正的妇女解放是与社会运动相联系的，认为妇女的“解放”就只是“婚姻自由”，至于对她们能否有“社会自觉”并不在意，即“各级政府及下级党部以为妇女的解放，单纯的就是帮助她们离婚一件事”，以至“各地女子闹离婚的每天都有”。[④] 1930 年，闽西苏区反

---

① 转引自高若亭：《中央苏区婚姻改革初探》，《福建妇运史资料与研究》1987 年第 1 期，第 24 页。

② 《长冈乡调查》，《斗争》第 42 期，1934 年。

③ 《劳动妇女们！武装起来拥护苏维埃》，《红色中华》第 54 期，1933 年 2 月 11 日。

④ 《中共闽西第一次代表大会决议案——闽西妇女问题决议案》(1929 年 7 月 15 日)，中华全国妇女联合会妇女运动历史研究室编：《中国妇女运动历史资料(1927—1937)》，人民出版社 1986 年版，第 35 页。

思妇女工作就说明了这样的历史事实：

> 2.对妇女宣传的口号，只单纯的讲恋爱离婚问题，没有提高妇女的阶级觉悟，领导妇女参加打土豪分田地的工作。……4.没有注意找到妇女中心人才，培养妇女干部。5.命令妇女剪发改装，强迫妇女开会、游行，犯了命令主义的错误。6.没有适当的口号去发动妇女特殊的斗争，强迫、禁止、煽动妇女离婚的错误倾向现在还没有纠正。①

1930年11月11日，《永定县苏维埃政府各区妇女运动委员会主任联席会决议》所反映的妇女工作存在的问题，也表明了同样的情况：“不注意提拔觉悟的劳动妇女，许多政府随便收容等闹离婚的妇女为工作人员，自己婚姻问题一解决，就不工作了，以致妇女工作变成闹离婚、找爱人的工作。”②更甚者，由于“婚姻”问题的解决还是以男性立场为主，结果在政策的操作上存在着粗糙的行为。“有少数政府负责人把没有老公的妇女归入流氓（如广昌）一类，以及青年寡妇和童养媳（如赣县山下区），都不分给土地。……有些政府把《婚姻法》藏起来；说离婚要有条件，甚至有的政府将要离婚的妇女处以禁闭，有只反对无理打骂老婆或媳妇的现象。”③

事实上，在婚姻问题的解决上，“过去各地都任其自然随斗争而发展，多缺乏有计划、有系统地经常在农妇群众中工作，不能加紧党对农妇运动的领导是极严重的损失。尤其是当斗争起来以后，农妇中的婚姻问题、童养媳问题成为普遍的严重的问题，而对于这些问题又很少适当的解决办法，因之引起纠纷与一些农民的反对”。④《婚姻条例》颁布后，各县不但没有切实执行，而且还做了不少的违反《婚姻条例》的事情出来：

---

① 《中共闽西特委第二次扩大会议——关于妇女运动问题决议案》（1930年2月28日），中华全国妇女联合会妇女运动历史研究室编：《中国妇女运动历史资料（1927—1937）》，人民出版社1986年版，第91页。

② 中共龙岩地委党史资料征集领导小组、龙岩地区行政公署文物管理委员会编：《闽西革命史文献资料》第4辑，1983年，第360页。

③ 月林：《江西各县妇女生活改善委员会联席会议之总结》（1932年10月16日），中华全国妇女联合会妇女运动历史研究室编：《中国妇女运动历史资料（1927—1937）》，人民出版社1986年版，第246页。

④ 邓颖超：《苏维埃区域的农妇工作》（1930年5月），中华全国妇女联合会妇女运动历史研究室编：《中国妇女运动历史资料（1927—1937）》，人民出版社1986年版，第78页。

> 如赣县男女双方同意离婚,政府不准,反而置之于监禁。又如山下区之某乡女子要求离婚,政府不准而把女子禁闭起来。公略关于婚姻事件只偏重于男子。万太对执行婚姻条例不但不很正确,而弄出许多纠纷来。(县苏报告上说但未说出事实来。)寻乌还有很多卖买婚姻。永丰有很多地方(荇田石马北坑等区)对婚姻条例完全忽视。有妇女坚决要求离婚政府不准许外,还男勒逼女子要离婚就要出洋几十元(县苏报告上说未举姓名来),胜利江口区某乡妇女与男子吵嘴后要求离婚,隔二日那女子愿与前夫不离婚了,但当地政府即把女子关禁闭罚苦工,还是退迫她离婚。宁都不但没有执行婚姻条例,仍然是买卖强迫包办婚姻,如发现了买卖婚姻事情政府即把卖买婚主关禁切戴高唱游街,(安远永丰等也是一样)兴国有一二区(区名未详)对婚姻条例第九条的犹豫,买卖婚姻仍然发现。赣县据报告上论各乡群众落后意识不愿女子离婚。[①]

一些地方还出现政府帮助婆家压迫童养媳的事情,如"叶坪就有二三个童养媳,不愿在十五六岁时同她老公结婚,更不愿受婆家的压迫和打骂,向政府报告,当政府机关的人去调查时,他们的邻居都以'女大当嫁、婆家对她满好'来搪塞"。[②]

中国共产党领导下的苏维埃政权在确立之初,其革命领导者和革命民众,存在着革命认识上的种种误区,也出现了狂热、蛮动和偏激的行为。因此在妇女运动中,有部分男干部借"婚姻自由",乱搞男女关系,结果使妇女解放走向反面,影响了苏维埃政权的形象。"有同志借口赤色势力,强占人家妇女",[③]"一般做妇女运动的人,态度不好,近于戏谑,尤其不注意劳动妇女,只注意漂亮妇女"。[④] 结果,迫使有关部门强调,"不要鼓动妇女离婚使农民恐慌……党

---

① 《江西省苏维埃报告》,《红色中华》第 41 期,1932 年 11 月 21 日。

② 伯钊:《纪念"三八"与妇女工作应有的转变》,《红色中华》第 12 期,1932 年 3 月 2 日。

③ 《中共闽西第一次代表大会决议案——闽西妇女问题决议案》(1929 年 7 月 15 日),中华全国妇女联合会妇女运动历史研究室编:《中国妇女运动历史资料(1927—1937)》,人民出版社 1986 年版,第 35 页。

④ 《中共闽西特委第二次扩大会议——关于妇女运动问题决议案》(1930 年 2 月 28 日),中华全国妇女联合会妇女运动历史研究室编:《中国妇女运动历史资料(1927—1937)》,人民出版社 1986 年版,第 91 页。

员在男女交际上不要有违反农民心理的行为，给群众不好的影响”。[①] 可举例为证：

> 过去杭武团内，由于太平观念、和平观念怕发展自我批评、怕发展思想斗争，在有些地方，养成了一种浪漫腐化的习惯。他们提出“打破封建”、“男女平等”的口号，弄得在开会时，一路来的时候就男男女女，扳头拉颈；会后，即男找女，女找男，三个五个、男男女女共睡一床。少先队下操做蛇脱壳、脱裤子、接塔等。假使上面事情谁怕做、谁不愿做，谁就是“封建”，就要受处罚，甚至开除队籍。因为这样来“打破封建”，使得一般青年妇女怕来下操开会，有些群众反对下操开会，以至反对“反对封建”“男女平等”，对革命不满。同时反对革命派别则乘机来作反革命宣传（如说共产共妻等），企图引导群众反对革命，反对共产党和青年团。[②]

这类现象的出现，笔者认为主要是革命初级阶段和时代背景的局限使然。首先，中央苏区革命工作刚开始时，投入革命的人们是心绪纷乱激昂的。尤其是女性，她们第一次从传统礼教的牢笼中解脱出来，有如脱缰的野马，肆意驰骋，盲目地施行革命的“利器”。她们的行动是果敢的，但她们没有考虑所作所为的意义，更没有考虑由此产生的不良影响。于是，曾志会刻意地打扮自己出众的“男装红娘子”形象，拿起红缨大片刀，意气风发地抄地主、打土豪；年轻男女学生们会不分男女而同睡。

其次，近代的新思潮虽然唤起了女性寻找自身解放的意识，但此时《妇女杂志》《女星报》等新女性知识的宣传并没有真正深入社会，尤其是中下层社会，故此，女性追求自由在一定程度上被打上效仿男性、不分性别行为的烙印。曾志在决定由扮演教员夫人角色转变回革命战士时，会刻意脱下旗袍、以“男装”包装自己，年轻女学生会把“男女不分开”等同于“男女的平等”。这些都表明，她们缺乏女性社会化中的女性自我意识。

---

① 中共龙岩地委党史资料征集领导小组、龙岩地区行政公署文物管理委员会编：《闽西革命史文献资料》第2辑，1982年，第129页。

② 清洪：《这样打破封建要得吗？》，《青年实话》第12期，1932年2月26日。

三、妇女生活政治化

在共产主义理论中，妇女的解放必定要走向社会，列宁曾说："不仅要吸收妇女独立地参加一般政治生活，而且应当吸引她们参加经常的人人要担任的公务，否则，不仅社会主义，就连完备而稳固的民主制度也无从谈起。"[①]中央苏区的政治制度框架是沿着共产主义的理论认识展开的，《中华苏维埃共和国宪法大纲》规定："中国苏维埃政权以保证彻底地实行妇女解放为目的。承认婚姻自由，实行各种保护妇女的办法，使妇女能够从事实上逐渐得到脱离家务束缚的物质基础，而参加全社会经济的政治的文化生活。"[②]这样的国家制度设计，保证了苏区妇女的教育权益、参政权利，促使她们从家庭走向社会，开始全新的政治生活。而苏维埃政权从舆论创造和政权保障等各方面给苏区妇女以前所未有的空间，使得传统体制下的妇女有了进入社会公共空间的机会。而妇女在被引入革命的洪流之后，便充分发挥了她们身上潜在的参与社会的性格优势，体现出参与社会公共事务的极大积极性与主动性。从这种意义上讲，妇女生活的政治化，是苏维埃政权的需要，也是苏维埃政权的成果。

首先，苏维埃政权下的各种会议提出和保障妇女的教育权益，苏维埃各级机构在妇女问题决议案和草案上均涉及妇女受教育要求及其落实方案。1929 年 7 月 15 日，中共闽西特委第一次代表大会通过《妇女问题决议案》，确定今后妇女运动的任务与工作路线。其中工作路线第 7 项是："开办学校使妇女得到求学的机会。"[③]1930 年 5 月 11 日，闽西第一次各县妇女联席会议，对妇女工作的详细规定的第 4 条之第 5 项是："设立妇女补习学校"[④]。1930 年 9 月

---

① 中华人民共和国妇女联合会编：《马克思恩格斯列宁斯大林论妇女》，人民出版社 1978 年版，第 255 页。

② 《中华苏维埃共和国宪法大纲》，1931 年 11 月 7 日，古田会议纪念馆收藏。

③ 《中共闽西第一次代表大会关于妇女问题决议案》（1929 年 7 月 15 日），中共龙岩地委党史资料征集研究委员会、龙岩地区行政公署文物管理委员会编：《闽西革命史文献资料》第 2 辑，1982 年，第 129 页。

④ 《闽西第一次各县妇女联席会议——对妇女工作[的]详细规定》（1930 年 5 月 17 日），中共龙岩地委党史资料征集研究委员会、龙岩地区行政公署文物管理委员会编：《闽西革命史文献资料》第 3 辑，1982 年，第 288 页。

19 日,《共青团闽西第一次代表大会决议案——军事问题、农村青年工作问题、青妇运动问题》在总结今后青妇运动的任务与工作路线方面指出:“注意青妇教育。鼓动青妇入校读书,参加各种训练班,提高妇女政治水平与共产主义的认识,使之担负起社会一切工作。”[①]1930 年 12 月 6 日,《连城县苏维埃政府妇女问题草案》在妇女教育问题上要求:

> 除开办女子职业学校及办好夜学校以外,要经常开办妇女训练班,注意共产主义教育。同时须注意军事训练,提高妇女知识能力,使她们能够独立工作,独立生活,同时使她们政治水平提高,对革命有相当的认识和信念□□以致争取全国胜利。[②]

对妇女参加学校学习的反复强调,一方面既反映了苏维埃政权的各级领导机构对妇女教育的重视,也给妇女受教育权益的获得以政治权威的保障;另一方面,它们还明确说明了争取妇女教育权益获得的目的之一是使妇女能够担负起社会工作的责任。

其次,报纸杂志也对妇女受教育权益进行宣传和训导。1931 年 7 月 10 日,《闽西列宁青年》发表《执行青年妇女工作的转变》一文,指出:

> 鼓动妇女参加学校运动,联系到反封建斗争,使妇女个个都能受教育,并宣传“不信神教”,最好吸收有信仰的青年妇女群众做中心,使其有正确领导,并要防止社党的捣乱,继续宣传欺骗宣传妇女自首,捉坚决不自首的“找爱团”分子。[③]

显然,文章对妇女有否接受教育的正负影响做了很好的对比:接受教育将成为有“信仰”、有修养的人,进而将成为妇女群众工作的中心;相反,没有接受教育,或者接受教育的目的与苏维埃意志相背离,则将成为妇女宣传教育,甚至是斗争的对象。通过这样的宣传,一褒一贬跃然纸上,有力地对妇女群众进

---

① 中共龙岩地委党史资料征集研究委员会、龙岩地区行政公署文物管理委员会编:《闽西革命史文献资料》第 4 辑,1983 年,第 122 页。

② 中共龙岩地委党史资料征集研究委员会、龙岩地区行政公署文物管理委员会编:《闽西革命史文献资料》第 4 辑,1983 年,第 430 页。

③ 实球:《执行青年妇女工作的转变》,《闽西列宁青年》第 8 期,1931 年 7 月 10 日。

行了教育重要性的宣传。

教育作为动员妇女参与社会公共事务的先导，一旦加以落实和实施，便给中央苏区以前所未有的活力，使得闽西妇女空前热情地投入了自身的教育改造中。1930 年 11 月 24 日，《龙岩县苏维埃政府文委会关于男子、妇女入夜校问题的通告》对此做了有力的证明：

> 昨开各区文委主任联席会议，据各区报告：到处夜学都是一班青妇入学肄业，而男子方面，完全漠不相关，这是很不对的。因此，决定男子自三十岁以下者，都要入夜学。妇女方面因有儿女家务之牵缠，听其自便。[1]

此通告反映了以下几点情况：由于客家的传统，妇女白天可能忙于家务或农活，虽然苏维埃政权提倡和保障妇女的上学权益，但是她们上学的机会相对还是少的；尽管如此，苏维埃政权下的妇女上学的热情高涨，她们抓住晚上的空余时间，纷纷加入夜校学习的行列，其参加学习的热情与成效远远超出了男性同胞。毛泽东也在《苏维埃的文化教育》一文提到妇女学习热情高涨的情形：

> 妇女群众要求教育的热烈，实为从来所未见。兴国夜学学生一万五千七百四十人中，男子四千九百八十八人，占百分之三十一，女子一万〇七百五十二人，占百分之六十九。兴国识字组组员二万二千五百九十人中，男子九千人，占百分之四十；女子一万三千五百一十九人，占百分之六十。在兴国等地妇女从文盲中得到了初步的解放，因此妇女的活动十分积极起来。妇女不但自己受教育，而且已主持教育，许多妇女是在作小学与夜校的校长，作教育委员会与识字委员会的委员了。女工农妇代表会在苏区是一种普遍的组织，它注意于劳动妇女群众的整个的利益，妇女教育当然是他们注意的一部分。[2]

毛泽东关于兴国妇女教育的这段话体现了三点：一，兴国妇女参与教育的热情高涨；二，兴国妇女在夜校和识字组的受教育比例超过男性同胞，如妇女

---

① 中共龙岩地委党史资料征集研究委员会、龙岩地区行政公署文物管理委员会编：《闽西革命史文献资料》第 4 辑，1983 年，第 387 页。

② 毛泽东：《苏维埃的文化教育》，《红色中华》二苏大特刊第 3 期，1934 年 1 月 26 日。

在夜校的比例占69%，在识字组的比例占60%，超过受同类教育的男性比例10%～20%；三，接受了教育的妇女已经成为妇女和革命事业的重要支持力量。

仔细比较上述两段反映苏区妇女受教育情形的材料，我们可以发现另外一个现象，即妇女接受学校教育的主要途径是进入夜校和识字班。那么，为什么妇女接受教育的主要途径是夜校和识字班？夜校和识字班是什么样的教育模式？解读《才溪乡调查》，既可以帮助我们了解中央苏区妇女受教育的情形，也可以帮助我们寻找到上述两个问题的答案。

上才溪。日学：四个，共一校长，各一教员。教员伙食，群众募集款子，每天一角三分计算，学生共一四一人，多六岁至十岁的。十一至十四岁的多进区苏的义务劳动学校(由儿童工作干部训练所改)。全乡一至十五岁儿童六〇〇多人，内六岁至十五岁的三二三人，此数内入日校的一四一人，入区苏义务学校的三七人，尚有一四六人失学。夜学：四个，无校长，教员由日学教员兼。学生共一二〇多员，都是女子。每月每校办公费五角，群众募集的。识字班，二十四组，每组十人，共二四〇人，每五天由夜学教人发五个新字去认。每组一个组长，男女均可。因老，因工作，因小孩牵累，不能入夜学的，便入识字班。读报团：设于俱乐部内，有一主任，逢圩日(五天一圩)读《斗争》《红中》及《通知》《阶级分析》等。每次最少五六十人听，多的约八九十人。识字牌：六块，设置于通路处。俱乐部：一个，入俱乐部工作的五十多人，内新剧团占三十多人。墙报：四处，每村一处，在日校门外。文章学生教员做得多，群众做的不过十分之一。

下才溪。日学：五个，共一校长，各一教员。教员伙食办法同上才溪。学生共一五〇多人，入区校的六〇多人，共一二〇多人。夜学：八个，无校长，教员五个由日校教员兼，三个是另找来的。平均每校学生约三十，共二四〇人。办公费每月五角。俱乐部：一个，工作人员五十多人。识字班：二十六个组，共二六〇人，识字办法同上才溪。识字牌：五块。墙报：五处。读报团：一处，也是每五天逢圩日一次。[①]

由《才溪调查》可见：一，才溪乡的教育很分散，师资力量不集中，上才溪有

① 毛泽东：《才溪乡调查》，《斗争》第48期，1934年2月23日。

4 个日学学校，但总共只有一位校长，而每校只有教员一个；同样，下才溪有 5 个日学学校，也只有一位校长，教员一校只有一个。二，苏区学龄儿童入学率不高，包括入区苏参加义务学校的学生，上才溪 6 至 15 岁的日学学生只占该年龄段儿童人数的 55.11%。三，区苏义务学校是苏维埃培养革命骨干的重要场所之一，是日校教育的重要辅助形式之一。四，苏区在所有可能的形式上设置教育渠道，通过专门的日学和夜学学校使民众接受正规的教育，通过识字班、墙报和读报团在日常生活中渗透教育，从而使得不同层次、不同年龄和不同性别的民众都有接受教育的机会；作为妇女，其受教育的渠道主要是夜学、俱乐部和识字班，其次是墙报和读报团的宣导。

出现上述现象的主要原因有三：一，在第二次国内革命战争时期，苏维埃政权要在战争环境下独立生存和发展，必须发动一切可以发动的力量投入生产劳动和革命当中，成年男女无一例外都成了生产和革命的支柱，甚至于 6 至 15 岁的学龄儿童也部分被选拔到区苏义务劳动学校肩负起学习和生产劳动双重任务。二，苏维埃政权异常注重教育宣传在革命中的重要作用，妇女作为革命的重要依靠和保障力量，其教育权益的获得被充分地考虑进苏维埃教育渠道的落实当中——她们在家庭生产和劳作之余，可以享受教育的权益，甚至在社交场合（如俱乐部）和日常活动中（劳动路上，可以通过识字牌认字）也可以享受教育的权益。三，苏维埃政权下的教育受到了苏区民众的热烈支持，如上才溪的日学和夜学费用都是由群众募集的，唯有强大的向心力和吸引力才可能使民众在劳苦之中仍为革命尽心尽力。

妇女工作是中央苏区政权工作重要的一部分，为切实保障妇女的参政地位、最大限度地发挥妇女对革命事业的支持，苏维埃政府采取了一系列得力措施。

政策保障方面，《苏维埃宪法大纲》第 4 条规定："男女一律平等，妇女有与男子同等的选举权和被选举权。"①闽西苏维埃政府规定妇女和男子一律平等，"十六岁以上的女子，有参加政治的权力"，有选举权和被选举权。要求吸收妇女的先进分子加入党的组织，"每个支部至少要吸收一个女同志"。还规定，各级苏维埃人民代表中要保证妇女代表占 25%的比例。② 1930 年 12 月 6 日，《连城县苏维埃政府妇女问题草案》在提出当前工作任务之第七项时，就妇女参加苏维埃政权工作强调：

---

① 《中华苏维埃人民共和国宪法大纲》，1931 年 11 月 7 日，古田会议纪念馆收藏。

② 肖爱连：《中央苏区时期的闽西妇女》，《长汀文史资料》第 3 辑，1982 年，第 46 页。

……现在我红色的世界，实行男女平权，主要目的是要提高妇女的社会地位。同时，妇女自己有人参加政权，领导机关对妇女有特殊的社会生活及特殊的利益要求，方能根本解决，因她们要解除自身的痛苦，只有靠她们自己的团结力量，自动地参加苏维埃运动。

1.参加选举运动，不要放弃自己的权利。

2.参加政府机关各种实际工作。

3.依照闽西政府妇女委员会第一次决议，因裁减人员节省经费，决定各级政府的妇女工作人员的限制，闽西政府三人，县政府二人，区政府一人，乡不必。[①]

红色政权的介入，使得苏区妇女有史以来第一次步入社会公共利益空间，在公共领域发挥女性的创造力，使得社会公共领域中出现了女性参政的全新景象。毛泽东在总结苏维埃的民主制度时，叙及“妇女的当选”：“现在多数的城乡苏维埃，妇女当选为代表的占百分之二十五以上。部分地方如上杭的上才溪乡，七十五个代表中妇女四十三个，占了百分之六十。下才溪乡九十一个代表中妇女五十九个，占百分之六十六。广大的劳动妇女是参加国家的管理了。”[②]梁柏台发表《今年选举的初步总结》专文指出：“才溪组织了化装演讲，演新戏，俱乐部开晚会，各学校上选举课等造成的热潮；吸收了最广大的群众，平均到会的选民都在百分之九十以上，工人成分增加了，妇女代表超过百分之二十五。”[③]

除此之外，在政治参与上，苏维埃政权根据妇女自身的特点，建立劳动妇女代表会议。具体的运作是：“以乡为单位建立。可开全乡劳动妇女大会来选举，或以村为单位来选举妇女代表。小乡人少的地方，可由 8 人推选一人，大

① 中共龙岩地委党史资料征集研究委员会、龙岩地区行政公署文物管理委员会编：《闽西革命史文献资料》第 4 辑，1983 年，第 430 页。

② 毛泽东：《中华苏维埃共和国中央执行委员会与人民委员会对第二次全国苏维埃代表大会的报告》，江西省妇女联合会、江西省档案馆选编：《江西苏区妇女运动史料选编》，江西人民出版社 1983 年版，第 148 页。

③ 《红色中华》，1934 年 1 月；福建省上杭县妇女联合会编：《上杭妇女运动大事记》，内部发行，1986 年，第 9 页。

乡人多的地方，10人或十几人选一人。”[①]后来又进一步规范，成为一种系统的、多层次的妇女参政组织。[②] 具体如表1所示：

表1 1929—1934年永定县女英烈芳名表

姓名	出生年份	地址	是否党团员	入伍时间	职务	牺牲时间
张锦辉	1915	金砂西湖	团员	1929	区苏宣传员	1930
马招兰	1913	先师华恩		1930	宣传员	1930
包兰英	1894	书院下坑		1930	宣传员	1930
赵玉成	1909	上金军布		1929	护士	1930
李凤英	1907	先师大埠		1929	乡苏妇代	1930
阚秀兰	1907	湖雷罗陂		1930	宣传员	1930
姜翠玉	1902	湖雷上南		1929	报社工人	1930
金凤仙	1905	坎市庵排		1929	妇女主任	1930
卢东娣	1901	古竹		1929	妇女主任	1930
卢三妹	1870	陈东龙舌		1929	接头户	1930
翁三妹	1907	湖坑黄龙		1929	情报员	1930
李满妹	1901	湖山里佳		1929	乡苏妇女主任	1930
邱其梅	1908	金在小埠在		1929	战士	1930
沈才英	1909	湖雷道仁		1929	区苏妇女主任	1931
郑翠英	1905	赤竹	党员	1929	宣传员	1931
温孔氏	1908	城关中坑		1929	乡妇女主任	1931
吴和坤	1893	东溪胡角里		1929	乡妇女主任	1931
钟发莲	1905	城关西北		1929	乡妇女主任	1931
江玉金	1903	书院新在		1929	战士	1931

① 《福建省苏维埃政府训令——关于保护妇女权利与健全妇女生活改善委员会的组织和工作》(1932年8月3日)，中华全国妇女联合会妇女运动历史研究室编：《中国妇女运动历史资料(1927—1937)》，人民出版社1986年版，第248页。

② 《训令执字第十七号——召集全省劳动妇女代表会》(1933年1月2日)，中华全国妇女联合会妇女运动历史研究室编：《中国妇女运动历史资料(1927—1937)》，人民出版社1986年版，第309页。

续表

姓名	出生年份	地址	是否党团员	入伍时间	职务	牺牲时间
熊德	1908	湖雷罗滩		1929	乡妇女主任	1931
张兰芳	1905	湖雷潘坑	党员	1929	乡妇女主任	1931
苏招玉	1910	湖雷高石		1929	战士	1931
阙罗氏	1903	湖雷增瑞	党员	1929	乡妇代主任	1931
廖海英	1901	湖雷道仁		1929	乡妇女主任	1931
赖凤英	1909	合溪调吴		1929	宣传员	1931
温招秀	1876	合溪武北		1929	乡妇女主任	1931
罗兰英	1910	合溪武北		1929	妇女科长	1931
赖煌英	1880	合溪菜地		1929	交通员	1931
卢志珍	1882	高陂西陂		1930	乡妇女主任	1931
陈红英	1883	高陂平在		1929	乡妇女主任	1931
李亚曲	1905	陈东焦坑		1929	战士	1931
钟推妹	1914	湖山象湖		1930	乡妇女主任	1931
钟月容	1909	湖山象湖		1930	宣传员	1931
卓英	1897	湖山三来		1929	宣传员	1931
胡亚茶	1873	下洋洋背		1930	情报员	1932
林玉芬	1910	书院新在	党员	1929	乡妇女主任	1932
吴文清	1888	下湖雷		1929	妇代	1932
杨玉秀	1898	湖雷高石	党员	1929	护士长	1932
沈丙娣	1907	堂堡		1929	乡妇女主任	1932
陈芹英		高陂平在		1931	接头户	1932
陈氏	1906	高陂虎北		1931	队员	1932
林元英	1882	高陂北山		1929	宣传员	1932
廖顺香	1909	高陂西陂		1930	队员	1932
黄娣	1892	坎市田地		1929	区妇女主任	1932
曾锦招	1890	下洋月霞		1929	接头户	1932
李可妹	1912	湖山三溪		1930	宣传员	1932

续表

姓名	出生年份	地址	是否党团员	入伍时间	职务	牺牲时间
谌玉梅	1910	东溪箭滩	党员	1930	宣传员	1933
邱志英	1910	仙师兰岗	党员	1933	宣传员	1933
黄丙娘	1905	合溪汤湖		1929	接头户	1933
张品英	1910	高陂睦邻	团员	1929	兵工厂	1933
张丙姑	1915	岐岭上新村		1933	妇代	1933
郑氏	1909			1929	区妇联主任	1934
傅氏	1912	高陂龙溪		1932	接头户	1934
黄赛英	1913	西洋坪		1929	宣传员	1934
廖竹英	1909	龙门沙背		1929	中央被服厂	1934
邱礼英	1903	高陂西陂		1929	兵工厂	1934
廖三妹	1894	竹联		1932	接头户	1934

资料来源:福建省永定县《县民政局烈士芳名册》,《省妇运史资料第五册》;永定县妇女联合会编:《永定妇运史通讯》第一期附录,1985年10月。

这些永定在档的女烈士名单,体现了中央苏区妇女被广泛地发动到苏维埃事业当中:其一,她们几乎是全体性地参与苏维埃的军事、政治生活,表中57位女烈士,入伍当年,最年轻的才14岁,最年长的已59岁,其中20岁左右的苏区女性是革命的主体,占54.4%。其二,她们支持苏维埃事业的方方面面,从具体的领导岗位到普通的宣传员、战士和接头户,从兵工厂、被服厂的生产到具体的护士护理工作,都有着苏区女性的卓越贡献。其三,普通苏区妇女是苏区革命女性的主力军。在57名女烈士当中,只有9位党团员,占15.8%,而占84.2%的是为革命奋斗的普通女民众,这足见苏维埃事业对广大普通苏区妇女的引召力。表1反映的上述几点,说明了最广泛的苏区妇女被吸引到了苏维埃政权下最广大的社会公共事业当中,较有力地说明了当时的苏区普通妇女的社会生活现状。

苏区妇女作为代表被动员到苏维埃政权的运行当中,为了使她们发挥更大的作用,苏维埃政权注重对妇女干部的培训。如江西省苏维埃政府为了加强干部的培训创办了干部学校,其中指定1/3选送名额为女性,“在目前尖锐的紧张的开展革命形势之下,创造成千成万的工农干部来加强苏维埃,特别是边区新区苏维埃对革命战争的领导使各方面工作都得到胜利的开展,是目前伟大而迫切的任务，省苏为着解决这一任务，坚决创办江西省苏维埃干部学校。（各县选送名额中，必须三分之一为女性）”[①]。受训者在训练班学文化、学政治、学革命理论。1930年闽西苏维埃政府在上杭古田小学开办了“妇女干部速成学校上杭古田‘妇女训练班’”，并编有课本，《妇女课本》第一册内容的一部分是：“收割完，田主到门前，管你辛苦去耕田，只知粮食从田租出，减少一粒不容情。”第二十四课：“妇女们受苦多，共产党真正好，帮助妇女来解放，大家都来拥护他。”第二十七课：“莫说我女人，我也要当兵，帮助我工农，杀尽军阀与豪绅；革命成功日，政权有保证……”[②]

这些妇女教育的内容体现了苏维埃政权在塑造妇女政治意识方面的基本思路：劳苦民众受苦的根源是地主阶级、军阀与豪绅的剥削与压榨，而妇女是同样深受苦难的一个群体；解救这个受苦的妇女群体的办法之一是，以教育唤起她们自身的觉醒；最后，发动苏区妇女拥护党的领导、支持党的事业，发动觉醒了的妇女群体加入革命的潮流，使之成为革命的强大支持与保障力量。

四、妇女卷入革命战争

苏维埃政权与革命战争伴生，苏区妇女在此战争时期被塑造成革命不可缺乏的重要依靠力量，肩负起的已不是简单的社会生产创造，同时也是革命战争的重要参与者。因此在苏区的社会生活里，妇女们主要展现的不再是女性的阴柔与沉静，而是勇健与热忱。

为真正动员广大妇女成为革命的参与者和支持者，党注重在教育中对妇女进行受苦警醒教育，并在此基础上动员妇女支持革命事业。《红色中华》206期（1934年6月23日）才溪通讯载《才溪妇女的战斗动员令》：

万恶的白匪曾一度摧残了我们的模范区才溪。在那里敌人除了以血腥的烧杀政策来对付我们工农群众外，特别摧残的是以奸淫的兽行来摧

① 《创办江西省苏维埃干部学校计划书》，江西省妇女联合会、江西省档案馆选遍：《江西苏区妇女运动史料选编》，江西人民出版社1983年版，第108页。

② 刘宝联整理：《妇女干部速成学校——上杭古田“妇女训练班”》，上杭县妇女联合会编：《上杭妇运史通讯》第2期，1987年3月，第1～4页。

残我们的妇女同志。可是敌人这种摧残的兽行更加激起了我们的阶级仇恨，大家都抱着有敌无我的决心，以全部力量，参加一切战争动员的工作。我们一定要获得革命的胜利，来洗刷这永世不忘的耻辱。[①]

这种宣传使得妇女有了“自己受苦受难，应该觉醒起来，为自己的苦难谋公道，为自身的明天谋解放和福利”的思想意识，从而真正自觉地加入革命战争中去。在红色政权进入闽西苏区以后，大部分男性参加红军走向战场，在劳动力出现缺口的情况下，许多穷苦妇女积极投入后方生产：

1930 年 9 月，永定县苏号召开荒植果树，永定县妇女开荒四万余亩，垦山五万余亩，种果树三万余亩。永定全县参加农业生产的妇女有二万人，占妇女全劳力百分之八十以上，有二千人学会了犁耙田。[②]

1934 年 10 月，闽西苏区妇女在农业生产上搞得轰轰烈烈，如永定县一九三〇年至一九三二年每年增产百分之十五至二十。溪南区、太平区等每年支援红军粮食二十万斤至二十五万斤。全闽西一九三三年比一九三二年增产百分之十五。一九三四年的五至七月，全中央苏区，完成了二十万担支前任务后又多交了六十万担公粮。[③]

上杭县才溪乡，在土地革命时期，全区十二个乡，人口一万六千零三十人，从一九二九年至一九三四年有三千多名青壮年参加红军。毛泽东于一九三三年十一月到才溪作调查时，上才溪有女劳动力五百五十九人，而男劳力仅剩六十九人，女劳力占百分之八十九。妇女就成了生产上的主力军！并挑起支援革命战争的重担。[④]

对于苏区妇女在劳动生产上的卓越贡献，苏维埃政权舆论宣传机构总是及时跟进报道。例如，针对汀东红光区妇女积极参加生产的情形，苏维埃的机

① 上杭县妇女联合会编：《上杭妇运史通讯》第 2 期，1987 年 3 月，第 6 页。

② 《永定妇女运动简史》，闽西妇运史编纂小组编：《闽西妇运史大事年表（1930.7—1934.10）》，内部发行，1989 年，第 2 页。

③ 《龙岩地区妇女志》，闽西妇运史编纂小组编：《闽西妇运史大事年表（1930.7—1934.10）》，内部发行，1989 年，第 13～14 页。

④ 《才溪乡调查》，闽西妇运史编纂小组编：《闽西妇运史大事年表（1930.7—1934.10）》，内部发行，1989 年，第 14 页。

关报给予了示范性报道，并且号召各苏维埃地区妇女行动起来。

《红色中华》发布报道《汀东红光区劳动妇女热烈参加生产》：

> 汀东红光区的工作，自扩大红军突击运动开展以来，已经得到了很大的转变，更增加了广大群众的革命热情，特别是一般劳动妇女，在这一工作的开展中，极热烈地参加各种生产工作；如在春耕运动中她们都热烈地起来学犁学耙，以及加放肥料等的工作。现该区各乡都组织了妇女学犁田耙田，现妇女学犁田耙田者有百分之二十以上；并且她们特别帮助红军家属的田，先把红军家属的田做好。现省土地部已准备给她们奖旗，各地的劳动妇女们！赶快起来学习他们罢！①

舆论宣传的效应不仅需要彰扬优秀典型，而且要求反复强调优秀典型，并批判带动落后者。苏区苏维埃报刊《斗争》曾发表了下文，对“小脚女人”参与社会生产进行了宣传：

> 在一九三四年的春耕和秋收运动中，兴国、瑞金、上杭等处的劳动妇女更为活跃。兴国妇女参加生产事业的有二万以上，学会犁田耙田的有八千以上，能够耕种割禾等附带劳动的已经成为十分普遍的现象。瑞金也快要赶上兴国，参加生产的有二万，能犁耙的也在八千以上，其中红军家属占了多数。经过扩红突击以后，苏区妇女的劳动热忱更为高涨，在太雷、博生等处许多小脚妇女也积极参加生产了，她们解放了自己的束缚，经常在田野里唱着解放的山歌：“如今世界唔比先，劳动妇女学犁田，英勇哥哥前方去，后方生产偃承担。”②

小脚女人在原来传统社会只是大家庭的尊享者，或者只是小家庭的家务操持者，她们是与社会生产格格不入的，然而，在苏维埃政权下，即便是这些小脚女人，也已积极参加社会生产，并且表露出极其愉悦的生产情绪。这样一来，整个苏区社会，没有谁有资格脱离社会生产，“生产光荣”的社会理念自然介入苏区社会的每个角落、每一群体当中，使得苏区社会在战时国民党经济封

---

① 《红色中华》第157期，1934年3月3日。

② 《斗争》第70期，1934年8月16日。

锁的情况下仍然有强大的物质保障。在一定意义上，可以说，苏区妇女是战时物质生产保障的脊梁。

与此同时，苏区妇女也是“支红”的脊梁，是她们在保障着红军后方物力资源的源源不断的配给。战时这样大规模的后方物资资源，需要汇集苏区民众，尤其是苏区妇女点点滴滴的支援，苏维埃舆论宣传的喉舌对苏区妇女的努力给予激励，也给予鞭策。请看题为《一个妇女自动承认做八百双草鞋》和《卖猪买米借给红军》的报道：

> 两个大会的空气都是紧张得很，在兆征县的红属大会上对于募捐布鞋的工作，特别踊跃，许多代表自动承认每区做几千双，在九月底保证完成，特别有几个个别同志(如红□区的江抑青，汀州市的马娣哩、范绍根，大埔区的温堂秀、满姑子等)争先恐后承认做八百双、六百双、五百双、四百双，其他一百双、二百双、二百五十双、三百双的也还有许多。[①]
>
> 长汀赤田区下江乡妇女指导员，她的老公和哥哥都是光荣的当红军去了，她最近在借谷运动的会议中，经过领导同志详细地解释借谷给红军吃的意义后，便首先起来说：“涯老公当红军、涯哥哥当红军，我们要使涯的老公哥哥吃饱饭，去消灭敌人，保护我们的土地及一切利益，我自动借六十担给红军。我今年有三十多担的收入，其他不够的将我家里一百多斤的猪卖出去，买进谷子来给红军。”当时在她的影响下，许多妇女同志和男同志，都争先恐后的我二十担，你十担自动承认借给红军。现在这个指导员已经把一半数目的谷子送到政府里来了。[②]

正是在这样的苏维埃政权机构与民众的互动中，苏区妇女在“扩红”(吸引民众参加红军)运动方面也取得了突出的成效。

首先，苏区妇女踊跃加入军事斗争的行列。1930 年 8 月 22 日，《人尽武装的闽西——妇女儿童均有组织》一文对这一苏区妇女踊跃参军、参战的热烈情境做了描述：

> 闽西红色区域的民众组织，可说无人不是过的团体生活，无人不是武

---

① 《红色中华》第 229 期，1934 年 9 月 4 日。

② 《红色中华》第 228 期，1934 年 9 月 4 日。

> 装训练。凡男女自十六岁到四十岁，均加入赤卫队或暴动队。六七岁到十六岁，则加童子团、少年先锋队，每月训练一次或三四次。正式红军，系各乡赤卫队抽调来的。从前是童子团，现加增两团。第一团长邓毅刚，驻龙岩。第二团长傅柏翠，驻上杭。第三团长□山，驻永定。第四团长戴志超，驻连城。第五团长张希尧，散驻汀连。五团共有枪六千支。赤卫队的武装在外。①

当时，誉传全苏区的“才溪妇女大刀队”配合红军赤卫队，立下了赫赫战功。1932 年 4 月，才溪妇女大刀队还跟随毛泽东率领的东路军胜利远征漳州。在 1934 年的赤卫队突击运动中，许多妇女自动武装起来加入赤少队。兴国、博生等妇女超过半数以上，积极担任警戒、放哨、担架运输和一切后方勤务的工作。②

其次，苏区妇女积极鼓励亲人和同乡青年加入红军队伍。苏维埃的机关报《红色中华》对苏区妇女的“扩红”事迹也多有报道，如《在扩大红军战线上光荣的模范女鼓动家》报道：“长汀红坊区磁坊乡钟玉英同志鼓励了儿子及九个青年同志报名当红军。”③《扩大红军的女鼓动家长汀劳动妇女的活跃》记载：

> 禾口区陈布江乡女同志李金秀、陈瑞秀宣传自己的弟弟和其他六人加入少共国际师，鼓动两个逃兵归队，并写信到游击队鼓动丈夫当红军。同时他们常在各种会议中、游戏会中、个别谈话中、唱山歌做政治鼓动和耻笑逃兵归队，而且发动群众帮助红军家属耕田。
>
> 禾口区石壁乡团支部书记张柳英同志，宣传堂弟及其他人去当红军，并鼓励两个逃兵归队。并于当日召集全乡劳动妇女群众大会，发动妇女群众帮助他们割禾耕田，精神上物质上去慰劳他们，在他们这样热烈的动员下每日有人报名当红军，在七月份全乡共扩红三十多名。
>
> 淮土区开坑乡团员王金秀鼓动丈夫当红军，并宣传其他三人一同到政府去报名当红军。

---

① 原载《红旗日报》第 8 号，中共龙岩地委党史资料征集研究委员会、龙岩地区行政公署文物管理委员会编：《闽西革命史文献资料》第 4 辑，1983 年，第 51 页。

② 《斗争》第 70 期，1934 年 8 月 16 日。

③ 《红色中华》第 101 期，1933 年 8 月 13 日。

> 洪山区胡妹同志邀四个女同志，到游击队中去鼓动自己的丈夫当红军，结果不仅他们的丈夫报名当红军，而且鼓动了整个的游击队加入红军。
>
> 洪坊区卢子岭一女同志鼓励自己的儿子去当红军。最后鼓动了十二人报名当红军。
>
> 又慈坊乡劳动妇女代表会指导员钟玉英同志鼓励自己的儿子当红军，并宣传其他的人报名当红军的十人。
>
> 中华洞王家营村丘桂兰同志，宣传自己的丈夫去当红军，另鼓动六人一同加入红军。①

诸多例子表明，苏区妇女对革命的支持是极其积极、热烈的，她们纷纷鼓动自己的丈夫、儿子和同乡加入到红军队伍当中，为苏维埃政权输送了源源不断的后备军。显然，苏维埃政权充分发动了苏区妇女对革命的参与热情，充分发挥了苏区妇女作为女性的基层鼓动的优势。

五、激情与苦痛的交错

中央苏区女红军群体性地参与社会活动：她们勇敢地举起了枪杆子；她们火热地参加生产运动和“支红”“扩红”活动；她们积极地加入自我教育的行列；她们活跃地投入全新的文艺生活当中；她们更过上了颠沛流离的家庭生活。革命的火种点燃了苏区女性空前的社会活动热情，这种高涨的“红色精神”，激发了她们狂热的革命激情，展现了她们的刚烈禀件和直面艰苦的乐观性格与革命情怀。在中央苏区革命事业发展和巩固过程中，红军女战士巾帼不让须眉，表现了大无畏的英雄主义气概。康克清在回忆伍若兰牺牲时谈道：

> 一九二九年，伍若兰参加在江西寻邬县圳下的阻击战——战斗开始时，她一直同朱军长在一起，她能双手打枪，经常带着两支短枪。她和朱军长一起掩护部队突围，因为他们走在最后，遭到敌人的包围，在冲杀途中，被敌人机枪打中……她当时身负重伤，后被敌人发现。敌人上来抓

① 《红色中华》第111期，1933年9月21日。

她。被她一枪一个连着打死好几个。但因伤重，只能趴在地上打，被敌人从背后上来按住，夺下她的枪。她躺在地上同敌人拼死搏斗，被打得头破血流……过了几天，敌人从俘虏中查出了她是朱德的妻子伍若兰，叫她供出红军内部情况和行动计划，供出当地共产党的情况。她一字不露，反把敌人痛骂一顿。敌人对她动了多种酷刑，但她坚贞不屈。敌人看到无法使她屈服，就在二月十二日，将遍体鳞伤的伍若兰绑赴赣州卫府里刑场处决。她在临行前还忍住疼痛，高呼革命口号，使围观的群众流下眼泪。①

康克清在红军第五次反“围剿”失利后，有一次受周恩来之命去检查赣江边上的一个碉堡工事。康克清到达工事以后，发现那里的游击队、少先队、赤卫队战斗能力不强，工作被动，便在游击队长的要求下，决定第一次亲自指挥战斗，在整个过程中，她表现了十足的豪气：

“康同志，你是总部派来的，见过世面，打过仗，请你指挥我们打一仗，可以吗?”他的话对我有些突然。我虽说经历过不少大小的战斗，可是还从未指挥过战斗。转念一想，没有谁天生就会打仗，还不都是在实战中锻炼出来的。眼前这场战斗又非打不可，随即答应下来。“好吧！我们大家共同打这一仗。你们一定要按照我的指挥行动。”……“打了这个胜仗，管教白狗子两个月不敢过赣江!”后来，有人因此把我称作“红军女司令”……②

上述例子给了我们两个方面的认识：其一，中央苏区女红军敢于自我牺牲、敢于斗争、敢于承担责任，她们的气魄和勇气都是卓绝的；其二，中央苏区女红军有着“革命应不畏牺牲”的共同信念。伍若兰的宁死不屈，康克清的慨然策战，既是苏维埃革命的需要，也是苏维埃革命熏陶的结果。

在中央苏区，党的领导人很注重文艺活动对党的政治纲领和斗争方向的宣传和引导作用。女性是文艺活动的主要创造者和传播者，从正规培训的艺术团体、有组织的节日庆典演出，到艰苦生活中的即兴演唱，到处洋溢着女性艺术的天赋和热忱。她们的这种精神内蕴，不仅鼓舞了中央苏区的所有人员，

① 康克清：《康克清回忆录》，解放军出版社1993年版，第38～45页。

② 康克清：《康克清回忆录》，解放军出版社1993年版，第109～113页。

使他们热情地投入艰苦卓绝的革命生活，而且也塑造了中央苏区女性生机勃勃的光辉形象。在苏区正规艺术表演的培训和实践方面，做出卓越贡献的女干部是李伯钊。作为革命根据地文艺工作的开拓者之一，她多才多艺，创作并演出了许多活报剧、话剧、歌舞：她参加演出了《黑奴吁天录》《最后的晚餐》等戏剧，以建设和改造农民的世界观；演出《为谁牺牲》等戏剧，以改造改编到红军中的国民党士兵的世界观和生活习性。她参与创建和指导工农剧社、蓝衫团戏剧学校（后称高尔基戏剧学校）、中央剧团等正规文艺团体，为工农红军的文艺活动做出了重要的贡献。工农剧社社歌强调为苏维埃而斗争，申明工农剧社服务于苏维埃政权的宗旨。同时，工农剧社等苏区艺术团为革命事业所做出的宣传、改造作用是卓有成效的，李伯钊在回忆苏区文艺生活时描述了这么一个记忆：

> 我记得最重要的一个戏是《为谁牺牲》，扮演的有钱壮飞，有我，还有胡底。内容写一个白军被红军俘虏，发给遣散费回家。在这之前他老婆不堪国民党压迫已逃到苏区。在回家的路上，他遇见老婆。她不愿意回家，对他说回家只能给白军当炮灰，而红军打仗，是为了田地，最后这个白军参加了红军，情节很曲折，故事也很悲惨。把两万多人集中在云集区、关仓下、九堡三个地区，每天三场为他们演出，这个戏演到哪里，哭到哪里，只要演戏，下雨天有人看，场场有人看，场场哭。收到了很大的效果。[①]

在节日庆典中，苏区女干部除了忙于基本的个人工作事务，还积极筹办节日里的文化娱乐活动。曾志回忆了在井冈山时的文艺活动片断：

> 我到医院（中井总医院）不久，正赶上过新年，为了让伤病员高高兴兴地过年，我们在中井前面的半山坡，用木料搭了个台，举办了一个新年娱乐晚会。除伤病员外，周围的老百姓有很多人来看热闹。当时革命歌曲不多，主要是没有人编写，因此只好唱一些北伐时的歌曲，例如像《打倒列强除军阀》一类的歌，本地战士唱了当地的山歌。主要的节目是演戏，戏是自己编的，演一些土豪劣绅怎么欺压穷人一类的戏。因为是过新年，不

① 江西省妇女联合会编：《女英自述》，江西人民出版社 1988 年版，第 214～222 页。

能光演忆苦的节目，因此也穿插着一些逗乐的节目。我扮演了一个很厉害的老太婆，虐待媳妇，待人凶狠，最后没有好下场，逗得大家哈哈大笑。大家在娱乐的同时也受了教育。①

显然，一方面，女干部的细心安排使得战士们在节日里能有充实欢娱的时刻；另一方面，女干部们耗费的心血，对安定军心、教育和团结民众起到了积极的作用。

在苏区艰苦战斗的妇女，还保持着革命的乐观主义精神，她们在火热的战斗岁月里，时刻洋溢着女性天然的生活美感。蔡畅回忆了江西苏区妇女的生活片断：

江西妇女还组织起担架队、运输队、看护队、洗衣队，直接支援战争。她们不断把粮食、盐、菜、枪支弹药，运上前线；再把伤员运回乡里治疗护理；前方打了胜仗，她们就兴高采烈地把战利品运到后方来。在江西苏区，无论大道上、小路间，都可以看到她们同男子一样奔忙，身后常常洒下一串串悦耳的革命歌声。②

考察中央苏区妇女在革命文化生活里的这些实例，我们清晰地看到：同样的革命生活、同样的战争苦难，苏区的“红色娘子”以女性所特有的细腻、以对生活天然的热忱和敏感的体悟，谱写和述说着红色苏维埃的精神之歌。

在革命中，女性的热情是空前高昂的。但是，中国传统女性对家庭、情感、孩子的顾念和深爱，女性所特有的细腻和柔情，在很大程度上，与革命事业中所需投注的精力及颠沛流离的革命生活有着很大的冲突，从而在革命女性身上折射出革命激情与女性气质纠结的精神苦痛和情感变异。

由于工作需要，许多女干部常常和丈夫异地工作，或者尽管工作在同一地方，但过着尴尬的夫妻生活。为此，她们必须忍受难以煎熬的精神苦痛。曾志在《一个革命的幸存者：曾志回忆实录》中回忆了她在中央苏区时期艰难的婚姻生活：她先是在对恋爱毫无准备之际，迫于舆论和夏明震结婚。不久，夏明震为革命牺牲了。在夏明震牺牲不久，曾志和蔡协民结合，但因为革命工作需

① 曾志：《一个革命的幸存者：曾志回忆实录》，广东人民出版社 1999 年版，第 80 页。

② 江西省妇女联合会编：《女英自述》，江西人民出版社 1988 年版，第 239 页。

要，两人经常分分合合，加上蔡过于重视曾志而使她产生精神重负，终于使得两人走向分手(不久，蔡也牺牲了)。再以后，曾志和陶铸结合，虽然两人深深相爱，但革命的特殊生活仍然使曾志笼罩在苦痛的婚姻生活之中——

> 一九三三年的三月，上海中央局来了个通知，叫陶铸立即到上海，另行安排工作……陶铸当时是不可能知道王明的意图的，但他知道将要和我分手了。
>
> 在此之前，我们这对假夫妻还真没有像样地厮守在一块。我到福州后已怀孕，接着生孩子，坐月子，这期间又受处分搬出了机关，单独住在互济会。陶铸也经常下乡巡视，我们难得呆在一起。而现在孩子刚送了人，身体刚复原，却又要分手了，也不知何时才能再相聚，我们彼此心中都有无限的依恋。陶铸临行前，在一个旅馆租了个房间，我们像真正的夫妻那样，恩爱相依，共同度过了十天幸福的"蜜月"。四月下旬的一天，我们在旅馆门口依依分手，互道珍重，难分难舍。刚开始时，我每周能收到陶铸从上海寄来的两封信，信虽简短但充满热烈的感情。来了四五封后，突然就断了消息。我每天翘首等待，等啊，盼啊……①

曾志的回忆说明在中央苏区革命的日子里，夫妻的分分合合、居无定所都给正常的夫妻生活带来了不便与苦痛。此外，爱人间别离的思念之苦、彼此安危挂念的焦灼，也给苏区女干部带来了无尽的精神苦痛。

为建立和巩固革命根据地，红军的流动性很大，革命工作的任务超常艰苦、环境异常恶劣。女干部生下的孩子不可能留在部队里，只能送给当地老百姓，或者是送回老家。为此，女红军，尤其是女红军中的女干部，绝大多数经历了革命工作与母爱难以两全的冲突，在她们的情感世界里，留下了永远无法抹去的遗憾和伤痕。在贺子珍日后的回忆录里，反映出革命工作与母亲角色的冲突，造成了她无法愈合的伤痛。王行娟根据贺子珍的回忆录，写了以下这段话：

> 毛泽东是个大才不拘小节的人，他可以对一个普通老百姓的命运落

---

① 曾志：《一个革命的幸存者：曾志回忆实录》，广东人民出版社 1999 年版，第 153～154 页。

泪，但他不一定理解自己的妻子默默无闻的奉献与牺牲，体会到一个女人十年生六个小孩子从精神到肉体的痛苦。他用不生育或者少生育的延安有才干的女干部的标准来要求贺子珍，又会觉得她终日围着孩子、炕头转，婆婆妈妈，唠唠叨叨，目光短浅，毛泽东同贺子珍一吵架，就说她“你政治上落后”“你思想不进步”，这些都深深地刺伤了贺子珍的自尊心。贺子珍赌着一口气要上抗大学习，要去苏联学习，这不能不是一个原因。[①]

这段话旨在分析贺子珍与毛泽东婚变的原因，但它同时也反映了作为一名革命女干部，同时又是一名多产（没有节育技术）的母亲的痛苦。作为一位合格的母亲和领袖的妻子，她失去了成为优秀革命者的机会；而如果全力地投入革命当中，作为合格母亲的角色又必当丢失。为此，贺子珍做了出走的痛苦选择，也为这选择，贺子珍又陷入了终身无法挽回的情感和精神苦痛之中。

曾志在其回忆录里，也多次反映了身为母亲和革命领袖的矛盾：

那段日子（一九三一年），我边工作边带孩子，紧张工作之余，享受着难得的天伦之乐。但好景不长……原来我们还没有到厦门时，厦门中心市委急需经费，听说我们刚生了孩子，便擅自作出组织决定，已将孩子“送”给一个叫叶延环的同志。叶延环的家是有名的中医，而且还暗地里做些大烟生意，比较富裕。他结婚四年未有生育，很想领养这个孩子。党组织已预收了一百块大洋，而且已用得差不多了。所以你送也得送，不送也得送……如今要送人了，今生今世难说再见到，我的心情也是难以言喻的。[②]

时隔一两年（1933 年），曾志再次生子，却又不得不送人：

由于当时自己的处境并不好，加上身体状态极差，这第二个孩子也像前两个孩子一样，在生下来的第十三天，就不得不送了人。当时我总认为，一个真正的共产党人，应该一心扑在工作上，不该花那么多时间和精

① 王行娟：《李敏、贺子珍与毛泽东》，中国文联出版公司 1993 年版，第 188 页。

② 曾志：《一个革命的幸存者：曾志回忆实录》，广东人民出版社 1999 年版，第 125～126 页。

力去带孩子。现在看来这种思想确实太偏激了。[①]

曾志关于为党组织卖子、为工作送子的回忆，都体现了革命领袖和母亲角色兼顾的两难。时隔多年，革命成功以后，这些曾经的苏区女干部都表现了异常的苦楚和对孩子的深深歉疚。

1936 年 4 月，康克清在接受海伦·斯诺的采访时说："我不想生孩子，我要保持健康的军人体格。"同时，在康克清回忆录里，她的内心独白却是："我喜欢孩子，也很想有个孩子。但怕有了孩子影响事业。"[②]康克清的话语反映出，为了革命事业的需要，女干部们接受了孩子是革命事业累赘的思想观念，这种思想观念在实践中，与传统女性母性情感相冲突时，要么便引发女干部两难的痛苦；要么便是女性母性的变异——不愿意要孩子，或者成为缺失"母性"的母亲。

女红军打破了传统的女性观念，她们以"社会人"的姿态积极投入革命洪流当中，在阶级斗争与革命事业的纠结中，在男性领袖引导方向的过程中，女红军的性别意识是淡薄的。

妇女参加红军，以"红色娘子军"的形象作战；她们积极参加生产，破除了传统的观念；她们积极参与"扩红""支红"的工作。为着与广大劳苦男性一样的阶级苦难，而不是为着"女性群体"的利益，她们大打土豪劣绅。女干部的政治话语是阶级化的，她们言必称自己是旧社会的受害者；她们的打扮是男性化的，她们没有区别于男性战士的服装；她们的性别意识是淡化了的，她们从没有区别于男性的生活要求，主要体现为女性性别意识的缺失和由此而来的对男性行为的绝对认同与效仿。以危秀英为例，她在回忆红军行军时说："回忆起来，那时天天行军打仗是很艰苦的，我们处处跟男同志一样，甚至比他们还要多干许多事。一样的行军后，我们要赶到前面号驻地，别人休息了，我们还要招呼掉队的同志。在外表上，我们把短头发全塞在军帽里，男同志也很少顾及我们是女同志，或者根本忘记了我们是女同志。露天宿营，我找个地方，和衣往地上一躺就睡着了。遇到夜里下大雨，我就找三个男同志，四人背靠背站着睡。没有雨伞和油布斗笠时，任大雨淋得一身湿透，大家照睡不误。"[③]危秀

① 曾志：《一个革命的幸存者：曾志回忆实录》，广东人民出版社 1999 年版，第 152 页。

② 康克清：《康克清回忆录》，解放军出版社 1993 年版，第 216 页。

③ 江西省妇女联合会编：《女英自述》，江西人民出版社 1988 年版，第 268 页。

英还在访谈录中说:“在整个革命生涯里,我一共负过三次伤。第一次是在江西吉安,刚参加红军时。去打仗,子弹从我的头皮上穿过去,没达到骨头里面,我只是拿了一块布包着头。我拼命要参加毛泽东和朱德的红军,因为红军是穷人的大救星,只有参加红军才能为我爸爸妈妈报仇。那时代我不晓得什么是怕,也从来没有把自己当女的看。男的能打,我也能打。我跟着那些男孩子一起打仗。”①

红军是穷人的救星、参加红军能给父母报仇的朴实思想和观念,体现了广大劳苦妇女参加工农红军革命的初衷是为了解除苦难本身,而并没有谋求女性个体解放的女性意识;在这种为解除“受压迫的苦难”而斗争的历程里,女性红军忘却了男女性别生理的、社会的一系列界限,在她们的这一精神领域里,革命——打仗是第一要紧的,是最具号召力的。在这个意义上说,阶级革命与妇女运动纠结在一起,并超越了妇女运动本身。

六、结语

中国的女性主义思潮应中国社会政治而生,也顺中国内部革命进程而发展。戊戌维新变法失败后,中国的第一次女性主义思潮也走向了低落。新文化运动到五四运动时期,社会政治主流思想由西方资产阶级政治学说逐渐向马克思主义政治学说转变,于是,激活了中国长久沉睡的女性自主意识。中央苏区的“红色娘子”就是在此历史背景下产生的,这些在闽西、赣南乡村土生土长的妇女,她们本是安于本土家庭事务劳作的劳苦妇女,在革命势力介入她们的小家园以后,她们开始接受全新的社会理想和革命宣传,汇入“红色娘子”的群体之中,由狭小的家园走向社会公共空间。犹如闽西的革命文献中记载的:

> 妇女的革命情绪:物质生活上受如此的痛苦,精神上受旧礼教的束缚与家庭的压迫,她们热烈的革命情绪就在这地方长成了。所以反对压迫势力都能取得她们的拥护与赞助。今年红军到闽西后,各县妇女纷纷起来参加革命。赤卫队、暴动队的组织里也有不少的妇女参加。龙岩的湖帮有妇女自动召集妇女群众大会,向政府提种种要求解放的条件。龙岩

① 李小江主编:《让女人自己说话——亲历战争》,三联书店2003年版,第68页。

> 县革委简直没有一天不办几件妇女离婚的案子。从这些地方充分表现妇女参加革命的热烈,尤以反对包办婚姻为厉害。[①]

但是社会性别的形成是一个历史过程,是在特定场景里通过社会互动塑造而成的。中央苏区时期各级政府对妇女运动的认识,是在制度革命层面上,这也是共产党人妇女运动的基本思路。周恩来在 1926 年的汕头演讲已经表达了这些理念:

> "妇女运动"四字,时人往往误解,以为是联合女性而向男性的进攻,谓男性常压迫女性,把女性形成一个被压迫阶级,殊不知形成男女不平等的原因,并不是男性的野心,实因旧礼教、旧思想、旧历史束缚之故。在理论上,男女是应该平等的,而事实上却不然。那末,女子解放运动,是不能免而且是一定要做的了。但要做这绝大的工作,自不能不分清对象、目的和找寻方法。妇女运动解放的对象,是制度不是人物或性别,不是因我是个男子,才来说这种话,事实确是如此。要是将一切妨碍解放的制度打破了,解放革命马上就成功,故妇女运动是制度的革命,非阶级的或性别的革命。[②]

中央苏区"红色娘子"的历史命运是在"国家制度"的范围内得以展现的,她们从私人领域走向社会公共领域,参与了社会的改造与建设,实现了以往女性所无法实现的"社会人"的责与权。但制度是外在的,或者说在中央苏区的历史情境中,基本的政治决策是由男性决定的,因此在妇女自身发展上仍然存在盲点。

精神世界上,她们虽然树立了一种特有的形象,并不断被"国家话语"加以诠释,且定格为仿效的"典范",但她们在心理和生理历程上,却经受了空前的考验和磨难,生活为此烙下了永远无法抹去的精神苦难和生理伤残。而社会

---

① 《中共闽西第一次代表大会决议案——闽西妇女问题决议案》(1929 年 7 月 15 日),中华全国妇女联合会妇女运动历史研究室编:《中国妇女运动历史资料(1927—1937)》,人民出版社 1986 年版,第 33～34 页。

② 《广东潮汕妇女集会纪念三八节,周恩来出席并演讲》(1926 年 3 月 8 日),中华全国妇女联合会妇女运动历史研究室编:《中国妇女运动历史资料(1921—1927)》,人民出版社 1986 年版,第 567 页。

实践上，“男女不平等”却一直存在，当时中央苏维埃临时政府就指出：

> 一、在这次选举当中，有[些]地方剥夺了劳动妇女的选举权，使劳动妇女不能来参加苏维[埃工]作。……二、苏维埃政府下农民妇女[同男]子一样分得了田，在经济上妇女是可以独立的。但是有[许]多地方妇女与丈夫离了婚，土地房屋仍然没有随着女子带去，而政府的工作人员，不但不注意这些问题，不去保护妇女应享受的权利，反而干涉妇女财产享受的自由权利，如禁止离婚女子带衣服走等等。特别是男女工资不平等，如兴国合作社女工工资比较学徒还少，福建南洋区冲米工人男女做同样的工作，但是工资女工比男工少一半。三、在婚姻问题上，未按照婚姻条例去执行，还有许多买卖婚姻及强迫婚姻，童养媳等现象存在，至于打骂妇女在各地还很普遍，甚至许多政府[在]婚姻问题上是采取压迫干涉的手段，以至在兴国、龙沙、上[社]等地，因为女子不能得到婚姻自由及遭政府禁闭毒打，无法抵抗，起来采取从前封建时代女子为得婚姻自由毒死丈夫的事件发生。①

出现这样情况不是偶然的，李小江教授的一段话很有见地。她说，20世纪的中国妇女面对的“社会”有三副面孔，先是家庭，而后是战争与战乱，最后是国家。也就是说，当中国妇女走出家庭时，在近代中国的特有历史氛围下，她面对的社会是民族、国家，男人是她的同路人而不是敌人。而中国妇女就是经过战争与战乱，完成了从“家庭中人”向“社会中人”（即国家的人）的过渡。革命在它可能的最大限度内解放了妇女，帮助妇女走出家庭，跨越旧时代；但它没有把妇女交还给妇女自己，而是交给了国家。国家则通过政治制度与政策法规“解放妇女”，完成了对妇女的全面控制。②

从这样的观点出发，可以看到，中央苏区“红色娘子”的“社会性别”确定是“被动的”，尽管她们一直在抗争，要求“解放”，但是她们仍依托于外在的制度体系，而非内心自在的“觉醒”，因此在自身权利的认识上，仅仅是对于社会的

---

① 《临时中央政府文告人民委员会训令〈第六号〉》，中华全国妇女联合会妇女运动历史研究室编：《中国妇女运动历史资料（1927—1937）》，人民出版社1986年版，第232～233页。

② 李小江：《女性/性别的学术问题》，山东人民出版社2005年版，第73页。

“要求”,而非对世界的“恢复”。以长冈乡农工妇女代表会议为例:

> 第一、第二两次选举会,仅选举代表未讨论问题。第三次讨论了“扩大红军”“慰劳红军”“优待红属”“妇女学习犁耙”“妇女拿银器买公债”等问题。七天一次的代表会上讨论的问题,曾讨论到婚姻问题,说“要正确的自由,不要流氓的自由,不要一讲口就离婚”,在今年选举运动时,讨论了妇女的候选名单。但其他妇女切身问题,如“妇女病问题”“小孩子问题”“妇女教育问题”等,没有讨论。[①]

从妇女代表会议的展现情况看,她们所关注的不是自身,而是政治任务,这是一种制度性的“失语”,在革命形势之下,她们没有自己的独立思考,结果只能搬用男性针对社会的不公平所进行的种种斗争形式来塑造自己的行为。

---

① 《长冈乡调查》,《斗争》第 42 期,1934 年,古田会议纪念馆收藏。

区域社会文化视野中的闽西苏区诗歌运动[①]

王予霞

在革命风暴中诞生的闽西苏区文学运动，是土地革命时期，中国共产党直接领导的有人民群众广泛参与的一场革命文艺运动。它是土地革命和无产阶级文艺运动发展的直接产物，在反帝反封建的斗争中所显示的彻底的革命性、强烈的战斗性和广泛的群众性都是史无前例的，它不仅产生了大量反映苏区人民斗争生活的歌谣、诗歌和戏剧作品，丰富了中国革命文学的宝库，而且以异军突起的姿态，以石破天惊之势开辟出中国现代文学发展的新道路。本文打算从更为广阔的区域文化的视野上，对闽西苏区的诗歌运动进行全新的、整体的探讨，旨在揭示文艺与社会之间的诸种复杂、多向性的互动关系，并对文艺的社会功用等理论问题进行多角度、多向度的现代观照，以期能探寻到长期困扰人们的机械反映论、狭隘工具论的实践的源头，这不仅有利于加深对中国新文学的研究与拓展，更有助于构建闽西区域文化史，深化区域文学特质的提炼。

苏区的诗歌创作主要分为民歌和新诗两类。新诗一般为根据地的革命知识分子所作，产生的时间较晚，所占的分量有限，而大量的却是群众所创作的民歌。苏区的歌谣是在一种崭新的社会制度和经济基础之上产生的，因此，这些作品的特色首先体现在其思想内容方面。这些民歌自觉运用马克思主义阶级斗争的学说去揭示人民苦难的渊薮，探寻工农大众的出路。例如 1928 年永定暴动前后，张鼎丞在群众中教唱的一首《农工歌》唱道："工农世界主人翁，/我们的血汗，全身都流尽，/穿与吃，住与行，/我们所创造。/权威与幸福，多归寄

① 原载《党史研究与教学》1999 年第 5 期。

生虫，/世界创造者，反成穷罪人。封建社会，资本制度，一定要铲平。……”[①]很明显，这首歌谣是仿照《国际歌》的内容，用浅显明了的语言加以叙述，这样不仅有利于群众掌握革命的道理，而且易传易诵，可以收到理想的宣传效果。由于革命诗歌的作者同革命战士往往是两位一体的，所以这一时期苏区的诗歌是革命实践最直接的艺术反映，甚至党和红军的领导者们都直接参与了这样的诗歌创作活动。比如，闽西苏区早期革命领导人阮山，自 1928 年开始，在斗争中创作了大量脍炙人口的新诗和歌谣，成为苏区的多产诗人之一。他的诗歌创作的题材相当广泛，有反映群众悲惨生活的《挑担苦》，有控诉地主剥削的《土豪恶》，也有鼓动人民起来反抗的《闽西革命曲》《救穷歌》，还有纪念五一的《什么叫做“红五月”》《红色五月歌》《纪念五一劳动节长歌》，有记述革命战争的《从四次反“围剿”到五次反“围剿”》，更有嘲讽国民党进行反革命“围剿”屡战屡败的《蒋介石运输队》等，这些作品语言刚健质朴，迸发着时代的强音，具有强烈的感染力，令人印象深刻。

一、苏区民歌

中央苏区地处闽粤赣三省交界的客家人聚居区，这里山峦起伏，迤逦连绵，区域文化多姿多彩，绚丽无比。客家山歌中就凝聚和积淀了丰富的区域文化的基质。受客家文化影响，山歌成为当地人民普遍认同与接受的一种自娱自乐的艺术形式。由于闽西苏区多是一些交通闭塞、经济文化落后的区域，这里的山歌大都保持着传统民间文化的原生形态，一方面它是取之不尽的宝藏，另一方面其自身也有待进一步的提升和向现代化方向演进。以往这一区域的山歌在内容上，偏重于表现底层人民的痛苦和抒发对统治者的不满情绪。这些山歌的作者多为贫苦农民，他们囿于时代和思想的局限，作品仅仅停留在宿命论的自怨自艾上。一首《农家四季歌》这样唱道：“冬季里冷冰冰，/无衣无被打寒噤，/一年忙到晚，/换得饥与冷。”《耕山苦楚歌》里唱道：“讲起苦情真苦情，/有奈命歪家又贫，/一日唔曾槽水响，/有米来供一家人。”[②]这些山歌虽然浸渍着对旧的社会制度的愤懑与不满，但所发出的只是无奈的呻吟，笼罩全篇

① 万平近：《福建革命根据地文学史料》，海峡文艺出版社 1993 年版，第 144 页。

② 谢济堂：《中央苏区革命歌谣选集》，鹭江出版社 1990 年版，第 17、22 页。

的是抑郁而低沉的宿命论情绪。

随着土地革命的开展，中央苏区逐步形成，闽西人民的生活也发生了巨大的变化，尤其是古田会议之后，群众性的歌谣活动以气吞山河之势，有如不可阻遏的时代洪流，在苏区迅速开展起来。正如下面两首山歌所唱的那样："红军打来晴了天，/红色歌谣万万千，/唱起歌子走天下，/一人唱过万人传"；"山歌越唱音越高，/月琴来和九龙箫，/一首山歌一团火，/唱得满山烈火烧"。[①]

苏区的歌谣运动最先是从红军部队中开始的。古田会议以后，红军中的歌谣活动也比过去更为活跃。红军部队从上到下，都成立了列宁室和俱乐部，在这里红军宣传员教唱革命歌曲，战士们学会之后，又传唱到群众中去。就这样，一首革命歌曲一传十，十传百，很快就在苏区内外火爆起来，它的传唱速度一点也不亚于当今的信息传递。党的政策和思想也经常通过这种渠道逐渐深入人心。由于红军战士大多来自农村，对于山歌、小调很熟悉，战士们除学唱革命歌曲外，还常常自编自唱歌谣。比如，进行训练时，他们就把训练内容编成《军事演习歌》《守哨歌》《摸哨歌》《游击战术歌》来唱，歌谣唱熟了，训练要领也就掌握了。每次打了胜仗以后，他们很快就把战斗的经过编出来歌唱，《打龙冈》《打横峰》《打鹰潭》等都属这类性质的作品。这些歌谣不胫而走，转眼便在群众中流传开来。此外，红军每到一处，经常用山歌来宣传和讲述党的政策，并教群众唱《工农兵联合歌》《工农兵革命歌》《暴动歌》《三大纪律，八项注意歌》以及《中国共产党十大纲领歌》。正是通过这种寓教于乐的方式，群众很快就了解了红军，拥护了党的政策。

土地革命时期，根据地的纸张和印刷条件相当艰苦，尽管如此，党和苏区政府对新闻出版工作仍倾注了全力，出版了不少文艺书刊。中央革命根据地出版的有《革命歌谣选集》《革命诗集》《革命歌曲》等。苏区其他各主要报刊除报道新闻外，也经常刊载一些文艺作品。尤其是《红色中华》，1933 年又增设文艺副刊《赤焰》，号召广大苏区军民"努力地去把苏区工农群众的苏维埃生活的实际，为苏维埃政权而英勇斗争的光荣历史事迹，以正确的政治观点与立场在文艺的形式中写出来"。[②] 1934 年 1 月 6 日，《青年实话》发表评论文章，认为苏区的歌谣"在格调上来说，是极其单纯的，然而它是大众所理解，为大众所

① 谢济堂：《中央苏区革命歌谣选集》，鹭江出版社 1990 年版，第 2 页。

② 江西师范大学中文系编：《江西苏区文学史》，江西人民出版社 1984 年版，第 29 页。

传诵的，它是广大民众所欣赏的艺术”。上述举措对于苏区文学运动的开展无疑起了很大的促进作用。

为配合苏区的中心任务，各地区、乡俱乐部也经常组织业余文艺团体，到苏区各地巡回演唱，这对于群众性的歌谣运动又是一个促进。苏区各地共青团员、儿童团员也经常开展唱歌活动，《少年先锋歌》《少先队员参战歌》《共产儿童团歌》是苏区青少年最喜爱唱的革命歌曲。不仅如此，连儿歌也充满了革命内容："月光光，水汪汪，/哥哥去把红军当，/等我身子长大了，/我也要学哥哥样"；"三岁伢仔长得高，/骑着竹马挂腰刀，/去哪里？去山里，/做什么？打白匪！"[①]可见苏区的革命山歌已普及到了男女老少。中华苏维埃临时中央政府成立后，更加强了对文艺工作的领导，建立了各种文艺组织，进一步激发群众的革命热情和创作歌谣的积极性。同根据地创建初期的歌谣活动比起来，这一时期的歌谣运动有很大的发展。首先，这场群众性的歌谣运动发展已成为有组织、有领导的歌谣创作活动，歌谣运动纳入党的宣传工作的轨道，突出了政治思想性；其次，题材更加广泛，内容丰富，全方位地反映出苏区军民经济文化生活；再次，短小精悍的抒情性作品向着较长篇幅的叙事性作品方向发展，艺术质量进一步得到提高；最后，随着苏区报刊的大量涌现，为歌谣创作提供了园地，使很多作品得以发表，所以流传的范围之广、速度之快是前所未有的。

这些歌谣来源于群众，又在群众中传诵。在今天来看，它们是粗糙简单了一些，既没有“朦胧缥缈”的意境，又缺少深邃幽远的哲理，算不上艺术精品，但它直接产生于战争的暴风雨之中，发端于农村革命根据地的群众与红军之中，体现了时代的特征和人民性，具有极强的革命功用性，在苏区的革命和建设中曾发挥过巨大的作用，这 历史功绩是不能抹杀的。当时闽西苏区的文学运动率先从诗歌中发展起来，从理论上看，这是一种艺术审美的文化选择。当地的区域文化从客观上营造了它产生的社会人文环境；加之当时革命的现实需要，以及所面对的宣传对象，多种因素综合决定了苏区文学运动必然要走一条大众化、功利化的道路。这是历史与时代的自然选择，正如马克思所说的，“人们自己创造自己的历史，但是他们并不是随心所欲创造，并不是在他们自己选

---

① 江西师范大学中文系编：《江西苏区文学史》，江西人民出版社 1984 年版，第 53 页。

定的条件下创造，而是在直接碰到的、既定的、从过去继承下来的条件下创造”。[①] 黑格尔也说过，“每种艺术品都属于它的时代和它的民族，各有特殊环境，依存于特殊的历史和其它的观念和目的”。[②] 闽西苏区民歌运动便是遵循了历史前进的步伐，所以它获得了成功与超越。革命根据地歌谣的思想艺术上的最大特点，就是直接并迅速地反映苏区军民的斗争与生活，直接服务于革命根据地的创建和发展。从已收集到的数以千计的革命历史歌谣来看，按其思想内容及艺术手法来分，主要有以下几类：

1.早期由党、苏维埃政府和红军领导者个人以民歌的形式所发布的各种布告。1929 年，毛泽东、朱德率领红四军向赣南闽西进军时，发布了《中国工农红军第四军布告》。它巧妙地采用“四言体”的歌谣形式写成，布告最后写道：“打倒列强，人人高兴，打倒军阀，除恶务尽，统一中华，举国称庆，满蒙回藏，章程自定，国民政府，一群恶棍，合力铲除，肃清乱政……布告四方，大家起劲。”[③]整个布告共 96 句，用通俗而简洁的语言高度概括出党的民主主义革命的宗旨，它形象生动，易于上口传唱，充分利用了歌谣在群众中的独特魅力，起到了很好的宣传效果，并为根据地文学运动中如何开发民间文化资源，宣传党的方针政策开了先河。之后，各级苏维埃政府纷纷采用类似的形式发布了大量的“四言体”“六言体”和“七言体”的布告，在一定程度上促进了苏区文学运动的开展。

2.宣传革命道理，揭露统治者的罪恶。号召群众参加革命，热情讴歌苏维埃政权，抒发人民翻身的喜悦，歌颂苏区的新生活。此类歌谣多是一些篇幅短小、具有浓烈政治激情和充满着鼓动性与战斗性的小歌谣。在革命风暴席卷广袤的农村苏维埃区域时，人民群众随着阶级觉悟的提高创作了大量控诉性的歌谣，但较前一时期不同之处就在于群众懂得了社会不平等产生的总根源。如《万恶的军阀》写道：“白军头子叫军阀，/勾结洋人害中华。/屠杀工农反革命，/保护豪绅大地主。”[④]短短 4 句，就把什么是军阀界定得清清楚楚。接着歌谣又举实例，述说军阀所造成的民不聊生的现状，它从蒋介石、阎锡山等五大军阀头目一一写起，由远及近，列举本地区的地方军阀郭凤鸣、张贞、卢新铭

① 《马克思恩格斯选集》第 1 卷，人民出版社 1972 年版，第 603 页。

② 黑格尔：《美学》第 1 卷，商务印书馆 1991 年版，第 19 页。

③ 万平近：《福建革命根据地文学史料》，海峡文艺出版社 1993 年版，第 134 页。

④ 谢济堂：《中央苏区革命歌谣选集》，鹭江出版社 1990 年版，第 37 页。

和陈国辉等，把大小军阀都囊括进去，最后点明军阀混战是人民痛苦不幸的根本原因之一，并得出结论：打倒军阀是时代和历史的必然要求。在《土豪恶》中，写出了土豪穷奢极欲，“有田有地好剥削”，“刁难穷人更加恶”，它抓住了农民世代穷困受压迫的真正原因——封建的土地所有制，号召“大家团结一颗心，哪怕土豪恶！……没收田地为公有，农民个个有田作”。[①] 穷人要想有新的出路，只有跟着共产党完成土地革命，才能真正实现“耕者有其田”的社会理想。这一时期所产生的控诉性歌谣，有一个共同的特征：那就是前半部分为声讨，起铺垫和烘托作用，其内在情感先抑后扬；后半部分迸发出反抗的怒吼，将全诗推向高潮。其实这类诗不过是农民结合自身的遭遇，把自己所理解的有关党的土地革命的理论用山歌的形式加以述说罢了。

3.随着苏区歌谣运动的逐步深入，民歌体的叙事功能也在不断增强，它已开始向较长篇幅的叙事性歌谣方向发展，歌谣的容量不断增大。这类叙事性的歌谣有不少是在每一次重大战役之后，由红军或群众立即创作出的歌颂红军英勇善战的歌谣，某种意义上它具有一定的史料价值，是史学者考订史实的重要佐证。例如一首题为《一九二九年的红军》[②]的歌谣，采用民间“十二月歌”的形式，逐月记录了毛泽东、朱德于 1929 年率领红四军从井冈山进军赣南、闽西的重大历史事件，形象地再现了朱毛红军在这一年中所取得的胜利和闽西根据地打土豪分田分地的火热景象。“二月里来雪花飞，红军团结一条心，大柏地上打一仗，白军士毅狗命危”，1929 年 2 月 10 日，红四军在瑞金大柏地歼灭了尾追之敌刘士毅部 800 余人。“六月里来荷花开，红军三度到龙岩；打得(陈)国辉只身走，一败涂地不复来”，这里写了红军进军闽西时，同土著军阀展开的几次重大战役的历史过程：在长汀长岭寨全歼郭凤鸣旅；三打龙岩赶走了陈国辉；攻下铁上杭，铲除上杭驻军卢新铭，时间、地点都相当准确。最后以古田会议胜利召开的欢乐场面作为结尾。又例如有些叙事歌谣相当完整地叙述了某一重大历史事件的全过程。如《第一次反“围剿”革命战争胜利歌》《第二次反“围剿”革命战争胜利歌》《第三次反“围剿”革命战争胜利歌》等，分别从不同的角度描述红军反“围剿”战争的全过程。其中由红军第一方面军

---

① 谢济堂：《中央苏区革命歌谣选集》，鹭江出版社 1990 年版，第 45 页。

② 江西师范大学中文系编：《江西苏区文学史》，江西人民出版社 1984 年版，第 96 页。

第三军团政治部编发的《第三次反“围剿”革命战争胜利歌》[①]最为著名。全诗一共218行，7部分，整首歌谣气势磅礴，具有史诗般的规模。总之，这一时期的歌谣是根据当地区域文化的实际情况，开掘与利用传统民间文化形式，开辟出革命根据地最初阶段的文学运动。它沿用民间流行的“竹板歌”“五更调”“四季歌”“十二月歌”“十杯酒”“十劝”“五更鼓”等曲调，填写革命的新内容，抒发革命情感。由于当地的山歌一般都具有直抒胸臆的特点，感情汹涌在诗篇的字里行间，显得格外鲜明而动人，想象也十分丰富，而且在体式上，一般也比较自由多样，长短句兼用，可独唱亦可互问互答对唱；既可抒情又可叙事；既不乏传承之作，亦可即兴填词，可以振奋精神，陶冶情操。闽西歌谣所具有的这种审美特性，恰好同当时苏区革命和建设所需要的政治功用性相契合，所以歌谣被广泛运用，发挥出强烈的宣传鼓动作用就不足为奇了。又由于客家山歌中保留着许多传统民歌的表现技巧，如谐音、双关、比兴、复沓、夸张等，被苏区歌谣所普遍接受，极大地丰富了苏区民歌的艺术表现力。其中有不少作品时至今日，仍散发出一种持久的根本性的艺术力量。闽西儿女所焕发出的争取民族和自身解放，争取人类更高生存境遇的无限的生命激情，不自觉地超越了当时的政治功用性，成为闽西文化的精髓。然而，毋庸讳言，这个时期的苏区山歌并非完美无缺，它仍有不足之处。比如，过多地注重了歌谣的思想政治性。如果说，中国无产阶级文学运动讲求功用性、突出政治性、推崇反映论的一些观念，在理论上是滥觞于五四新文化运动，那么它的实践源头却可以追溯到苏区文学运动时期。此外，闽西苏区民歌在艺术性方面也显得粗糙，缺少精雕细刻，有些就纯粹是标语口号式的东西。它的通病是诗的韵味不足，缺乏宏深幽渺之境，虽有强烈的政治激情，但形象的表现和技巧的锤炼不够。应该指出，苏区歌谣采用民歌的一些原始形态，在艺术大众化方面取得了巨大成就，但由于当时特定的环境，没有很好地注意民谣向现代诗歌发展的广阔思路。而这个问题一直到解放区时期，随着《王贵与李香香》和《漳河水》的相继问世，才从根本上解决了如何开发利用民歌体式，推出时代的新民歌，使革命主题与民歌的体式得到统一的问题。

---

① 谢济堂：《中央苏区革命歌谣选集》，鹭江出版社1990年版，第215～220页。

二、苏区新诗

苏区新诗主要为苏区革命知识分子所创作，它不仅在数量上远远比不上苏区的革命歌谣，而且产生的时间也稍晚一些。1932 年前后，许多进步的知识分子从四面八方赶赴苏区，迅速投身到火热的斗争中去。一方面，他们的革命热情空前高涨；另一方面，苏区军民澎湃激昂的战斗生活调动了诗人的激情，使他们“非陈诗才能展其义，非长歌才能抒其情”，在这种情况下，苏区新诗得以繁兴。

新诗是一种与旧诗相对而言的现代诗体的总称。它是五四时期时代情感的产物，以白话口语为其语言形态，以自由的格律音韵为其外在形态，“以情绪的自然的消涨”为其内在节奏，从三个方面构建起新诗的形式审美规范。20 世纪 30 年代，苏区新诗对中国现代诗歌的贡献不仅仅是在形式方面，更重要的是体现在思想内容方面。它一方面，继承和发扬了由郭沫若、殷夫等人所开创的革命诗歌的光荣传统，奏出了时代和人民的最强音，并在现代诗歌大众化、民族化方面迈出了坚实的一步；另一方面，又开启了抗战鼓动诗及 20 世纪 40 年代的解放区诗歌运动，无疑它在中国现代诗歌发展史上具有承上启下的桥梁作用。

苏区新诗的产生具有一定的文化基础。五四运动时期，闽粤赣地区就广泛开展了新文化运动，仅闽西地区的青年学生就创办了许多宣传新思想的报刊，像《岩声》《钟声》《汀雷》《长汀月刊》《到民间去》《新龙岩季刊》等。这些刊物所刊文章不仅体裁活泼多样，而且均为白话语体；文章的内容除揭露和抨击社会黑暗的政论性文章外，还经常刊出诗歌、散文、小说及剧本等文学作品。这些作品多为革命青年的应时之作，像邓子恢、张鼎丞、阮山、黄亚光、张赤男等人经常发表新诗。这些刊物的创办者们不仅身兼主要撰稿人，而且他们当中不少人又都成长为闽西苏区的创始人和领导人。因此，这一时期涌现出来的许多新诗，为以后苏区新诗的兴起奠定了基础。

中华苏维埃共和国临时中央政府成立后，在苏区歌谣兴起的同时，《红色中华》《青年实话》《中国青年》《少年先锋》等苏区报刊也陆续刊登了不少新诗。1933 年，《红色中华》编辑部从中精选出部分新诗，汇编成《革命诗集》出版发行，这是苏区出版的唯一一部新诗集。《革命诗集》旨在发展苏区的文艺，培养苏区自己的现代诗人。这也从一个侧面说明苏区的诗歌艺术已不再停留在大众化和通俗化的民歌和民谣的水平上，在切合这一区域群众文化接受能力的同时，正朝着诗歌艺术现代化的方向发展。固然战争环境要求诗歌创作的首要目的是具有功利性的，即动员千千万万文化很低的群众投身于革命战争的洪流之中，套用现成的民间歌谣体是苏区诗歌创作的第一要务。但当这一要求已被普遍满足以后，就不应该再消极地迁就群众的审美趣味，而应积极提升。对此苏区政府有清醒的认识，所以在革命歌谣兴起的同时，苏区开始提倡新诗创作，逐渐涌现出不少密切反映斗争实际的新体诗。实事求是地讲，苏区新诗的总体成就不如苏区的歌谣所取得的成就那样突出，但苏区新诗也有其独特的贡献。它及时填补了苏区现代诗歌的空白，而且它所描写的题材仍然相当广泛，容纳着时代的巨变：有号召人民勇敢投入战斗的，有歌颂红军战斗胜利的，有动员群众努力生产支援前线的，有反映苏区军民战时生活的，还有讽刺和揭露国民党反动派的，几乎涵盖了苏区生活的方方面面。它紧密配合苏区现实的革命斗争，表现出强烈的政治鼓动性和战斗性，有效地发挥了革命诗歌教育人民、打击敌人的战斗作用，不愧为20世纪30年代中国现代诗坛上的一朵奇葩。

1932年，苏区正处在敌人的反革命“围剿”与红军的“反围剿”斗争的白热化阶段，因而产生于这一时期的新诗，自然以反映苏区军民粉碎敌人的反革命“围剿”为其主要内容。反映这一题材内容的诗歌有：《冲锋歌》《活捉陶广》《战斗紧急动员曲》《赤卫军歌》《红旗歌》《杀敌歌》《战斗呵，苏维埃新中国的创造者》《示威》《将红旗高举》《我们的歌》《前进曲》《勇敢》等。为了保卫苏维埃胜利的果实，《战斗紧急动员曲》中发出了铿锵的誓言：“我们是无产阶级的战士，/我们是土地革命的儿子……要把一切献给人民的战争！”显示了无产阶级战士的英雄气概。《战斗呵，苏维埃新中国的创造者》是著名作家成仿吾为庆祝“二苏大会”的召开而创作的一首新诗。诗人热烈赞扬苏维埃新中国正在“大踏步前进”，号召“苏维埃新中国的创造者”，“为了中华民族的自由与统一，为了阶级的解放与利益”而英勇地战斗，要“使得一切敌人恐惧、发抖”。这些诗都写得气势恢宏，热情奔放，以亢奋激烈的情绪显示出历史精神，极大地鼓舞了苏区军民勇敢地投入保卫苏区的战斗中去。

苏区的新诗一般来说具有一定的思想深度，视野也较为开阔。比如：署名玄侣的《第三时期》这首诗：“太平洋掀起空前的怒涛，/印度海涌出了革命巨潮；/红旗展遍了中国南北，/印度工人又正在捣毁英帝国主义的老巢！/这是第三时期的危机，/帝国主义的末日到了！”它以洗练的文笔，描绘出20世纪

30 年代风云突起的国际局势，从硝烟密布的欧洲到无产阶级异军突起的亚洲，从不同的角度展现出一派“世界工人大众呵，/一齐奋起，/是时候了！将旧世界的丧钟撞响，/把暴动的红旗高飘！/在苏联的领导下，执行世界革命的会操！”[①]的景象。它不仅描写了苏区当下的政权建设，而且由此入手进一步拓展到对世界局势的总体关怀上。此类新诗比同时期的苏区歌谣所反映的生活面要宽阔。在苏区新诗中还有不少反映苏区军民战时生活的诗，如《在列宁室》《青年士兵与快枪》《月夜行军》《开赴前线》《插秧曲》等。《青年士兵与快枪》发表于闽西苏区杭武县《列宁青年》创刊号，是一首写红军战士珍爱手中武器，抒发红军战士革命情怀的短诗：“普通人的恋爱是姑娘，/我的恋爱是快枪。/她能杀敌冲锋，/不像姑娘们的娇模娇样，我爱她，我爱她英勇的心肠。/我的灵魂交给她，我的生命寄托在她的身旁，/日间行路时把她背近我的胸膛。/我爱她，我爱她生死不忘！”作品采用拟人化的手法，抒发了战士对枪的挚爱，暗示出枪杆子在苏区政权建设中的作用。它通过对爱“快枪”的生动描述，刻画出一位朴实可爱的红军战士形象，赞扬了红军战士的革命胸怀和高尚的思想情操。

此外，讽刺和揭露国民党反动派的诗歌在新诗中也占有一定比例。比如《乌龟战术》《不怕你，刽子手》《滚开，法西斯蒂》《铁拳等待着》等。其中以《乌龟战术》最为幽默诙谐，形象生动地嘲讽了国民党军队。“白鬼子开到一个地方，/伸头探脑地四周上望，/狗官长喜气洋洋的笑道：/‘弟兄们，莫逃莫逃！/前面没有红军开到……/这一会要用点劲儿啦，/三个月里面准把红军打倒！’/话没说完红军便已开到，/白军吃了惊—大吓一跳，/一溜烟便逃之夭夭，/逃到工事里面—/狗官长喘不过气来，哪卿说道：/‘弟兄们，莫慌，莫慌！/红军到，/咱们逃；/红军追，/咱们便躲进碉堡’，白军士兵全都笑开了，/有一个说：‘咱们可真像乌龟！”[②]这首诗像一幅漫画，采用白军自嘲自讽的形式，勾勒出白军官兵贪生怕死、临阵脱逃的可憎可笑的形象，揭露了国民党军队的“纸老虎”本质，同时也显示出红军在战略上藐视敌人的大无畏的革命英雄主义气概。

总之，这一时期的苏区新诗从内容到形式，既继承了五四运动以后新诗所开创的革命传统，又在苏区革命的实践中进一步加以深入和发展。首先，苏区的新诗在题材上密切联系苏区现实的革命斗争，抒发工农群众的思想感情，使

---

① 谢济堂：《中央苏区革命歌谣选集》，鹭江出版社 1990 年版，第 439 页。

② 谢济堂：《中央苏区革命歌谣选集》，鹭江出版社 1990 年版，第 343 页。

其具有强烈的政治使命意识和写实性；其次，在艺术表现形式方面，初步解决了现代诗歌所面临着的民族化与现代化、大众化与艺术化的关系问题，开创了一条现代诗歌多元互补的发展道路。虽然苏区新诗并非十全十美，存在着这样或那样的不足，但它是这个时代最佳的选择与创造。

三、结论

这一时期的闽西苏区诗歌运动具有两个突出的基本特征：第一，鲜明的时代精神。中国共产党所领导的土地革命运动就是当时语境中的时代精神，它影响了20世纪30年代中国社会的主导文化价值观念，凝聚着那个时代的主要审美意识和审美理想。这一时代精神不仅是当时社会群体意识的集中体现，更是苏区诗歌发展的内在驱动力。第二，浓郁的区域文化色彩。土地革命的主力军是农民，而农民是最具有地域意识的。山歌作为区域文化的一项主要内容，在区域文化范围内形成了多向互动的组合关系，本身具有多层面的社会功能。从山歌自身系统看，它具有传载功能、抒表功能、传讯功能和审美功能；从它同其他文化因素的外部关联来看，它又发挥着娱情娱乐、习俗礼仪的社会功用。而它与域外文化也处在双向交流的组合关系之中，区域的封闭性和经济文化的落后性，决定了闽西区域的山歌一直处于民间文化的原生形态上，无论如何它都难以超越自身的旧传统。苏区诗歌运动就充分利用区域山歌的上述功能，并注入革命的新内容，使之产生出新的生命力。

国难当头与理想追求

——《改进》杂志与抗战时期永安知识分子[①]

林 梅

一、导 言

20 世纪 80 年代以来，中国思想界的“新启蒙运动”对“文化的现代化”予以特别关注，对中国传统文化与现代文化的矛盾与冲突进行了深入讨论。在此理论诉求的指引下，近代史学界对民国时期的知识分子进行了广泛的研究，力图通过挖掘中国现代化进程中知识分子群体处于传统与现代之间的角色特征，重新总结中国知识分子面对当时政治与社会困境所展现出来的智慧和经验。如王金铻的《现代知识分子的历史轨迹》，[②]将中国现代的知识分子和传统知识分子以及外国的知识分子做比较，肯定他们在政治、经济、文化上做出的贡献。俞可平的《游魂何处归——中国现代化进程中的知识分子(洋务运动至 1949 年)》[③]追溯了从洋务运动到 1949 年中国的现代化进程中，知识分子是如何定位，如何作为一个独立的社会阶层和利益群体逐渐兴起和形成的。何晓明《百年忧患:知识分子命运与中国现代化进程》[④]讨论了知识分子和中国现代化休戚与共的关系。许纪霖对上述破冰之作的研究路径是这样描述的:“一是按照传统与现代的二元化分，分析知识分子在从传统向现代转型的

---

① 原为厦门大学中国近现代史硕士学位论文(2009 年)，经修改成文。

② 王金铻:《现代知识分子的历史轨迹》，《史学集刊》1988 年第 2 期，第 52～59 页。

③ 俞可平:《游魂何处归——中国现代化进程中的知识分子》，《天津社会科学》1996 年第 5 期，第 75～78 页。

④ 何晓明:《百年忧患:知识分子命运与中国现代化进程》，东方出版中心 1997 年版。

过程中，其文化选择以及内在的思想文化冲突；二是从学术与政治之间的社会角色出发，研究知识分子在现代社会中所体现的社会身份，重点考察知识分子在转型时代的政治命运，是如何丧失和重建独立人格的。”①

不过许纪霖的总结有着超越这些研究的含义，他是从事实上进一步揭示当时这批参与“新启蒙运动”的青年知识分子的期许。他们之所以注重“知识分子”，目的在于建构出社会知识分子的独立的思想空间和社会空间。因此，进入20世纪90年代中期以后，学界逐渐放弃“传统—现代”的二分模式、“借思想文化解决问题”的模式，逐渐援引西方“公共领域”(public sphere)的概念对近代知识分子的转型问题进行更具有理论意义的整合，认为中国和欧洲的市民社会(civil society)不同，其公共领域可以分为两种：一种是晚清社会出现的，在国家权力和宗法社会之间，以地方士绅特别是城市乡绅对城市公共事务的管理为主体的管理型公共领域；另一种是以具有现代意识和救世关怀的全国性士大夫或者知识分子为主体的，他们通过公共媒体、政治集会和全国通电，制造公共舆论，这种公共舆论通常具有批判性质，因此形成了批判型公共领域。② 关注于建构在国家政治权力之外的公共讨论和公共交往的主体，其实质已经将“传统—近代”的时段二分模式转变为“管理型公共领域”与“批判型公共领域”的结构二分模式，并认为“批判型公共领域”是理解近代“国家—社会”架构的切入点。

由于复杂的历史情境与社会的动荡，中国近代知识分子所建构、所认识的“公共空间”具有多重的面向。从20世纪30年代初到40年代末，知识分子的影响力开始下降，③其原因除了国家政治对公共领域的渗透之外，主要是抗日战争爆发以后，救亡任务成为社会主要任务，政府以战时集权的名义加强统治。结果在此特定的社会环境下，知识分子逐渐离开了原有的独立性，走向与国家政治共存的道路。因而这个时期的知识分子，无论身处沦陷区、大后方，还是在孤岛上海，其话语重心开始转移。原来自由主义色彩很浓的公共知识分子，力图慢慢地与国家政治、民族危亡的话语相统一，融入抗日救亡的主流社会意识。从这一层面看，在面临空前变局时心态和话语选择上，抗日战争时

① 许纪霖：《都市空间视野中的知识分子研究》，《天津社会科学》2004年第3期，第123页。

② 许纪霖：《都市空间视野中的知识分子研究》，《天津社会科学》2004年第3期，第126～127页。

③ 许纪霖：《公共空间中的知识分子》，江苏人民出版社2003年版，导言。

期的知识分子有别于 20 世纪 20 年代的知识分子。

偏居东南一隅的福建永安就是抗战时期知识分子云集之地，成为东南地区的文化中心。董秋芳在一篇文章里这么描述他所初见的永安城："我们初到永安，巡视一周，真叫人失望到无法滋味的地步，试看道路还是那么崎岖和狭隘，房屋还是那么低矮和黑暗，(里面还是鸡猪杂处臭气冲天的呢)小足伶仃的妇女还是那么触目皆是；乳臭未干的姑娘，有许多好像已做了母亲；陶冶情性的娱乐场所，压根儿没有，民众阅报室或阅览室，一点踪影都看不见！"①

闭塞的交通环境却让永安这个小城在战争中体现了它的优势，比之于沿海经常受到骚扰的地区，永安显示出了特别的宁静。再加上境内多为森林覆盖且地广人稀，气候温和，物产丰富，可以容纳众多外来人口。随着福州、厦门的沦陷，1938 年 5 月，国民党福建政府开始将省会各机构陆续迁往永安，大批的知识分子和文化学术团体随之而来，掀起了当地抗战时期文化建设的高潮。

围绕着近代以来"公共知识分子"形成及演变的轨迹，结合抗战中知识分子所面临的政治局面，进行个案研究是深化永安知识分子群体研究的可取途径。许纪霖认为，"公共知识分子"的"公共"体现在三个方面："第一个是面向(to)公众发言的；第二是为了(for)公众而思考的，即从公共立场和公共利益，而非从私人立场、个人利益出发；第三是所涉及的(about)通常是公共社会中的公共事务或重大问题。"②沿着这样的概念认识，可以推知，公共知识分子的公共声音针对大众，其依托的工具常常是媒体。因此笔者认为，通过对一份刊物的综合分析，是可以从社会文化史的角度考察知识分子特点的，在"公共性"方面能展开思考的问题有：

(1)在抗日战争这个全国的大背景下，在永安这个东南一隅的特定的环境中，这群来自全国各地，各自拥有不同教育背景以及文化背景的知识分子，是如何通过现代刊物形成知识分子共同体的？

(2)当时在永安创办的报纸杂志非常多，一种杂志中所涉及的知识分子同时也参与了很多其他杂志报纸的运作过程，他们中间还有很大一部分人在省政府里任职，知识分子共同体是如何相互交往、相互影响，并且如何一起构建

---

① 董秋芳：《怎样建设内地的国防文学》，《闽政与公余》32—34 号合刊，1938 年 8 月 10 日，转引自邱文生主编：《永安抗战进步文化活动》，海峡文艺出版社 1994 年版，第 119 页。

② 许纪霖：《从特殊走向普遍——专业化时代的公共知识分子如何可能？》，《公共性与公共知识分子》，江苏人民出版社 2003 年版，第 29 页。

社会公共空间和关系网络的?

(3)各种杂志的属性不同,综合地看能较好地体现抗战时期知识分子话语结构,因此考察一份杂志,可以分析谁在说话,是知识分子还是政府当局?在抗日战争的大局势中,他们分别要表达什么?

二、抗战知识分子的理想寄托

抗战烽火燃烧到福建沿海,1938 年 5 月 11 日,厦门沦陷了,省会福州也处于危急之中,福州的省政府机关被迫于 1938 年 5 月内迁永安。永安地处福建中部偏西,群山连绵,交通闭塞,经济落后,文化生活也非常贫乏。这时候的永安城区人口不足 7000 人,城区面积只有 2 平方多公里,四周围着 7 米多高的城墙,东西南北各有一个城门,建有城楼,另有两个小水门,便于居民汲水、洗衣。城内除几条主要街道由青石板铺就外,其余的巷道都是鹅卵石路面。街边的铺面是一层的木板房,参差不齐。除了赶集的日子,平常生意冷清。[①]而董秋芳在一篇文章中这样形容此时的永安:"民国二十七年(1938 年)的永安,简直像一座荒城,也像一片沙漠,知识荒,超过了天天必须的粮食荒(那时白米每元能购到 20 多斤)。一般公务人员和知识青年的'叫荒'声,响彻了这弹丸之地的永安全城。"[②]

当时迁往永安的机构众多,有省政府主席公馆;有省府秘书处、民政厅、财政厅、建设厅、教育厅、田赋管理处、驿运管理处、农业改进处、保安处、卫生处、社会处、地政局、公路局、邮政局、检查处、会计处等省厅处局政府部门;有省党部、省临时参议会、军风纪巡察团、省防空司令部、东南气象台、美国新闻处、三青团福建分团、福建高等法院、最高法院闽浙赣分庭、台湾省党部等省级机关或驻闽单位;有改进出版社印刷所、胜利出版社、文明书店、三联书店、商务印书馆、中华书局、风行印刷厂、省广播电台、省无线电台、省立医院门诊部、省立医院病房、防疫所、防疫大队、省话剧团、卫生材料厂、卫生试验所等文化卫生

① 永安市文化体育与出版局编:《烛照东南——永安抗战进步文化活动始末》,三明市文化与出版局内部发行,2005 年,第 1～4 页。

② 董秋芳:《福建省政府图书馆之今昔》,《闽剧月刊》9 卷 6 期,转引自邱文生主编:《永安抗战进步文化活动》,海峡文艺出版社 1994 年版,第 150 页。

单位;有省立农学院、高级农业职业学校、中学师资进修学校、永安师范学校、永安体师、省立实验小学、省社会科学研究院、盐务小学、义务教育实验区等各级学校;有省银行总行、省银行永安支行、交通银行、中国农业银行、中央银行、中国银行、私营集友银行、永安水电厂、省贸易公司、农事试验场、兵工厂、火电厂、省工业合作社、工业研究所等金融企事业单位。其他还有康乐新村、泉永师管区司令部、高射炮部队、宪兵营、保八团、警察局、省消防队,监狱等,总共近 100 多个机关企事业单位迁入永安,[①]城区人口由原来的 7000 人骤增至 30000 多人。但是永安已有的文化却不容乐观,如《改进》主编黎烈文说:"生活在这里(永安)的男女青年是迫切地需要新的文化食粮。这事影响抗战前途狠(很)大,无论如何,我们不应当轻易看过。"[②]在这样的社会环境中,知识分子进入永安,就有了非常特殊的意义。

随着抗战的持续,大批文人学子、官僚政客、豪绅巨贾和各色各样的人物相继涌入永安城。这些人中的部分是随着省会的迁移、大批的政府机构和文教机构的迁入而迁入的,另一部分是平、津、沪、宁等大城市沦陷后,来自北平、天津、上海、南京、杭州、嘉兴、无锡等地的大量流亡学生和知识分子。他们云集于此,参加抗日救亡工作,在闽建立了各种文化团体。如图书馆馆长兼省政府编译室的董秋芳、教育厅厅长郑贞文、省政府编译室编译杨骚等是随省政府内迁永安的;黎烈文在上海沦陷后回到湖南老家,后又受到福建省政府主席陈仪之聘出任永安改进出版社社长;王西彦、许粤华(雨田女士)、赵家辛、卢茅居、郭风等到永安参加改进出版社的编务;邵荃麟、葛琴则于 1940 年 4、5 月间从浙江金衢南来居留永安,成为改进出版社的专业作家和编辑;章靳以经黎烈文介绍,由重庆取道黔桂沿湘赣路来到永安,担任福建省立师专中文科主任;上海暨南大学中文系主任许杰随校迁到建阳;许钦文在永安师范学校任教;陈向平任南平《东南日报》《笔垒》主编。[③] 他们在这个边缘地区构建公共空间,给东南一方的社会文化带来了很大的希望。

知识分子来到永安,之所以能够开展文化建设工作,与当时福建的两任省政府主席陈仪和刘建绪的执政方略相关。陈仪、刘建绪二人有着不同的政治

---

① 永安市文化体育与出版局编:《烛照东南——永安抗战进步文化活动始末》,三明市文化与出版局内部发行 2005 年版,第 1～4 页。

② 黎烈文:《我们的希望》,《改进》创刊号,1939 年 4 月 1 日,第 1 页。

③ 汪毅夫:《东南地区的抗战文艺》,《中国现代文学研究丛刊》1987 年第 3 期,第 28～29 页。

背景和从政经历，但是他们在福建都行使了开明的政治举措，这是有自己的打算的。他们在国民党内部的派系斗争中都属于边缘人物，和蒋介石或蒋介石政权所支持的CC系、黄埔系之间，都有矛盾。在来到福建以后，远离陪都重庆，他们一方面希望在派系斗争中排除异己势力，另一方面则想要借助进步力量，扩大影响，并希望借此抬高身价，以便为战后政治斗争中寻求出路创造条件。

陈仪于1934年福建事变结束后调任福建省主席兼绥靖主任，治理福建军政。他在福建任职长达7年，在这7年中，他想在福建建立一番政绩，兴办经济文化事业。文化方面，他聘请了郁达夫、黎烈文等进步人士来福建任职，在普及战时国民教育、推广普通话方面，确实取得了一定的效果；经济方面，他实行经济专卖统制政策，创办招商局、公沽局，垄断交通运输。他的本意是好的，是要发展福建的战时经济，但结果是这些举动并没有拉动福建的经济，反而带来官员贪污受贿，奸商囤积居奇，物价腾飞，民众怨声载道。1940年，爱国华侨领袖陈嘉庚先生三次致电蒋介石，控告"陈仪祸闽"，要求惩处。1940年年底，蒋介石提出让刘建绪接替陈仪的职位。陈仪"考虑自己主闽七年，已初具规模，不愿由CC分子或复兴社分子继任，搞得人亡政息。刘建绪是个无所依靠，并且比较接近自己这帮人的(陈从来不承认有什么政学系)，可望其'肖规曹随'(萧规曹随)，因即欣然表示欢迎"。[①]

1941年9月，刘建绪继任福建省主席之职。他并不是蒋介石的亲信，只是蒋的湘籍非嫡系军队，早已交出了全部军权，才换得这个福建省政府主席一职。他没有任何后台，来到福建后只是一个光杆司令，从政乏术。福建地位特殊，远离重庆，随着战局的变化，随时可能孤立，刘建绪想稳住自己的地位，就要拉拢各方面的势力，比如说任用程潜族侄程星龄为省政府秘书长，希望借此接近湖南老上司程潜、何健等人。程星龄是进步人士，曾对刘建绪说："共产党的必胜也决不是恢公(即刘建绪)所能阻挡的。抗日战争前，你们曾统率湖南子弟兵，同共军较量过，结果怎样？现在恢公只手空拳，消灭您的部队的并不是共产党而是蒋介石"，并且劝他要"为国家民族积蓄一点力量，爱护青年，爱

① 中共永安市委党史征集办：《党史参考资料》第9期，转引自郑勉己：《福建永安抗日文化活动的特点与起落》，《福建师范大学学报(哲学社会科学版)》1986年第1期，第75页。

护革命人士，犯不着与共产党为敌”。[①] 按程星龄的建议，刘建绪沿用了陈仪创立的人事任用制度，尽量不变动陈仪的旧班底，但不再实行经济统制，以缓和人民的不满情绪。1942 年，福建省政府还特别制定了《救济浙赣入闽文化人士暂行办法》，并由福建省赈济会垫拨 20000 元为救济准备金，[②]由此可见，福建省政府对这些入闽的知识分子的到来是持欢迎态度的。

得益于政治环境的相对宽松，抗战时期的福建有着相对民主和开明的氛围，从而成为知识分子实现政治理想和文化理想的场域，并吸引了大批知识分子的到来。也正是国民党内部这种复杂的政治权力斗争，给知识分子创造了机会。他们在夹缝中顽强生存下来，并且发展壮大，推动着全国抗战文化的繁荣。

《改进》创办者黎烈文是著名左翼作家，1904 年出生于湖南湘潭，曾任商务印书馆助理编辑。1932 年 12 月出任《申报》副刊《自由谈》主编，1934 年 5 月辞职后与鲁迅等人组织译文社，出版《译文丛书》。1936 年任半月刊《中流》主编。1938 年春，他应福建省教育厅厅长郑贞文邀请到福州工作，同年 5 月随同省政府迁至永安。1939 年 2 月，经郑贞文推荐，陈仪任命黎烈文组建改进出版社，并任社长兼发行人。自此，“黎烈文焕发了主编书报《自由谈》时的旺盛朝气，抱着‘推重车上坡’的雄心，主持创办了改进出版社，决心在闭塞的山城开拓新的天地”。[③]

丰富的出版经验，加上扎实的文学功底，使得黎烈文在改进出版社的组建与出版工作中游刃有余。在他的努力下，改进出版社呈现出生气蓬勃的景象。从 1939 年 3 月起，在几个月里先后编辑出版《改进》《现代文艺》《现代青年》《现代儿童》《战时民众》《战时木刻》等 6 种刊物；出版 8 种丛书和一些单行本，计 100 多种，多数畅销全国。他希望通过这些文化的改进来支持抗战建国，在东南地区建设一个“理想社会”。

《改进》从一开始就表明了这种“文化救国”的出版宗旨，黎烈文在《改进》创刊号的发刊词《我们的希望》中就明确表明了这一点。在发刊词中，黎烈文首先提出了抗战爆发后文化工作中的缺陷：没有建立各地文化中心和配合长

---

① 中共永安市委党史征集办：《党史参考资料》第 9 期，转引自郑勉己：《福建永安抗日文化活动的特点与起落》，《福建师范大学学报（哲学社会科学版）》1986 年第 1 期，第 76 页。

② 《救济浙赣入闽文化人士暂行办法》，福建省档案馆馆藏，全宗 1-4-1464，第 3 页。

③ 赵家欣：《燕江风雨——回忆黎烈文与永安改进出版社》，《福建党史月刊》1985 年第 10 期，第 20 页。

期抗战的需要。接着他为《改进》制定了发展方向,“是想对抗战和建国两重工作都能有些许贡献”。在当时的背景之下,抗日救亡已成为全民族的中心任务,东南后方的知识分子们也充分意识到了这点。董秋芳这样说道:“目前我们在内地建设文化,目的不在于造成‘文化的王国’,而在提高内地民众社会的与精神的文化水准,使每个国民都可能并且愿意做到‘有钱出钱,有力出力’的地步,而成为支持全面的持久抗战到底一个健强的成员。”[①]这个时候,《改进》将抗战和建国作为自己的时代任务,知识分子们通过一本时代刊物抒发自己的政治理想,同时致力于提高民众的素质,对民众进行政治和精神动员,这是有积极的意义的。

1938 年 12 月 1 日,梁实秋在重庆《中央日报》的副刊《平明》上公开征求“与抗战无关的材料”,一些知识分子也参与到讨论中来,酿成了“与抗战无关论”。在抗日战争时期,面临亡国灭种的关键时刻,将“与抗战无关”作为一种文学创作上的口号,并不是一个恰当之举。在东南,它就受到了抵制和批评。

1939 年 4 月 1 日,《改进》编辑们在创刊上的稿约《欢迎投稿》就郑重宣布:“与抗战建国有关之著作,特别欢迎”;[②]此后刊登《启事》重申该刊宗旨之一是“尽量提供一切抗战有关的材料”。[③] 在抗战与救国的办刊宗旨之下,《改进》刊登的大量文章始终围绕着抗战、救国两大主题进行讨论,保持着抗日救亡的走向。1939 年 6 月 1 日的《改进》杂志刊登启事中又说到要“征求有文艺价值之通讯、报告。题材属于敌寇暴行一类者,尤为欢迎”。[④]

于是,《改进》同人们以笔为枪,用文字激发民众的抗日热情。但杂志毕竟不同于新闻报纸,需对日本侵略阴谋的深层因素进行剖析。《改进》杂志对日本的各种暴行进行分析与揭露主要围绕着经济掠夺展开。如周宪文的《日本破坏中国法币的阴谋》[⑤],美国作家 T.M.斐雪(T.M.Fisher)著、龚积芝翻译的

---

① 董秋芳:《怎样建设内地的国防文学》,《闽政与公余》32—34 号合刊,1938 年 8 月 10 日,转引自邱文生主编:《永安抗战进步文化活动》,海峡文艺出版社 1994 年版,第 116 页。

② 编者:《欢迎投稿》,《改进》第 1 卷第 1 期,1939 年 4 月 1 日,扉页。

③ 编者:《启事》,《改进》第 2 卷第 6 期,1939 年 12 月 6 日,扉页。

④ 编者:《启事》,《改进》第 1 卷第 5 期,1939 年 6 月 1 日,扉页。

⑤ 周宪文:《日本破坏中国法币的阴谋》,《改进》第 1 卷第 2 期,1939 年 4 月 16 日,第 67～69 页。

《日本侵略华北之窘状》[1]，宋斐如《日寇劫掠我东北经济的总帐》[2]，关稼农《"九一八"以后日寇统治东北之机构与政策》[3]等文章，从日本对我国货币政策的破坏、对我国国土的侵略、对我国资源的掠夺等方面进行分析，以此考察日本帝国主义野心所在，直接激起人民抗战的决心。比如在《日寇劫掠我东北经济的总帐》中，作者从日本 1937 年开始实施的《满洲产业开发五年计划》及其修正案（1937 年、1939 年两度修改）入手，分析了日本对我国东北的侵略重心从轻工业、原材料的掠夺到重工业的掠夺的转移。号召同胞们站出来，推翻日寇"在我国东北同胞的血肉基础上建筑重工业的金字塔"[4]，让日本以战养战的阴谋破灭。

抗战爆发后，国人对日本的认识并不清晰，特别是汪伪国民政府成立后，四处散发抗战必亡的论调。胡兰成 1940 年出版的政论集《战难和亦不易》中说道："过去的战，战得不彻底；今后的和，万万不能再和得不彻底。我们如果听其自然，则不彻底的战已经断送了半个中国，不彻底的和，将把另一半也断送了。"[5]将中国的沦陷归结于国人的奋起抵抗，可谓是荒诞至极。这种"中国必败"言论的散布很容易引起全国上下的恐慌，不利于全面抗战的进行。这时候就需要有人来鼓舞士气，鼓舞全民抗战。知识分子拥有专业特长，他们一部分人通过理论分析或者翻译资料，对日本的现状进行分析。谢东闵的《日本今年度的物资动员计划与其前途》[6]，王迅中的《日本财政之回顾与前瞻》[7]，冯河

---

① ［美］T.M.斐雪著、龚积芝译：《日本侵略华北之窘状》，《改进》第 1 卷第 12 期，1939 年 9 月 16 日，第 519～520 页。

② 宋斐如：《日寇劫掠我东北经济的总帐》，《改进》第 6 卷第 1 期，1942 年 3 月 1 日，第 18～21 页。

③ 关稼农：《"九一八"以后日寇统治东北之机构与政策》，《改进》第 6 卷第 7 期，1942 年 9 月 1 日，第 254～257 页。

④ 宋斐如：《日寇劫掠我东北经济的总帐》，《改进》第 6 卷第 1 期，1942 年 3 月 1 日，第 21 页。

⑤ 胡兰成：《战难和亦不易》，转引自王春南：《鄙薄胡兰成——散布"抗战必亡"哪有一点良知？》，《北京日报》2004 年 8 月 3 日。

⑥ 谢东闵：《日本今年度的物资动员计划与其前途》，《改进》第 2 卷第 1 期，1939 年 10 月 1 日，第 29～33 页。

⑦ 王迅中：《日本财政之回顾与前瞻》，《改进》第 3 卷第 2、3 期合刊，1940 年 5 月 1 日，第 53～54 页。

清的《日本战时财政分析》[①]，许汝祉的《日本的疯妇外交》[②]，日本作家本位田祥男著、陈国雄翻译的《日本物价统治的畸形发展》[③]等文章论述了日本战时政策制度。《改进》第1卷第3期(1939年5月1日)还刊登了敌情研究特辑，目的是让人们对日本有更深刻的了解。美国作家K. 布罗和著、龚积芝翻译的《日本的恐慌》[④]，伊藤正德著、陈英普翻译的《日本国防的贫困》[⑤]，东浦庄治著、陈国雄翻译的《日本米荒与食粮问题》[⑥]，蔡力行的《侵略战争中日寇的危机》[⑦]，美国L. E. 佛列激特林著、徐君梅翻译的《日本石油的供给问题》[⑧]，天如翻译的英国《经济学者杂志》中的《日本石油供给现状》[⑨]等文章，对日本当前面临的经济问题、军事问题、粮食问题、能源问题进行了披露，鼓舞了全国人民抗争的决心，坚定了抗战胜利的信心。所谓“知己知彼，百战不殆”，这些对日本政治、军事、经济制度进行深刻分析的文章成为支持抗战的有力武器。

中日问题不仅仅是两国之间的问题，它还是国际政治长期演变的结果，对此，《改进》刊登的文章对日本与其他国家的关系，特别是日美关系，以及它所面临的国际环境进行了深刻的分析。《改进》第5卷第7期(1941年9月1日)刊登了一个“日本与美国”的特辑，一共有5篇文章，主要讨论了日美两国在南海的争夺；第5卷第9期(1941年11月1日)又刊登了一个“美日关系预

---

① 冯河清:《日本战时财政分析》,《改进》第4卷第5期,1940年12月1日,第173～180页。

② 许汝祉:《日本的疯妇外交》,《改进》第3卷第6期,1940年6月16日,第201～202页。

③ [日]本位田祥男著、陈国雄译:《日本物价统治的畸形发展》,《改进》第3卷第10期,1940年8月16日,第350～353页。

④ [美]K. 布罗和著、龚积芝译:《日本的恐慌》,《改进》第1卷第12期,1939年9月16日,第498～499页。

⑤ [日]伊藤正德著、陈英普译:《日本国防的贫困》,《改进》第3卷第2、3期合刊,1940年5月1日,第49～52页。

⑥ [日]东浦庄治著、陈国雄译:《日本米荒与食粮问题》,《改进》第3卷第2、3期合刊,1940年5月1日,第55～58页。

⑦ 蔡力行:《侵略战争中日寇的危机》,《改进》第5卷第6期,1941年8月1日,第223～226页。

⑧ [美]L. E. 佛列激特林著、徐君梅译:《日本石油的供给问题》,《改进》第5卷第10期,1941年12月1日,第387～389页。

⑨ 天如译:《日本石油供给现状》,《改进》第5卷第11期,1942年1月1日,第440～445页。

测”的特辑，虽然当时太平洋战争还没有爆发，但是这些知识分子已经预感日美之间面临一场必然要开始的战争。此外，还有一些文章如佐藤胜清著《日本征服美国的野心》[①]、美国作家 M. J. 盖恩(M. J. Gein)著《日本准备奇袭英美经过》[②]、蔡力行的《日寇攻苏联的准备》[③]等都揭露了日本的野心以及其与世界为敌的事实。美、英、苏等国抗击法西斯的种种行动更让大家看到了抗战胜利的曙光。《改进》杂志的编辑们还特别写了一些短论对世界战局、国际形势和国际关系进行预测与分析。比如太平洋战争爆发后，日本与英美直接宣战，企图利用国际危机扩大他们的侵略。编辑们分析，日本受到太平洋民主国家联合包围，战败是必然的，但是它还会做最后的挣扎，将重心从太平洋转向印度洋，回来切断我国的西南国际交通干线，因此抗战的胜利还要经过一个艰苦奋斗的阶段。[④] 这与后来1944年日军为了逆转它在太平洋战场上急遽失利的厄运，打通我国的陆上交通，攻陷衡阳，将战事重心沿湘桂向西移动的事实是相符合的，而《改进》的编辑们提前两年就做出了这个预测，这就充分证明了他们的观察力和政治远见。

除了对敌人的分析外，《改进》还致力于建设国民道德，进行精神总动员的呼吁。因为战争的胜利，不单要依靠前线的士兵的战斗，还要对后方民众进行精神的动员才行。在《改进》创办之初，黎烈文就提出，在抗战时期我们最缺少的不是科学知识、飞机大炮以及科学技术人员，而是做人立国的基本品德，也就是个人自尊心与民族自尊心。[⑤] 以福建为例，《改进》的编辑们指出闽西北农民在20多年苛捐杂税、土匪横行的条件下，世界观已经发生了改变，开始自甘贫困。要使得他们振作，增加生产并明白增加生产对于自己和国家的利益，必须到各县各区各联保甚至各保进行国民精神总动员。这样才能将民众以前那种错误的人生观改正过来，使他们知道“在这个时候，如果我们国民之中，还有醉生梦死的，还有苟且偷生的，还有自私自利的，还有意志分歧的，还有不知

---

① [日]佐藤胜清：《日本征服美国的野心》，《改进》第5卷第11期，1942年1月1日，第432页。

② [美]M. J. 盖恩：《日本准备奇袭英美经过》，《改进》第6卷第7期，1942年9月1日，第267～270页。

③ 蔡力行：《日寇攻苏联的准备》，《改进》第6卷第9期，1942年11月1日，第336～337页。

④ 编者：《迎接胜利年》，《改进》第5卷第11期，1942年1月1日，第407页。

⑤ 黎烈文：《我们最缺少的》，《改进》第1卷第2期，1939年4月16日，第61页。

奋发自强的，那就不是我们中华民族的同胞”。[①]《改进》的编辑们还将抗战以来，前方将士和后方民众的生活进行对比：“英勇的将士在前线浴血抗战，后方的同胞大多数还仍旧过战前的享乐偷安的生活。菜馆中每天仍是豪奢的宴客，戏院舞场的门口仍有不少青年人进出。一方面我们时常看见阔人的汽车载着太太小姐们奔驰，而另一方面，奉令出发的士兵在酷热严寒下徒步开赴几千里外的前线。大腹的商人甚至利用国难囤积居奇，高抬物价，贪官污吏们肆无忌惮地在浑水里摸鱼”，并指出，这一切才是抗战最大的危险，“节约为奢侈浪费所抵消，物价物资的管制为囤积走私所抵消，自动应征为壮丁逃避和兵役舞弊所抵消，作战流血为享乐沉湎所抵消，精勤廉洁为敷衍贪污所抵消，抗战宣传为谣言的散布所抵消……这种种抵消的结果，逐使抗战工作，事倍而功半”。[②] 抗战期间，确实需要一些这样的文字来警醒大众、鼓励大众。

抗战与建国有着分不开的关系，战争使中国的社会经济遭受了极大的破坏，因此在抗战展开的同时，如何恢复经济、建设国家也成为了《改进》的出版宗旨之一。《改进》在第1卷第4期(1939年5月16日)，第3卷第2、3期合刊(1940年5月1日)和第4卷第1期(1940年10月1日)中刊登了“后方经济建设”“新中国的经济”“工建之页”三个特辑，分别介绍了中国经济的现状和将来的走向，特别是针对法币贬值、物价飞涨的问题提出了很多看法。还有一些文章如杨端六的《战后内地工业建设问题》[③]、章乃器的《中国的工业化问题》[④]、李仁柳的《我国农业建设问题》[⑤]和《我国战后的农业建设》[⑥]、李赞和的

---

① 黎烈文：《加强生产与精神动员》，《改进》第1卷第4期，1939年5月16日，第153页。

② 编者：《信心和警觉——纪念七七七周年》，《改进》第9卷第4期，1944年6月25日，第139页。

③ 杨端六：《战后内地工业建设问题》，《改进》第1卷第12期，1939年9月16日，第489～491页。

④ 章乃器：《中国的工业化问题》，《改进》第5卷第10期，1941年12月1日，第372～375页。

⑤ 李仁柳：《我国农业建设问题》，《改进》第8卷第1期，1943年9月25日，第31～37页。

⑥ 李仁柳：《我国战后的农业建设》，《改进》第8卷第5期，1944年1月25日，第201～204页。

《战后的渔业建设》[①]、周玉津的《论我国金融业之改进》[②]等从工业、农业、交通业、渔业、金融业等方面为祖国的建设提供了很多建议和意见。值得注意的是,《改进》在福建永安创刊出版,与当时的福建省政府关系密切,因此在讨论战后重建等问题时,改变地方现状也是重要内容之一,所以也刊发了很多针对福建当地建设的有影响力的文章,如郑润昌的《福建农村经济问题之初步分析》[③]、世华的《福建省平衡物价的有效办法》[④]、倪师坛的《福建的前途——工业化》[⑤]等。在《福建的前途——工业化》中,作者认为由于地理环境的制约,福建的农民生活闭塞、艰苦、困顿,处于一种原始阶段。福建各地又存在着差异,政情复杂,一个政令不能收到普遍的效果,"又因为人民趋于保守,所以新的政令不易推行,新的文化也不易为他们所接受,整个福建也无由走上现代化的大道。必须有一种力量,以打破这种地理环境以及由此环境所造成的人民习性的障碍,使全省各地脉络相连、呼吸相通,并使一般农民那种死守一小块耕地而不知更有其他的经济生活起一番根本的变化,福建的前途才有希望。这种力量的可能泉源,不是农业改良,而是工业化"。[⑥]

在政治方面,《改进》针对当时的政治体制提出了一些建议。1939 年 9 月 9 日,第一届国民参政会第四次会议在重庆召开,中共和各民主党派的参政员要求国民党结束党治,实施宪政。9 月 16 日,经过激烈的争论,大会审议通过《请政府明令定期召开国民大会,制定宪法,实施宪政案》。会后,国民参政会议长蒋介石根据大会的决议,指定各党派和无党派参政员董必武、黄炎培、张澜、左舜生、罗隆基、史良、褚辅成、钱端升、罗文干等 19 人组成宪政期成会。其任务是协助政府修改宪草,促成宪政。同年 11 月,国民党召开五届六中全

① 李赞和:《战后的渔业建设》,《改进》第 11 卷第 5、6 期合刊,1945 年 8 月 25 日,第 222～242 页。

② 周玉津:《论我国金融业之改进》,《改进》第 12 卷第 3、4 期合刊,1946 年 1 月 25 日,第 107～128 页。

③ 郑润昌:《福建农村经济问题之初步分析》,《改进》第 3 卷第 4 期,1940 年 5 月 16 日,第 139～142 页。

④ 世华:《福建省平衡物价的有效办法》,《改进》第 4 卷第 9 期,1941 年 2 月 1 日,第 343～344 页。

⑤ 倪师坛:《福建的前途——工业化》,《改进》第 9 卷第 1 期,1944 年 3 月 25 日,第 4～5 页。

⑥ 倪师坛:《福建的前途——工业化》,《改进》第 9 卷第 1 期,1944 年 3 月 25 日,第 5 页。

会，表示接受国民参政会的决议，决定于1940年11月12日召开国民大会，制定宪法。一时间全国上下掀起一阵实施宪政的热潮。1939年10月至11月间，张澜、沈钧儒等人发起，在重庆先后召开了4次宪政问题座谈会，成都、桂林等地也先后组织了宪政座谈会和宪政促进会。在东南的大后方，1939年12月1日出版的《改进》第2卷第5期刊发了针对"宪政问题"的特辑。在这个特辑里有1904年留学英国、专攻法律、当时担任西南联大教授的罗文干写的《宪政问答》[①]，针对民众对"宪政"的疑惑与疑虑给予回答；有国民党的骨干人物洪兰友的《中国国民党与宪政》[②]、许宝驹的《宪政宪法之灿烂前途》[③]；还有当时担任《新华日报》社长的共产党人潘梓年写的《三民主义与宪政运动》[④]，可以说是齐集了各方言论。随后，1940年8月16日出版的《改进》第3卷第10期中，又刊发了名为"宪政意见"的特辑。这些文章体现了知识分子对宪政的拥护，对政治发展参与讨论的热情。但是这场宪政浪潮最终以1940年9月18日，国民党中常委以各地交通受战事影响，颇多不便为借口宣布国民大会不能按期召开而告终。

学术与政治一直以来在中国的知识分子眼中，有着千丝万缕的联系。中国的知识分子一直对于政治的参与充满着热情。哲学家贺麟先生在1947年出版的一本撰于抗战时期的论文集《文化与人生》[⑤]中对学术与政治的关系下过这样的定义："学术和政治的关系，也可以说是'体'与'用'的关系。学术是'体'，政治是'用'。学术不能够推动政治，学术就无'用'，政治不能够植基于学术，政治就无'体'。""政治是学术的由知而行，由理想而事实，由小规模而大规模，由少数人的探讨研究到大多数人的身体力行。政治没有学术作体，就是没有灵魂的躯壳，学术没有政治作用，就是少数人支离空疏的玩物。"[⑥]这充分说明了抗战时期知识分子眼中的学术与政治的关系。而《改进》杂志的同人

---

① 罗文干：《宪政问答》，《改进》第2卷第5期，1939年12月1日，第182页。

② 洪兰友：《中国国民党与宪政》，《改进》第2卷第5期，1939年12月1日，第183～185页。

③ 许宝驹：《宪政宪法之灿烂前途》，《改进》第2卷第5期，1939年12月1日，第186～187页。

④ 潘梓年：《三民主义与宪政运动》，《改进》第2卷第5期，1939年12月1日，第188～189页。

⑤ 贺麟：《文化与人生》，商务印书馆1996年版。

⑥ 贺麟：《文化与人生》，商务印书馆1996年版，第147页。

们，正是秉着自己的学术良知，秉着这种学术为政治的根本与源泉的想法为政府提供意见和建议的，一个尊重学术与自由的政府也理应尊重这些知识分子的意见和建议。

除了对抗战和建国给予充分的关注外，《改进》还有其他的目标。黎烈文在《改进》发刊词中就说到“我们除尽量提供一切和抗战有关的材料外，同时绝不忽略各科专门学问的研究”，《改进》同人们“虽不敢提出建设内地文化，提倡学术研究一类的大的口号，但他们却忍不住要以此二者当作自己的目标”。[①]在长达 7 年的办刊活动中，《改进》也反映了国内外学术文化界的动向。当时暨南大学的教授、历史学家周予同的历史讲座“中国的旧史学与新史学”[②]，历史地理学家李长傅的地理讲座“长期抗战与中国地形之关系”[③]，东北大学史学科教授、历史学家萧一山的哲学讲话“建立新的民族哲学”[④]等都被整理刊发。此外还有浙江大学史地系主任张其昀的《抗战建国与学术研究》[⑤]、宋云彬的《伟大的历史变革时代的本国史教学问题》[⑥]、陈范予的《科学知识的性质》[⑦]、蓝琳翻译的《数学与科学》[⑧]、沈达材的《福建在中国学术史上之地位》[⑨]、著名经济学家王亚南的《关于中国经济学之研究对象与研究方法问题》[⑩]、赵

---

① 黎烈文：《我们的希望》，《改进》创刊号，1939 年 4 月 1 日，第 1～2 页。

② 周予同：《中国的旧史学与新史学》，《改进》第 1 卷第 1 期，1939 年 4 月 1 日，第 11～12 页。

③ 李长傅：《长期抗战与中国地形之关系》，《改进》第 1 卷第 2 期，1939 年 4 月 16 日，第 65～66 页。

④ 萧一山：《建立新的民族哲学》，《改进》第 1 卷第 4 期，1939 年 5 月 16 日，第 154～155 页。

⑤ 张其昀：《抗战建国与学术研究》，《改进》第 1 卷第 6 期，1939 年 6 月 16 日，第 244～247 页。

⑥ 宋云彬：《伟大的历史变革时代的本国史教学问题》，《改进》第 1 卷第 9、10 期合刊，1939 年 8 月 16 日，第 375～377 页。

⑦ 陈范予：《科学知识的性质》，《改进》第 2 卷第 7、8 期合刊，1940 年 1 月 16 日，第 288～295 页。

⑧ Newson 作，蓝琳译：《数学与科学》，《改进》第 7 卷第 1 期，1943 年 3 月 1 日，第 27～31 页。

⑨ 沈达材：《福建在中国学术史上之地位》，《改进》第 9 卷第 3 期，1944 年 5 月 25 日，第 114～116 页。

⑩ 王亚南：《关于中国经济学之研究对象与研究方法问题》，《改进》第 10 卷第 4 期，1944 年 12 月 25 日，第 125～130 页。

越的《艺术理论和艺术实践》[①]等，这些文章和作品发表以后，引起了各方面的重视，产生了广泛的影响。

三、刊物风格的传承与变异

《改进》先后有三个主编，第 1 卷第 1 期至第 5 卷第 11 期(1939 年 4 月—1942 年 1 月)由黎烈文任主编；第 5 卷第 12 期至第 6 卷第 12 期(1942 年 2 月—1943 年 2 月)由沈炼之主编；第 7 卷起改 6 期为 1 卷，由倪师坛、郑庭椿编辑(1943 年 3 月—1946 年 1 月)；1945 年底迁福州编行，从第 12 卷第 5 期开始由林天兰任主编(1946 年 2 月—1946 年 7 月)。在不同的环境、不同的主编主持下，《改进》呈现出不同的特点，无论是文章类型，还是栏目编排都有区别。在编辑的努力下，《改进》杂志的风格一定程度上得到延续，但又有一定的变异。

《改进》杂志的产生与左翼作家黎烈文有着密切关系。黎烈文 1904 年出生于湖南湘潭，1922 年任商务印书馆助理编辑，1925 年秋到 1929 年夏先后在日本、法国留学，1931 年获法国巴黎大学研究院文学硕士学位。他回到国内后面对国内的穷困的黑暗现实，一心想要改变现状。1938 年春，他应福建省教育厅厅长郑贞文邀请到福州工作，任郁达夫主办的福建省公报室编辑。同年 5 月随同省政府迁至永安。1939 年 2 月，经郑贞文推荐，陈仪任命黎烈文组建改进出版社，并任命其为社长兼发行人。此时黎烈文正当壮年，决意为了推进抗战，“在文化出版方面尽一点力量”[②]，从此开始了在永安近 8 年的艰苦的办刊活动。与黎烈文共事过的郑庭椿回忆说：“社里虽然有许多编辑，但大家来去匆匆，而七年如一日，自始至终，不知疲倦地在推车的，只有他一人。这是何等的毅力和负重精神！”[③]表达了对黎烈文的钦佩之情。

黎烈文首先是利用自己的交际网络和个人魅力邀请了一批知识分子来到

---

① 赵越：《艺术理论和艺术实践》，《改进》第 11 卷第 3 期，1945 年 5 月 25 日，第 121～126 页。

② 王西彦：《我所认识的黎烈文》，邱文生主编：《永安抗战进步文化活动》，海峡文艺出版社 1994 年版，第 300 页。

③ 郑庭椿：《怀念黎烈文》，邱文生主编：《永安抗战进步文化活动》，海峡文艺出版社 1994 年版，第 325 页。

永安，王西彦、许粤华（雨田）、赵家欣、章靳以等活跃在《改进》上的作家，都是受到黎烈文的邀请来到永安从事文化工作的。

王西彦是 1939 年底，受中共东南局文委书记邵荃麟的委托，应黎烈文之邀来到永安，担任改进出版社另一本杂志《现代青年》的主编。他在《改进》上连载了两部长篇小说，还有一些短篇小说和读书散记。1940 年 6 月间，作家邵荃麟、葛琴夫妇，因金衢地区地下党组织被破坏，从浙江来永安，经黎烈文和王西彦的努力，取得陈仪的同意，留永安工作。葛琴担任《现代儿童》的主编期间，在《改进》上发表了小说《缴卷》和《斗士》等文学作品。1941 年 1 月初，邵荃麟、葛琴夫妇根据上级党组织的指示，离开永安前往桂林。1941 年底王西彦也离开永安前往桂林。

赵家欣是厦门人，他 1942 年夏来到永安。当时日寇沿浙赣路西侵，赵家欣在避难途中，接到黎烈文邀他来改进出版社工作的信件，便从赣东来到永安，担任改进出版社的另一本杂志《现代青年》的主编。赵家欣在《改进》上发表的文章比较多样，有小说、通讯、报道，也有政论性文字和介绍性的文章。他和叶康参、郑炳中、陈湘以及从建瓯迁来永安的《民主报》负责人颜学回相熟。[①]《现代青年》停刊后他任职于省政府编译室。他的妻子谢怀丹是中共党员，到永安后在省社会科学研究所任职，后和羊枣一起编辑《国际时事研究》。

1941 年 10 月，章靳以经黎烈文介绍，由重庆取道黔桂沿湘赣路来到永安，担任福建省立师专中文科主任，兼《现代文艺》第二任主编。此时他仍然主持着远在重庆的《文群》副刊，和重庆的很多作家都有联系。《现代文艺》停刊后，他在永安筹办另一份文学杂志《文艺》，并向巴金、曹禺等人邀约了作品。在永安的时候，章靳以常去《东南日报》报社，并在那里与东南区作家聚会，或携学生一同造访该报副刊《笔垒》主编陈向平，他常把学生习作推荐到此，自己也常为《笔垒》写文章。

从中我们可以看出，黎烈文在《改进》办刊过程中发挥的是非常巨大的凝聚功能。黎烈文有影响力、号召力，有声望有能力，在他的周围聚集了一大批有共同理想、共同信念的知识分子。这些知识分子不是孤立存在的，他们有自己各自的朋友、亲戚、同事，这些人有些在永安，有些也分布在全国各地，由他们继续延伸，构建成更大的网络。他们在这个网络之中互相交往影响，介绍更

---

① 赵家欣：《燕江风雨——回忆黎烈文和改进出版社》，中共永安市委党史工作委员会编：《抗日战争时期永安进步文化活动学术讨论会专辑》，内部发行，1988 年，第 68 页。

多的人活跃于永安这块土地上。

能够受邀来到永安的知识分子毕竟只是少数,《改进》要成为一个全国性的刊物,还需要全国文化界的广泛支持。黎烈文之前丰富的出版编辑经历让他结识了一大批如巴金、章靳以、胡风等优秀的知识分子。来到永安后,他用他之前积累的人际关系和他的影响力、号召力,为《改进》约到了大量优秀的稿件。王西彦曾回忆自己担任《现代文艺》编辑时说:

> 当时我在文艺界的熟人不多,知道在向外地作家约稿时不能单靠以编辑部名义寄发出去的信件,因此尽可能争取黎烈文的帮助,请求他单独或和我一起署名,给一些朋友们写信。有的朋友很快就寄来了稿子,有的即使不能马上寄稿子,也多半写来了回信。[①]

1940 年 4 月 25 日出版的《现代文艺》创刊号上有一封来自胡风的信,时间是 1940 年 3 月 3 日,胡风在信中谈笑风生,诙谐幽默,充分反映出胡风和黎烈文二人非同一般的友情,信的内容是对黎约稿信的回应,并答应为《现代文艺》第 2 期寄稿。黎烈文为《现代文艺》约稿都如此尽心尽力,更不用说为自己主编的刊物《改进》了。在黎烈文的感召下,《改进》获得了很多知名作家、学者,如钱端升、蒋百里、陈岱孙、马寅初、章乃器、胡愈之、巴金、老舍、黄药眠、聂绀弩等的支持。他们在《改进》发表了大量关于国际关系、国际政治、经济、军事、文化、自然科学等方面的作品,反映了国内外政治、经济、军事形势和学术文化界动向。这与《改进》创刊时"对抗战和建国两重工作都能有些许贡献"并"除尽量提供一切和抗战有关的材料外,同时绝不忽略各科专门学问的研究"[②]的宗旨是相吻合的。

黎烈文担任主编时,《改进》的编委有吴朗西、沈炼之、陈东帆、周学普、陈建民 5 人。吴朗西与黎烈文是旧识。据《鲁迅日记》1935 年 9 月 15 日载,"河清(黄河清)邀在南京饭店夜饭,晚与广平携海婴往,同席共 10 人"[③]。据了解这 10 人中有吴朗西、巴金、黄源、胡风、傅东华、茅盾、黎烈文,他们当天讨论的

---

① 王西彦:《野火的联想——关于〈现代文艺〉的回忆》,中共永安市委党史工作委员会编:《抗日战争时期永安进步文化活动学术讨论会专辑》,内部发行,1988 年,第 87 页。

② 黎烈文:《我们的希望》,《改进》创刊号,1939 年 4 月 1 日,第 1 页。

③ 鲁迅:《鲁迅日记》第 2 册,人民文学出版社 2000 年版,第 1075 页。

是文化生活出版社"译文丛书"的出版事宜。从中可以看出黎烈文和吴朗西至少在1935年就相识。吴朗西有丰富的出版经验,1935年5月他在上海创办了文化生活出版社,出版了鲁迅的译著《死魂灵》、历史小说集《故事新编》等进步书籍。1938年10月,吴朗西"应黎烈文之请,协助他去福建筹备改进出版社,于中旬同乘海轮赴福州,并带去一批价值颇巨的文生社本版图书"。[①] 后来,他又随省会的搬迁从福州来到永安,任改进出版社副经理。他曾在《改进》创刊号上发表一篇译自德文杂志的关于战时工业的文章《近代战争与后方工业》。[②] 1939年6月黎烈文转告吴朗西,国民党特务在注意他的行踪。吴朗西认为改进出版社事已办妥,便回到重庆。

黎烈文主持时期的《改进》,是《改进》杂志的全盛时期。此时的《改进》并没有设置特别的栏目,但是编者经常推出一些构思精巧、观点新颖、针对性强的专题和特辑来吸引读者的目光,每个专题或特辑都含有2～5篇的文章。据统计,《改进》112期刊物中一共推出了46个专题和特辑,黎烈文时期的《改进》就占了35个。大量专题和特辑的推出,说明此时《改进》的稿源非常丰富,编者可以从大量稿件中整理出专题和特辑,同时也说明《改进》的编辑在选稿方面是花了很大的心思的。这些专题和特辑中有介绍国际关系的,如第1卷第1期(1939年4月1日)的"英美法与日本",第2卷第2期(1939年10月16日)的"苏德关系与欧洲局势",第5卷第9期(1941年11月1日)的"美日关系预测";有介绍军事形势的,如第2卷第4期(1939年11月16日)的"欧战观测",第3卷第12期(1940年9月16日)的"空军之页"介绍了德国的空军,还发表了军事评论家羊枣的《空军战略的发展》,第5卷第11期(1942年1月1日)的"太平洋战争前瞻特辑"和"太平洋战争中的美国军备"对太平洋战争做了准确的预测;还有一些是对其他国家的分析和介绍的,如第2卷第3期(1939年11月1日)的"菲律宾问题特辑",第2卷第9期(1940年2月1日)的"暹罗内幕",第3卷第10期(1940年8月16日)的"今日的西班牙",第5卷第6期(1941年8月1日)的"苏联专题三篇"等。

《改进》还致力于"翻译介绍世界权威学者和前进作家的文章"。因为他们

---

① 史伯英编:《吴朗西年谱》,《吴朗西先生纪念集》,上海文艺出版社2000年版,第298页。

② [德]让哈博著、吴朗西译:《近代战争与后方工业》,《改进》创刊号,1939年4月1日,第40～42页。

相信“翻译和介绍的工作可使中国在思想学术各方面迅速地赶上欧美先进国家,可使中国迅速地现代化”。[①] 黎烈文时期的《改进》中一共发表了683篇文章,其中有270篇是翻译自英、法、美、苏、日等国,占全部文章数的39.53%,这也是三个主编中译作比例最高的时期。大量优秀翻译作品,让《改进》具备了自己的特色,同时也给知识分子们一个放眼世界的机会。

《改进》创办初期,正值第二次国共合作时期,国共关系还比较稳定。虽然是一份半官方的出版物,但是作为一份综合性强、兼容并蓄的杂志,《改进》上刊发了很多共产党员的文章。胡愈之、吴伯萧、黄药眠、邵荃麟、潘梓年、羊枣等30多名知名的共产党知识分子在《改进》上发表过文章。《改进》中还曾刊文颂扬国共合作的伟大意义,林仲麟的《瑞金巡礼》记述了国民党军队的将士在瑞金瞻仰红场纪念塔的情形:“这些将士站在塔旁摄影纪念,或低头抄写朱德、毛泽东、周恩来、秦博古诸人镌于塔碑上的字句,全不露一些敌意。”作者感慨地写道:“十年来,曾经不断斗争的两个兄弟,在抗战建国的洪流里,竟能舍弃了过去不能调和的成见,勤力于复兴民族的伟大工作,这合作的意义实在太伟大了。”[②]但是这些文章80%以上发表于“皖南事变”之前,并且政治观点没有那么鲜明与激进。在《改进》出至第5卷第1期(1941年4月1日)的时候,编者们做了一个总结,这是一个相对客观的结论,既总结了两年来《改进》做出的贡献,又提出了《改进》的不足之处:

> 过去两年(1939年4月—1941年4月),我们对于敌国情形的探讨,民族意识的发扬,国际状况的分析,社会形态的解剖,科学精神的提倡,艺术修养的培植等等,虽曾略贡绵力,但理论的文字稍多,实际的材料较少,今后我们当注重理想与现实的配合:我们要以理想来改造现实,同时也要以报道现实来坚定理想。[③]

《改进》创办之初,秉着“为了完成新省会的文化条件,为了建立东南前线的文化据点,和满足长期作战的文化需要”的理念。《改进》的编辑们一方面“尽量选载国内通儒硕学者的著作”,另一方面“努力翻译介绍世界权威学者和

---

① 黎烈文:《我们的希望》,《改进》创刊号,1939年4月1日,第1页。

② 林仲麟的:《瑞金巡礼》,《改进》第1卷第7期,1939年7月1日,第324页。

③ 编者:《卷头言》,《改进》第5卷第1、2期合刊,1941年4月1日,第1页。

前进作家的文章”。[①] 但是《改进》的知识分子们还没有来得及用他们满腔的抱负与热情来实现中国的现代化，改进出版社就走向了衰弱，《改进》杂志也进入了它的低谷时期。改进出版社衰弱的原因是多方面的。

首先是 1941 年皖南事变后，国民党顽固派加紧进行文化“围剿”，对进步文化事业进行迫害所致。1941 年 7 月，国民党省政府成立“图书杂志审查处”，加强了对书刊的审查。郑庭椿曾经回忆当时的情形：

> 最难闯过的则是国民党图书杂志审查处的审查关，每一页稿纸都要盖上刻有“福建省图书杂志审查处审查讫之章”字样的印章，然后才能付印。审查人员百般刁难，任意剔除所谓“违碍”文字，致使文章“开天窗”或文字不相连贯，编者都要临时设法填补。这且不说，最令人气愤的，就是拖延审查时间，使刊物不能按时出版。所以我经常看到黎烈文派人催索送审的稿件。[②]

在这样的情况之下，改进出版社的其他几份杂志如《现代文艺》《现代青年》等都相继停刊，只剩下《改进》和《现代儿童》这两种刊物勉强支撑。

其次是 1941 年 4 月苏联和日本签订《苏日中立条约》时，黎烈文发表了一篇措辞激烈的《我们的抗议》，[③]被认为是“无可挽回地损伤了长期以来改进出版社在人们心目中的形象”。[④] 1941 年 4 月 13 日苏联和日本签订《苏日中立条约》，条约共 4 条，主要内容是：双方保证维护两国间的和平友好关系，相互尊重领土完整和不可侵犯；如缔约一方成为第三者的一国或几国的战争对象时，另一方在整个冲突过程中保持中立。签约当日，双方还发表声明：苏联保证尊重“满洲国”的领土完整和不可侵犯，日本保证尊重“蒙古人民共和国”的领土完整和不可侵犯。黎烈文在 1941 年 5 月出版的《改进》第 5 卷第 3 期中发表短论《我们的抗议》，回应了《苏日中立条约》签订这件事。黎烈文言语激烈，把这称为“一种妨害中国领土与主权，蔑视国际公法的野蛮的分赃式的不

① 黎烈文：《我们的希望》，《改进》创刊号，1939 年 4 月 1 日，第 1 页。

② 郑庭椿：《怀念黎烈文》，邱文生主编：《永安抗战进步文化活动》，海峡文艺出版社 1994 年版，第 325 页。

③ 黎烈文：《我们的抗议》，《改进》第 5 卷第 3 期，1941 年 5 月 1 日，第 99 页。

④ 蒋伯英主编：《福建革命史》，福建人民出版社 1991 年版，第 833～834 页。

义行为”，是一种“侮辱了公理与正义”的行为。[①]

表面上看这确实是一场狼狈为奸的交易，在这场交易中，中国的蒙古和东北竟成了日苏相互馈赠的物品。当时全国上下对《苏日中立条约》的签订也是骂声一片，中国知识界的反应更为强烈。外交部长王宠惠发表声明进行抗议，《大公报》也发表了题为《苏日中立条约》的社评，抨击这种伤害中国领土和主权的行径。曾经把苏联视为“最好友邦”的救国会“七君子”，更觉得这个协定对中国实在是一个打击，他们推举王造时拟了一个致斯大林元帅的公开信表示抗议。

但是苏联和日本这两个社会制度根本对立、外交路线迥然不同的国家，在第二次世界大战进入关键时刻突然签订中立条约，绝不是偶然的。不能单纯只是一味的责骂，而忽略了事件背后的深刻原因。苏联的国际环境一直十分险恶，欧洲和亚洲两个战争策源地对它构成了东西受敌的严重威胁。在当时，最直接的危险来自东方的日本。如何防止日本的武装进攻，有效地捍卫边境的安全，成了苏联的重要战略任务。《苏日中立条约》的签订是苏联外交活动的一个重大胜利。它巧妙地利用了日德和日美间的矛盾来分化敌人，避免了东西两线作战的威胁，巩固了东部边境安全。要看到，《苏日中立条约》虽然表面上侵害了我国的主权，但是对影响二战战局的发展是起到了重大作用的。

再次是东南出版社和福建社会科学研究所等逐渐取代了改进出版社的地位，成为当时优秀出版社的代表。特别是受到刘建绪支持的东南出版社，不仅通过印行《联合周报》争取了大批读者，而且出版了许多有较大影响的书籍。由于纸质好、校对仔细、装帧讲究、印刷质量好又有着良好的信誉，郭沫若等人都愿意把书拿到东南出版社出版。东南出版社出版的书籍还运往桂林、重庆和东南各省书店代销，使它很快取代了改进出版社的地位。

改进出版社的衰落与省政府主席陈仪的离任也有很大的关系。改进出版社是在陈仪的鼎力支持下创办的。陈仪不仅首肯左翼作家黎烈文来主持改进出版社的日常工作，甚至邵荃麟、葛琴这样身份明确的中共党员均在他的默许下进社工作。从中可以看出，陈仪对改进出版社是十分支持与看重的，对进步人士是十分宽容的。陈仪离开福建后，即使刘建绪沿用了原来的人事班底，改进出版社仍然失去了政治上的保护伞。

从此时开始，《改进》开始越来越向官方立场靠拢，几乎每期都刊登省政府

---

① 黎烈文：《我们的抗议》，《改进》第5卷第3期，1941年5月1日，第99页。

各厅、处宣传所谓“政绩”的文章。在这一时期里，黎烈文的情绪显得很消沉，王西彦回忆这个时期的黎烈文时曾说道：“这个时候出版社已经名存实亡，陷于苟延残喘的境地。他（黎烈文）无所作为，得过且过。”①在黎烈文主编的最后一期《改进》上，编者的一篇名为《迎接胜利年》的文章里，甚至开始喊出“从今天起，我们必须痛改前非，在‘全国总动员’旗帜之下，集中意志，整齐步伐，服从最高统帅的指挥，拥护政府的国策……”②的口号。

最终黎烈文辞去了《改进》主编的职务，由沈炼之接手《改进》。在黎烈文担任主编时，沈炼之曾经协助过他，担任《改进》第1卷1～8期（1939年4月—1939年7月）的编辑。后来他接手黎烈文的工作，担任《改进》第5卷第12期至第6卷第12期（1942年2月—1943年2月）的主编。沈炼之在改进出版社工作期间，翻译了10余部论著，还撰写了大量论文，并用本名和笔名“味荔”在《改进》上发表了翻译自英、美、法、印度的作品47篇，是《改进》杂志发表译作数量最多的编者。沈炼之早年留学法国，毕业于法国里昂大学，对法国的社会、文化生活有比较充分的了解，所以他的作品中有很大一部分是介绍法国的文人学者的，比如翻译罗曼·罗兰（Romain Rolland）的《我的思想的形成》③、美国作家威尔逊（Wilson）的《罗曼·罗兰和托尔斯泰》④及《罗曼·罗兰的早年生活》⑤等文章，以此对法国大文豪罗曼·罗兰进行介绍。还有很多文章是翻译自英国哲学家罗素（Russell）的作品，特别是几篇摘译自他的《权利》一书（后全书经改进出版社出版发行）的文章：《权利的驯服》⑥《权利的冲动》⑦

---

① 王西彦：《我所认识的黎烈文》，邱文生主编：《永安抗战进步文化活动》，海峡文艺出版社1994年版，第319页。

② 编者：《迎接胜利年》，《改进》第5卷第11期，1942年1月1日，第407页。

③ ［法］罗曼·罗兰（Romain Rolland）著、沈炼之译：《我的思想的形成》，《改进》第10卷第3期，1944年11月25日，第84～89页。

④ ［美］威尔逊（Wilson）著、沈炼之译：《罗曼罗兰和托尔斯泰》，《改进》第11卷第3期，1945年5月25日，第115～117页。

⑤ ［美］威尔逊（Wilson）著、沈炼之译：《罗曼罗兰的早年生活》，《改进》第12卷第3、4期合刊，1946年1月25日，第115～121页。

⑥ ［英］罗素（Russell）著、沈炼之译：《权利的驯服》，《改进》第1卷第1期，1939年4月1日，第3～10页。

⑦ ［英］罗素（Russell）著、沈炼之译：《权利的冲动》，《改进》第2卷第10期，1940年2月16日，第361～363页。

《权利的形式》①《经济的权力》②，更是受到了广泛的好评。

沈炼之只主持了12期《改进》的事务，就转而投靠他留法时期的同学、当时福建省社会科学院院长汪德耀。之后《改进》没有设立主编，由倪师坛和郑庭椿两人任编者共同主持。郑庭椿1937年毕业于燕京大学法学系，曾经担任过福建《中央日报》社的编辑兼秘书。1940年2月到永安任福建省政府编译室编译、福建省研究院助理研究员、改进出版社编辑等职。1941年底开始，郑庭椿用本名和笔名“安甫”发表了翻译自英国和美国的译文41篇，数量仅次于沈炼之。他翻译的文章主要是一些介绍国际关系及各国政治、军事的文章，比如翻译自美国作家勒内(Rene)的《苏联及其将来》③、美国作家麦芯韦尔(Maxwell)的《战后的欧洲》④和翻译自《美国事事周刊》的《德军在东线的败退》⑤等。

从沈炼之到倪师坛和郑庭椿的《改进》风格基本相同，所以把这时候的《改进》归为一个时期共同考察。此时《改进》的稿源已经大大减少，专刊和特辑的数量急剧下降，47期的杂志中，只有11个特辑。但是编者们仍然希望《改进》能够保持原有的风格，特别是希望保持译作的分量。他们认为“翻译和介绍的工作，现在比以前还更重要。国际关系的错综复杂，学术思潮的日新月异，逼着我们非与国外出版物保持最密切的接触不可。尤其在英美诸友邦自动废除不平等条约以后，我们要加速现代化的过程，更应注重翻译和介绍”。⑥ 沈炼之和郑庭椿是在《改进》上发表译作最多的编辑，但是在他们主持工作期间，《改进》刊发文章575篇，其中译作145篇，只占了总篇数的25.21%，是三个时段中译作比例最低的时期。这是因为太平洋战争爆发以后，“十余种外国杂志完全不能收到，即使向以译述为主的本刊，陷于无法支持的窘境”，只能是依赖美国新闻处和英国新闻处提供特稿和材料，并且仰仗留学海外的朋友“随时将

---

① [英]罗素(Russell)著、沈炼之译:《权利的形式》,《改进》第3卷第4期,1939年11月16日,第102～104页。

② [英]罗素(Russell)著、沈炼之译:《经济的权力》,《改进》第4卷第5期,1940年12月1日,第163～167页。

③ [美]勒内(Rene)著、郑庭椿译:《苏联及其将来》,《改进》第6卷第12期,1943年2月1日,第459～461页。

④ [美]麦芯韦尔(Maxwell)著、郑庭椿译:《战后的欧洲》,《改进》第7卷第2期,1943年4月1日,第43～48页。

⑤ [美]《美国事事周刊》,郑庭椿译:《德军在东线的败退》,《改进》第9卷第1期,1944年3月25日,第14～18页。

⑥ 黎烈文:《热烈的握手》,《改进》第7卷第1期,1943年3月1日,第1页。

重要期刊的论文剪下航寄来永，以供选译”。[①]

他们在刊物栏目上也做了一些调整。因为改进出版社出版的另外两本杂志《现代青年》和《现代文艺》相继停刊，为了顾及这两刊的读者需要，《改进》在第7卷第1期中告诉读者拟增开“文艺栏”与“青年栏”。“‘文艺栏’刊载小说、诗歌、戏剧、速写一类稿件，创作与翻译并重。‘青年栏’则专登一切与青年学习修养有关的文字。”[②]“文艺栏”从第7卷第1期开始陆续与读者见面，但是“青年栏”始终没有办起来。从第9卷开始，开辟了“科学小品”栏目，多为译作，主要是普及一些科普知识。第11卷开始，编辑们认为“目前东南所缺乏的精神食粮中最感缺乏的，便是文艺读物。东南现有的文艺作者寥寥可数和他们的分处各地，要维持一个相当水准的大型文艺刊物似乎是不容易的”。因而将刊物“增加到五十面左右，把其中原有的‘文艺’一栏扩大至占全部篇幅的一半，使它与其他部分的分量相称，并定名为‘文艺副刊’，以示本刊今后对于文艺稿件的特殊重视”。[③]

此外，在内容上，编辑们不断强调《改进》是一本综合性的杂志。“综合杂志，必须做到名副其实的‘杂’，才能适应多方面的阅读需要。”[④]在第8卷的时候，《改进》编辑检讨认为刊物中时事论著作战篇幅稍多，之后他们拓宽了撰稿范围，力求平衡分配各门类。在第11卷第1期，编辑们又提出除把原有时事研究、学术论著、通讯报告、科学小品各栏照旧保持外，尽量容纳其他性质的文章，力求做到“一方面藉使本杂志不至过于单调，一方面藉以扩大读者的视野”。[⑤]

这时又发生了一些状况，对于本来就走向低迷的《改进》杂志无疑是雪上加霜。

第一，随着抗战的进行，物资供应越来越匮乏，商业投机的范围不断扩大。而商业投机的范围不断扩大的结果是使得印刷材料也成了囤积居奇的对象，

---

① 黎烈文:《热烈的握手》,《改进》第7卷第1期,1943年3月1日,第1页。

② 黎烈文:《热烈的握手》,《改进》第7卷第1期,1943年3月1日,第1页。

③ 编者:《光明的展望——纪念本志创刊六周年》,《改进》第11卷第1期,1945年3月25日,第1页。

④ 编者:《光明的展望——纪念本志创刊六周年》,《改进》第11卷第1期,1945年3月25日,第1页。

⑤ 编者:《光明的展望——纪念本志创刊六周年》,《改进》第11卷第1期,1945年3月25日,第1页。

影响所及“直接是印刷成本激增，刊物不易维持，间接是读者负担加重，销数逐渐低落；而销数的低落又回头影响印刷成本，使刊物的维持更加困难”。[①] 物质生活的艰苦引起了读者对精神生活的漠视，抗战初期那种激于爱国情绪的阅读热已经被衣食之忧所代替。很多读者放弃阅读，或者“阅读的态度愈益粗疏与阅读趣味渐趋低下”，使文化前途的危机更加尖锐，“在这样一个环境中，如何维持一个刊物的存在而不失其一贯严谨的作风，这个问题是足够严重繁杂的”。[②]

第二，1944 年 8 月 8 日，日军为了逆转它在太平洋战场上急遽失利的厄运，打通我国的陆上交通，攻陷衡阳。此时，战事重心沿湘桂向西移动，东南各省和西南大后方之间的运输交通产生了重大的困难。在永安“本已受了相当限制的书刊寄递，更完全濒于停顿”，“处在这种情形下的东南出版界，似乎笼罩着一种不大乐观的气氛”。[③]《改进》稿源很多来自西南大后方，这个时候也受到了很大的影响。

第三，抗日战争时期，先后到永安从事进步文化活动的中共地下党员先后有 53 人。[④] 在永安这个只有几万人口的山城，他们分布在省政府所属的各个部门 40 多个单位中，有政府参事顾问，省主席的随从秘书、助理秘书、秘书长，专员、县长、处长、教育长、馆长，出版社社长、经理，报社主笔、进步刊物的主编等等。他们中有很多人如卢茅居、刘子崧、杨昌辉、余志宏、羊枣、陈培光、余禄熙、邵荃麟、葛琴等都活跃于《改进》上，发表了大量作品。1945 年 7 月 7 日，国民党策划了一个所谓“福建省文化界”的反共通电，罗列了一个“文化界 132 人士名单”。7 月 12 日，第三战区司令长官顾祝同，利用美国新闻处东南分处委托当时任改进出版社助理编辑的周璧，去浙江嵊县访问新四军浙纵队一事为借口，在永安和福建其他地区大肆逮捕“奸伪”分子，羊枣、李力行、谌震、董秋芳在内的 29 人被逮捕入狱，王亚楠、余志宏、赵家欣、谢怀丹等人都被列入了黑名单。这就是著名的“羊枣事件”。大批进步文化分子被捕使得整个永安笼罩在一片恐怖的阴影中，人人自危。《改进》也受到了很大的冲击，政论性的

---

① 编者：《我们的信念》，《改进》第 9 卷第 1 期，1944 年 3 月 25 日，第 1 页。

② 编者：《我们的信念》，《改进》第 9 卷第 1 期，1944 年 3 月 25 日，第 1 页。

③ 编者：《东南文化的自给》，《改进》第 10 卷第 1 期，1944 年 9 月 25 日，第 1 页。

④ 中共永安党史办：《抗战时期福建省会永安的进步文化活动》，中共永安市委党史工作委员会编：《抗日战争时期永安进步文化活动学术讨论会专辑》，内部发行，1988 年，第 59 页。

文章大量减少，文学艺术作品比重大量增加，占到每期杂志的 1/3～1/2。

在这样的政治环境下，《改进》已经和创办之初大有不同，来自官方的声音越来越响亮。到了后期，《改进》经常刊登省政府官员的文章。这些文章中有些是分析国际形势的：如担任福建省政府委员、福建省政府建设厅厅长，兼福建省贸易、企业、运输三公司董事长和福建省银行董事长的徐学禹的《论目前的国际形势与中国》①；有分析中央政策的，如项衡方的《最近中央统治外汇新措施的说明》②、福建省政府秘书处统计室郑林宽的《新外汇政策评议》③等；此外，还有一些学术性的文章如福建省气象局局长石延汉发表的《数学与思想》④、《能与物质间的嬗变》⑤等。但是更多的是一些官样、宣传政府政绩的文章。比如省政府秘书处编译室主任李由农的《蒋委员长访问印度的历史意义》⑥，又如在第 5 卷第 1、2 期合刊(1941 年 4 月 1 日)，名为《新福建专号》刊登的几乎全是省政府厅长、局长的文章。

四、舆论空间的构建与流动

抗战爆发使中国社会处于一个动荡不安的状态，知识分子的公共空间也具有了流动性，但是流动并不代表着公共舆论的割裂，反而在共同历史任务的驱引下，依托《改进》建构了多层的舆论空间，有着更为频繁的呼应与联系。

《改进》不是孤立存在的，它与重庆及桂林等文化据点，通过各种渠道，有着广泛而密切的联系。首先，是与后方国统区互相设立代售点等分支机构，业务往来频繁。在永安期间，改进社出版书籍近 200 种，累计达 3000 多万字，是

① 徐学禹：《论目前的国际形势与中国》，《改进》第 3 卷第 11 期，1940 年 9 月 1 日，第 396～399 页。

② 项衡方：《最近中央统治外汇新措施的说明》，《改进》第 1 卷第 7 期，1939 年 7 月 1 日，第 299～305 页。

③ 郑林宽：《新外汇政策评议》，《改进》第 12 卷第 6 期，1946 年 3 月 25 日，第 208～212 页。

④ 石延汉：《数学与思想》，《改进》第 1 卷第 1 期，1939 年 4 月 1 日，第 43～45 页。

⑤ 石延汉：《能与物质间的嬗变》，《改进》第 1 卷第 4 期，1939 年 5 月 16 日，第 181～183 页。

⑥ 李由农：《蒋委员长访问印度的历史意义》，《改进》第 6 卷第 2 期，1942 年 4 月 1 日，第 44～46 页。

抗日战争时期国内最大的出版社之一。《改进》杂志最鼎盛的时候每期印刷数量达到10000册。1940年7月改进出版社自办印刷所,印刷的杂志书籍在重庆、桂林等地都有发售。改进出版社能有这么大的销量,与该社对刊物发行的重视是分不开的。改进出版社专门设有发行部,发行部的分工明确,下设四个股:批发股、函购股、定报股、分店股,分别由严孔祥、田伯瑜、陈庭煊、杨鸿章负责。永安、南平、长汀、连城、沙县等地先后设立门市部,使改进出版社的杂志一出版就能直接与读者见面。随着发行业务扩大,改进出版社又在浙江金华、江西上饶、广东梅县及本省晋江等地设立代理处,并与全国60余家书业同行建立业务联系,常派工作人员运送书刊前往大后方销售。比如《现代文艺》,"创刊号发到各地的代售处去,不到旬日便都先后销售一空,来信要求增添。订阅者也陆续在增加……供不应需,发行部几次要求再版"。[①]

笔者搜集到的一份改进出版社账目明细中,改进出版社民国三十一年(1942年)12月的应收账款明细表中共有237项应收款项,其中有67项是省内福清、上杭、惠安等地,剩下的170项分布于广西、云南、四川、浙江、江西等9省的30多个地区。其中分布相对集中的是重庆、桂林和昆明这三个城市,有重庆读书生活出版社、重庆生活书店、重庆互生书店、昆明开明书店、昆明生活书店、桂林新知书店、桂林文化供应社等等。[②] 从账目明细表上看,这些地区的很多出版社和书店都对改进出版社有账目支出,说明它们之间都有业务往来,应该就是代售改进出版社的五种杂志和八套丛刊。

第二,两地的文化人士互相流动。当时的永安随着战时省会的兴起,省内及全国各地不少文化界爱国知名人士也曾先后云集,一时人才荟萃。但是由于各种原因,这些知识分子的流动性非常大。例如,王西彦于1939年底至1941年10月在福建战时省会永安主编《现代文艺》月刊,后因事于1941年底离开永安前往桂林。到了1944年初夏"湘桂大撤退"时,黎烈文又连发两封电报,欢迎正困处湘东的王西彦回到改进出版社工作,于是王西彦又回到了永安。1940年夏,由于中共浙江金简特委被破坏,邵荃麟夫妇撤离到永安,在改进出版社任职。1941年1月,他们又根据上级党组织的指示,离开永安前往桂林。同样,也有很多知识分子从别的地区来到永安。如1941年10月,作家章靳以受黎烈文的邀请,从重庆来到永安任《现代文艺》的第二任主编。而

---

① 编者:《编后记》,《现代文艺》第1卷第3期,第148页。

② 《改进出版社账目明细表》,福建省档案馆馆藏,全宗1-14-19。

1944 年 1 月，章靳以离开福建，回到当时迁至桂林的复旦大学任教。

第三，两地的文化人士信件往来频繁，文学作品交叉发表。当时身在永安的知识分子和西南的知识分子大多保持着书信联系，各地之间文学作品都有交叉发表。以下是当时身在重庆的胡风写给黎烈文的一封信。

××兄：

好容易看到了你底笔迹，快何如之！

逃到重庆后，经种种困难，使小刊复活了，辛酸处一言难尽。心想求教老友，于是按期奉寄，然而，呜呼，如石沉大海，得不到只字。欲奉书请教罢，但如依然给一个不理，那面子不是丢尽了么？

关于老兄情况，倒是常常听到的。即如大刊《改进》，也时常看到别人得到，甚至把寄赠别人的错寄到了我底住处。坊间也有出售的，但并未购读。自然是非常想拿到案头细读的，但实在心有不甘，自然而然地露出了“不合作”心理。——哦，还有一段“丑表功”。不是有一个“文艺界抗敌协会”么？这会，照章不缴费就会失去会员资格，老兄今为一方之雄，且高为第一届理事之一，不缴费不免笑话，但又远居东海，决不会理此小事，于是小弟附庸知己，代缴法币若干，回家把食米节省节省。现年会又届，非再缴不可，老兄还要我减食么？你们又要出文艺刊物，且青及小愚，为喜为贺。即不来信，也要尾随呐喊的。但屈指算来，首号不能赶上，只好泥足参加第二次大会了。

介绍丛书，亦当遵命，但希示性质，条件等。

专此问好

弟胡风上

三月三日深夜

这封信的原信发表于 1940 年 4 月 25 日出版的《现代文艺》创刊号上，是胡风对《现代文艺》约稿的回信。这封信虽然被编辑者隐藏了收信人的姓名，但是从信中很容易推测出来，就是黎烈文。黎烈文主编《自由谈》时期就和胡风相识了。1938 年 3 月 27 日在汉口总商会召开了“中华全国文艺界抗敌协会”成立大会，胡风、黎烈文都被推选为理事会理事。信中提到的关于缴纳会费的事情，就是由此而来的。信里谈到“介绍丛书”，即黎烈文编的“现代文艺丛书”要胡风介绍书稿。后来胡风推荐了李雷的长篇叙事诗《荒凉的山谷》，并在丛刊第一辑中出版。[①] 胡风的《回忆录》中记载1941年初皖南事变发生后，胡风被组织安排赴港前夕，“编成了杂文集《棘源草》，寄给福建改进出版社的黎烈文”。[②] 胡风不仅答应约稿的事情，把自己的杂文集交付改进出版社出版，而且还推荐书稿给改进出版社出版，从中可以看出西南后方的知识分子对于黎烈文和改进出版社是鼎力支持的。

第四，东南与西南后方的知识分子经常在一些重大活动上互相声援，遥相呼应。如西南地区声讨汪伪投降卖国罪行，《改进》上就接连刊发了几篇讨伐汪精卫的文章，有傅斯年的《从犯罪心理研究汪精卫的行为》[③]、胡愈之的《汪逆伪组织成立后》[④]和王洛克的《论宪政与汪伪》[⑤]等。

再如，1944年8月20日作家王鲁彦在贫困和疾病的折磨下，在异乡桂林去世。很多因湘桂大疏散离开桂林的文艺界人士又返回了桂林，为他进行丧事料理和追悼会筹备工作。8月30日，桂林文艺界举行了王鲁彦追悼会，邵荃麟代表全国文协致悼词。王鲁彦逝世以后，巴金、邵荃麟、艾芜、以群、臧克家、王西彦、傅彬然、焦菊隐等文艺界人士以及“桂林文协同人”都写了悼念文章，称赞王鲁彦“不仅是一位清醒的作家，而且还是一名不懈的战士”。[⑥] 同年8月25日出版的《改进》也发表了雨田女士的散文《悼鲁彦》，[⑦]表达了对鲁彦去世的悲痛之情。随后，《改进》刊登了巴金的散文《写给鲁彦兄》。[⑧]

正是全国知识分子的相互支持，抗战时期中国的文化界才显示出了蓬勃的生机。也正是由于全国知识分子的援助之手，黎烈文和他的《改进》才能在东南这个曾经的文化蛮荒之地顽强地生存下来。

---

① 《改进出版社和东南出版社部分的书籍目录》，邱文生主编：《永安抗战进步文化活动》，海峡文艺出版社1994年版，第625页。

② 胡风：《胡风回忆录》，人民文学出版社1993年版，第221页。

③ 傅斯年：《从犯罪心理研究汪精卫的行为》，《改进》第3卷第1期，1940年4月1日，第25～27页。

④ 胡愈之：《汪逆伪组织成立后》，《改进》第3卷第5期，1940年6月1日，第164～166页。

⑤ 王洛克：《论宪政与汪伪》，《改进》第3卷第10期，1940年8月16日，第371～372页。

⑥ 桂林文协同人：《悼鲁彦先生》，《广西日报(桂林版)》1944年8月30日。

⑦ 雨田：《悼鲁彦》，《改进》第9卷第6期，1944年8月25日，第228～229页。

⑧ 巴金：《写给鲁彦兄》，《改进》第11卷第5、6期合刊，1945年8月25日，第250～251页。

五、国际交流的多元形态

1943 年初，美国大使馆在福建南平设立了美国驻华大使馆新闻处东南分处，简称“美新处”。1944 年初，美新处迁往永安。这是一个宣传和收集情报的机构，由民主党人兰德(Chrisothp Rand)担任处长。美新处刚成立不久，就对《改进》这份以翻译国外优秀作品为特色的刊物给予了很大的支持。太平洋战争爆发后，《改进》杂志编辑们认为“翻译和介绍的工作，现在比以前还更重要”。“国际关系的错综复杂，学术思潮的日新月异，逼着我们非与国外出版物保持最密切的接触不可。尤其在英美诸友邦自动废除不平等条约以后，我们要加速现代化的过程，更应注重翻译和介绍。”但是此时改进出版社有十余种外国杂志都收不到，好在“美国新闻处已允经常寄发特稿”①，暂时缓解了《改进》杂志窘困的境地。1944 年 8 月，日军攻陷衡阳，打通我国的陆上交通，使得东南各省和西南大后方之间的运输交通产生了重大的困难。这时候美新处的支持显得更为可贵，改进的编辑们还特意在卷首语中强调了“东南现有设备完全的盟国新闻机构”对改进的支持，从而“保证了新闻和学术资料的来源不虞匮乏”。② 美新处从第 7 卷第 1 期开始，在《改进》上发表了大量介绍国际动态的译文。有介绍苏联的《苏联的战时生产》③《我对苏联的观感》④，有介绍美国的《美国仍须为民主而奋斗》⑤《美国的国际主义》⑥等。

美新处搬至永安后和很多知识分子接触联系，并且聘用了很多当时身在永安的知识分子，如当时国民党台湾党部的执行委员兼宣传科科长谢东闵，就在新闻处兼职。美新处的一项职责是监听台湾的广播。台湾的无线电广播原

---

① 黎烈文：《热烈的握手》，《改进》第 7 卷第 1 期，1943 年 3 月 1 日，第 1 页。

② 编者：《东南文化的自给》，《改进》第 10 卷第 1 期，1944 年 9 月 25 日，第 1 页。

③ [美]史诺著、美国新闻处译：《苏联的战时生产》，《改进》第 7 卷第 1 期，1943 年 3 月 1 日，第 42～44 页。

④ [美]威尔基著、美国新闻处译：《我对苏联的观感》，《改进》第 7 卷第 3 期，1943 年 5 月 25 日，第 118～119 页。

⑤ [美]欧马亨尼著、美国新闻处译：《美国仍须为民主而奋斗》，《改进》第 8 卷第 2 期，1943 年 10 月 25 日，第 76～78 页。

⑥ [美]威廉·哈特著、美国新闻处译：《美国的国际主义》，《改进》第 9 卷第 1 期，1944 年 3 月 25 日，第 22～27 页。

是日本政府对台湾居民进行的内部广播，美国想从广播内容了解日本和台湾军事、经济、社会各方面的情况。谢东闵每晚到美新处收听台湾的广播，然后把有情报价值的日语和闽南语广播内容写成中文，交给新闻处人员译成英文，发往重庆美国大使馆，转交美国政府。

此外，著名的新闻记者、军事评论家羊枣也在美国新闻处东南分处担任中文部主任一职。正是因为在美新处工作，羊枣能在第一时间接触到大量的英文新闻资料，他在这些资料的基础上对国际形势做出准确的分析，写出了大量优秀的军事评论文章。当时羊枣主编的《国际时事研究》①周刊上，3/4 的篇幅都是刊载他个人的作品，其中大部分就是这些军事评论文章。而《改进》杂志也偶有刊登。

1945 年 1 月，美国永安新闻处通过刘建绪的随从秘书谌震联系上改进出版社的助理编辑周璧，希望能与敌后的游击队取得联系，“具体要求是交换情报，主要是气象情报，因为那时美军有在我国东南沿海敌占区登陆的打算”，并承诺“可以向游击队提供国际国内政治、经济、军事情报，并可适当提供武器”。② 周璧于 1945 年初到浙东和新四军联系。同年 5 月，周在返闽途中被国民党特务逮捕，接着永安国民党顽固派就以“周璧事件”为借口，在永安及全省各地进行大搜查、大逮捕。羊枣也是这次逮捕的对象之一，他逃到美新处要求庇护，但是美国大使馆认为这是中国的内政，美新处不应该干预。在美国大使馆的压力之下，7 月 12 日兰德还是把羊枣交给了当局。交人时美新处曾提出三个条件：一、希望能准羊枣立刻交保，随传随到；二、如果不能交保，希望由美新处派一美籍同事与羊枣同往，直到审判告一段落；三、审判时希望美新处有人参加。这三个条件一个也没有获准，美新处要求每日早上 7 时到 9 时派人去看羊枣，到了 8 月 1 日，连人也不准看了。③ 这就是震惊全国的“羊枣事件”。此后，当局开始先后在永安及全省各地逮捕了李力行等 29 名共产党员、进步青年和爱国民主人士，成为震惊中外的“永安大狱”。很多人认为羊枣被捕，以至于最后病死在杭州的监狱中，是轻信了美新处以及他斗争经验不足造

---

① 福建省社会科学研究所发行，自 1944 年 9 月 1 日开始至 1945 年 6 月 26 日，共出版 39 期。

② 周璧：《浙东之行与“永安大狱”》，中共永安市委党史工作委员会编：《抗日战争时期永安进步文化活动学术讨论会专辑》，内部发行，1988 年，第 159 页。

③ 王坪：《羊枣之狱》，邱文生主编：《永安抗战进步文化活动》，海峡文艺出版社 1994 年版，第 208～211 页。

成的。但是其实美新处，特别是兰德是有营救羊枣的想法的，只不过“美国新闻处要听美国大使馆的话，美国大使馆要听美国国务院的话”[①]，归根到底是此时美国对华政策的变化，开始全力支持蒋介石，打击共产党。

除了这些新闻机构外，还有一些国际友人是以个人的身份来到福建的，例如韩国著名的园艺学家、农学家和教育家柳子明先生。他在朝鲜的时候积极投身于祖国的独立、革命运动，于 1919 年参加朝鲜“二一”独立运动。1921 年春，他来到北京，此后一直生活在中国。早在 1930 年，柳子明就曾应当时福建省泉州私立黎明中学陈范予先生的邀请到该校任教。陈范予教生物学，柳子明则教植物学，两个人的关系很紧密，两个老朋友也都曾为《改进》杂志撰写过文章。1940 年 3 月他再次来到福建，在永安先后担任福建省农业改进处的“农业试验场”技正和“园艺试验场”场长，直至 1942 年 1 月离开福建到广西桂林。1944 年夏天，日本侵略者围攻桂林，柳子明受当时任国民党福建省政府秘书长的好友程星龄邀请，第三次来到福建。此时程星龄打算在永安康乐新村的基础上，在闽东再办一所“康乐新村”，聘请柳子明为筹备处主任。

在永安的这段日子里，柳子明先生在担任领导职务和负责日常具体工作之余，还积极从事科学研究，撰写了不少论文，发表在《福建农业》和《改进》上。《改进》第 12 卷第 2、4 期合刊上曾刊登了他的一篇名为《农业建设论》的论文。文中他分析了中国农业的现状，为中国的农业建设指明了出路，提出了将农业和工业相调和、农业经营集团化和农业技术改进等建议。此外，柳子明先生还发表文章介绍自己的国家，让更多的人了解韩国。

这些国际友人的到来，为战时永安的发展做出了很大贡献。特别是当时身在永安的知识分子们通过这些国际友人的介绍，借助他们的资料，更多地、更直接地了解了世界。

此外，这些知识分子了解世界、关怀世界的另一个方式，就是翻译世界各地的作品。刊登大量译文是《改进》的一大特色。在《改进》创刊号上黎烈文就强调过，《改进》同人要努力翻译介绍世界权威学者和进步作家的文章，要让中国在思想学术方面迅速地赶上欧美先进国家。[②] 此后，尽管编辑人员有所变

① 赵家欣：《自觉接受党的政策领导是永安抗战文化的一大特点》，中共永安市委党史工作委员会编：《抗日战争时期永安进步文化活动学术讨论会专辑》，内部发行，1988 年，第 205 页。

② 黎烈文：《我们的希望》，《改进》第 1 卷第 1 期，1939 年 4 月 1 日，第 1 页。

动，但是大量刊登译文这一举动仍被保留下来。《改进》第 7 卷第 1 期的编辑们，甚至把大量刊登译文称为《改进》的“特殊的风格”[①]加以保持。

据统计，《改进》一共有 13 卷 112 期，共刊发文章 1337 篇，其中翻译作品 439 篇，约占总数的 33%。这些翻译作品中有对印度、菲律宾、暹罗等国家的介绍，分析这些国家的境况，希望借此寻求民族的出路；有对轴心国的分析和批判，借此来鼓舞民众抗击侵略者的决心和信心；有对战局的分析、介绍、预测；也有学术界优秀论文的刊登。

这其中有很多国际大师，如罗素（Bertrand Arthur William Russell）、罗曼·罗兰（Romain Rolland）、巴尔扎克（Honore de Balzac）等人的作品。此外还有一些对中国情况比较了解的外国作家在《改进》上发表过一些关于中国的文章，比如美国女作家赛珍珠（Pearl Buck）。赛珍珠的父母是美国南方长老会的传教士，他们一同于 1895 年来到中国镇江，她在那里长大成人，学会了汉语并习惯了中国风俗。她是《改进》杂志中刊登作品最多的女作家，她发表的《自由的中国在进展中》（夏涛声译）[②]、《正视中国问题》（倪师坛译）[③]和《在中国降落》（陈蕴华译）[④]都让人印象深刻。永安的知识分子通过这些文章，就如同通过另一双眼睛，站在不同的角度上看待自己的国家。

六、聚焦台湾的反日斗争

福建和台湾一衣带水，自古就有着很深的关系。在《改进》中，虽只有寥寥几篇介绍台湾的文章，但文章却体现了福建和台湾人民抗击日本侵略的意识。无论是大陆的知识分子还是台湾的知识分子，都坚定地认为只有祖国的抗战胜利了，台湾才能取得革命的胜利。《改进》中有一篇摘录于《台湾先锋》的文章，文章中台湾革命同盟会领导人李万居说道：

---

① 黎烈文：《热烈的握手》，《改进》第 1 卷第 1 期，1943 年 3 月 1 日，第 1 页。

② [美]赛珍珠（Pearl Buck）著、夏涛声译：《自由的中国在进展中》，《改进》第 1 卷第 4 期，1939 年 5 月 16 日，第 169～170 页。

③ [美]赛珍珠（Pearl Buck）著、倪师坛译：《正视中国问题》，《改进》第 8 卷第 1 期，1943 年 9 月 25 日，第 2～5 页。

④ [美]赛珍珠（Pearl Buck）著、陈蕴华译：《在中国降落》，《改进》第 10 卷第 3 期，1944 年 11 月 25 日，第 108～110 页。

> 我台湾革命之成功，与祖国民主革命之彻底胜利，有很大的相关，这是我们一贯的信念，我已不止一次地提及，现在，在七七三周年的今天，我们更清楚地看出：祖国抗战胜利，是我们台湾革命之胜利，因之，争取这最后胜利，也是我台湾同志们的应有义务，如何去克服前进中的困难，非特祖国全国同胞必须尽智竭力以赴，即我台胞，亦须付出最大之努力，并准备最大之牺牲，以克服这些困难，如目下敌人的政治进攻，汪逆一派之加意破坏，如不击破，势大有碍于前途，我台胞必须在祖国政府领导之下，与全中国同胞一致努力，以达到克服这些困难之目的。[①]

赵家欣的《台湾民众的反日斗争》[②]发表在《改进》第2卷第3期，首先回顾了甲午战后台湾民众抗击日本侵略的历史，然后介绍现阶段台湾的抗日活动，以1939年秋台湾“独立革命党”在金华召开的会议为主要内容，分析了现阶段抗日的有利条件，赞扬了台湾独立革命党人对抗日民族统一战线的重视；注意到要团结台湾二十万的番族、团结朝鲜两千三百万受压迫的民众共同抗日；注意到要联合日本内部的劳苦大众抗日等。文章的最后提出中国抗战和台湾革命的关系，号召留华同胞参加祖国的抗战，“祖国抗战胜利，台湾的革命才会有前途”[③]。

许粤华翻译了日本小泉信三的《台湾见闻记》。[④] 原文出自4月4日《日本评论》，作者是庆应大学教授。译者在译后记中说到原文中“关于政治方面如论台湾之治乱及文化统治等；凡不值得介绍的地方已略去”。[⑤] 在留下来的部分中，小泉信三用轻松的语调勾勒了一个宁静、富庶的台湾田园风光的画面，介绍了台湾的物产和民风民俗。文中主要介绍了台湾的农业，作者反复强调台湾农民的生活宽裕，而台湾农业发展的重心应该在大米的生产上。只是

---

① 李万居：《如何达到明天》，《改进》第3卷第11期，1940年9月1日，第419页。

② 赵家欣：《台湾民众的反日斗争》，《改进》第2卷第10期，1940年2月16日，第388～391页。

③ 赵家欣：《台湾民众的反日斗争》，《改进》第2卷第10期，1940年2月16日，第390页。

④ ［日］小泉信三著、许粤华译：《台湾见闻记》，《改进》第3卷第11期，1940年9月1日，第415～419页。

⑤ ［日］小泉信三著、许粤华译：《台湾见闻记》，《改进》第3卷第11期，1940年9月1日，第419页。

在这貌似轻松的描述中却展现了台湾被日本殖民化的景象:“报纸上既没有台湾语栏,少女们又穿着不配身的西装(当时兴力于为岛民皇民化,使岛民改换服装及生活习惯,可是穿日本服的依然没有),店铺招牌和广告文字也都讨厌地日本化了……”[①]而作者也指出,台湾生产大米是为了弥补日本由于气候条件的限制,大米产量有限这一事实,解决日本国内和台湾、朝鲜对大米越来越大的需求。

虽然文中描绘的是一幅欣欣向荣的景象,但是译者许粤华在译后强调,“我们不要忘记台湾原是中国领土的一部分。在这里,有一重要的事实未被作者看到,就是无数的革命台胞正在其自己国内和我国抗战营垒中,进行着抗日复土的工作”。[②] 从中我们可以看出译者许粤华的立场,她翻译这篇文章的真正目的是向大家揭露日本对台湾的殖民掠夺是非常残酷的。

谢东闵的《清代之台湾地方行政制度》从台湾的历史行政沿革说明台湾是中国领土不可分割的部分,歌颂台湾人民抗击侵略的精神。

对于抗日战争的前景以及台湾的光复,知识分子都是非常乐观且坚定的,引用李万居的话:“抗战三年,一方面祖国力量之增长,一方面,在敌国,其力量,不但是因祖国力量之增长而相对地削弱,且已绝对地削弱,在敌人力量渐渐地削弱之时,我台湾同胞,应加紧台湾内部革命工作,以期待祖国抗战力量,取得有机的配合,而加速日本军阀之死亡”。[③]

除了这些介绍台湾的文章外,《改进》还发表了很多台湾知识分子的文章。早在1920年代,就有许多台籍青年辗转来到大陆组织抗日团体,他们一面支持祖国的抗日斗争,一面不忘光复台湾。1940年在重庆的台籍志士人数渐多,如台湾独立革命党的革命志士及其领导人李友邦,台湾民族革命总同盟的革命者及其领导人谢南光,台湾人民革命党的革命勇士及其领导人柯台山、宋斐如等台籍志士,当时都在陪都重庆参与祖国的抗日战争。台湾救国团体的繁多,反而分散了团结力量,不利于抗战。于是在朱家骅和刘启光的建议下,“中国国民党中央组织部直属台湾党部筹备处”于香港成立,由中央组织部任命台籍志士翁俊明为筹备处主任。1941年底,太平洋战争爆发,香港沦陷,翁

---

① [日]小泉信三著、许粤华译:《台湾见闻记》,《改进》第3卷第11期,1940年9月1日,第419页。

② [日]小泉信三著、许粤华译:《台湾见闻记》,《改进》第3卷第11期,1940年9月1日,第419页。

③ 李万居:《如何达到明天》,《改进》第3卷第11期,1940年9月1日,第419页。

俊明、刘启光等自香港撤出，步行至广东惠阳待命。1943 年 4 月，“中国国民党直属台湾执行委员会”在漳州正式成立，由于各种原因，次年 1 月迁至福建永安文龙乡。

这些台籍志士们组织抗战的形式多种多样。1939 年 2 月 22 日，台湾独立革命党领导人、台籍志士李友邦，在浙江金华成立了台湾义勇队和台湾少年团。台湾义勇队成员有 600 人，都是回到大陆的台湾同胞，他们来自不同的行业，在祖国大陆尽自己的力量支持抗日战争。台湾少年团的成员都是随父母回到大陆的台湾少年儿童。他们的足迹遍布东南沿海，主要是举办演出，鼓舞民众，慰问伤员。从 1944 年 1 月至 1945 年 9 月，国民党台湾党部在永安开展了一系列抗日救亡、光复台湾的活动。比如举办了规模和声势颇大的纪念“六一七”台湾沦陷 49 周年纪念活动，活动宣传大纲明确指出大陆与台湾之不可分裂性和当时国民党中央“收复台湾之决心”，打出“台湾是中国的领土”“台胞是中国的同胞”“纪念‘六・一七’要誓死收复台湾”等宣传标语。[①] 在永安的这段时间里，他们还创办《新台湾》杂志，编撰“台湾问题丛书”，系统地介绍台湾的历史与现状，赞扬台胞勤勉耐劳，富于冒险精神的同时，鼓舞发动民众反抗日本殖民统治。

很多台籍志士是将手中的笔作为抗击日本侵略的武器。他们在全国的报纸杂志上发表作品，用文字来抗议日本的侵略行径，呼吁国际社会的同情和帮助。《改进》也是这些台籍志士战斗的阵地之一。宋斐如、谢南光、谢东闵、李万居等台籍作家都为《改进》撰写过文章。谢东闵和李万居还在《改进》上翻译过苏联作家布布夫和法国作家马古烈的文章。这些台籍作家发表的文章针对性很强，基本都和日本有关。他们通过对当时国际环境、国际形势的分析，日本政治经济体制弊端的分析和战略资源、能源短缺的不足的分析，鼓舞全国人民抗战必将胜利、台湾必将光复的信心；通过日本对我国东北地区的残酷掠夺和殖民统治，坚定民众抗击日本侵略者的决心。下面对其中的几篇文章做一个简略的分析。

《从一八零度子午线论美日关系》[②]以 1941 年 4 月《日苏中立条约》签订

---

① 叶劲光：《烽火岁月的永安——永安抗战遗址考察记》，《台声》2005 年第 12 期，第 20～21 页。

② 李万居：《从一八零度子午线论美日关系》，《改进》第 5 卷第 6 期，1941 年 8 月 1 日，第 219 页。

后，日本开始向美国示好为背景。此时日本宣扬以太平洋上的一百八十度子午线为界，以西是美国、以东是日本的势力范围，外界开始猜测美日关系的走向。作者李万居是黎烈文的旅法同学，抗战期间供职于军事委员会国际问题研究所，后任驻港粤办事处少将主任，搜集日军情报，对日本有着深刻的研究。针对上述猜测，他提出日美之间为争夺势力范围，在亚洲地区早有矛盾，而且日益尖锐化。从历史上看，美国的远东政策旨在贸易，美国绝不会放弃中国这个强大的市场和对荷属东印度的争夺。而且日本一旦占有中国的西南太平洋，就能够有足够的资源和欧美对抗，在战争中处于优势地位，打破均势的形势。最后得出结论"美日关系应该仍继续在恶劣的状态中拖延下去"，①事后证明这个结论是符合国际形势发展的。

谢南光是台湾省彰化县人，早年曾经到东京留学。他发表的《东条内阁与太平洋战争》②通过对垮台的近卫内阁和现任东条内阁的分析，认为"只要日本再发动侵略战争，不管日本的主观愿望是怎样，其结果必是太平洋战争的开幕"。③ 战争是消耗的战争，所以英美尽可能地敷衍日本，延迟战争开始的时间，而日本则是想要在短期内解决中日战争和太平洋问题，占有南洋现有的物资，解决自己物资短缺的问题。一旦太平洋战争爆发，作者推测"东条内阁的企图和战斗的中心在于对美作战"，而非苏联，因为日本建立东亚新秩序，独霸亚洲的唯一阻力是美国，只要美国海军一日存在，日本就不能支配太平洋，而"苏京师受敌前后就是太平洋危机的极峰"。④ 事后，正如作者分析，1941 年 12 月 8 日，日本偷袭美国珍珠港，太平洋战争拉开序幕。太平洋战争爆发没几天，12 月 24 日，谢南光又写了一篇分析太平洋战争战局的文章《太平洋战争的展望》，⑤发表于 1942 年 11 月 1 日的《改进》上。谢南光引用罗斯福的一句话"现代战争是生产力的比赛，美国并不想向任何国家发出第一炮，谁能打

① 李万居：《从一八零度子午线论美日关系》，《改进》第 5 卷第 6 期，1941 年 8 月 1 日，第 222 页。

② 谢南光：《东条内阁与太平洋战争》，《改进》第 5 卷第 9 期，1941 年 11 月 1 日，第 331～335 页。

③ 谢南光：《东条内阁与太平洋战争》，《改进》第 5 卷第 9 期，1941 年 11 月 1 日，第 334 页。

④ 谢南光：《东条内阁与太平洋战争》，《改进》第 5 卷第 9 期，1941 年 11 月 1 日，第 335 页。

⑤ 谢南光：《太平洋战争的展望》，《改进》第 5 卷第 11 期，1942 年 1 月 1 日，第 406～411 页。

出最后的一弹，谁就是胜利者”[①]，说明战争是长期的、消耗的，而日本资源、人力物力相对缺乏，以此推测三个月后是太平洋战争的一大转机。民主集团要在这三个月内使得日本的战略目标不能达到，并且借此加重日本本身的困难。作者在文章中，重点批评英美没有清醒认识到中苏在这场战役中的重要作用。从交通关系上看，同英美比起来，中苏到达日本的距离短，可以轰炸日本的重要城市；从战略上看，中苏反攻可以切断日军撤退的线路使其首尾不救，连撤退都来不及。在文章的最后，作者说“太平洋战争的转折点，中苏是最大的因素，中国的反攻和苏联的参战可以将太平洋的战局完全改观。但是，这里有一个先决条件，就是英美首要放弃歧视或轻视中苏两国的态度，开诚布公相见，在战时及战后，同盟军方面要在政治、经济、外交和军事各方面达成切实的谅解，订立长期的军事同盟，统一指挥，建立共信互助的基础。这是战胜轴心匪团的基本条件，也就是促成中国全面反攻和苏联参战的基本条件。如此做下去，暂时的实力是无关紧要的，以民主集团雄厚的人力和生产离开抗战，在长期战争中争取最后的胜利，当然不成问题。”[②]作者对国际形势有比较深刻的认识，也确实意识到国际形势发展的规律和必然结局。

随着太平洋战事的发展，日本占领了台湾、菲律宾，不断具备持久战的可能，这个时候就更强调了中国的作用。宋斐如在《英美应加强援助中国》中认为“推翻日本军阀而为英美去帮凶之害者只有中国”，[③]如果中国不在了，则英美存立的屏障尽废，会受到直接威胁。作者认为中国是为保卫英美利益而战，援助中国抗击日本，对英美来说百利而无一害。作者在另一篇文章《日寇劫掠我东北经济的总帐》[④]中认为“太平洋战争爆发后，美国和南洋的战争资源中断，而民主国家与日本结算总账的今日，我东北四省的重要性大为增加，因为它已不止是中国问题，东北能不为日寇所利用，其崩溃必速”，指出东北对于日本、对于整个战局发展形势的重要作用，“我东北四省的领土主权不光复，我们

---

① 谢南光：《太平洋战争的展望》，《改进》第 5 卷第 11 期，1942 年 1 月 1 日，第 411 页。

② 谢南光：《太平洋战争的展望》，《改进》第 5 卷第 11 期，1942 年 1 月 1 日，第 411 页。

③ 宋斐如：《英美应加强援助中国》，《改进》第 6 卷第 3 期，1942 年 5 月 1 日，第 94 页。

④ 宋斐如：《日寇劫掠我东北经济的总帐》，《改进》第 6 卷第 1 期，1942 年 3 月 1 日，第 18～21 页。

的抗战不能停止，太平洋的真正和平无从实现”。此外，作者还从1937年开始实施的《满洲产业开发五年计划》及其修正案（1937年、1939年两度修改）入手，分析对东北的侵略重心从轻工业、原材料的掠夺到重工业的掠夺的转移，指出日寇是“在我国东北同胞的血肉基础上建筑重工业的金字塔”，揭露了日本以战养战的阴谋。

宋斐如的《日本内阁制度的检讨》①和谢东闵的《日本今年度的物资动员计划与其前途》②是从日本体制内部和制订的计划分析现有的局势和将来的走向。前者将日本的内阁制度与英美的内阁制度比较，认为它存在强烈的封建的残存，受到元老院、枢密院或者军部各方面的牵制，并受到半官僚主义和金融资本的支配，力量分散，责任不清。作者对这种内阁制度进行了批判，认为这是一种形式上的责任主义。后者从日本1938年6月和1939年5月制订战时动员计划分析，认为随着计划的实施，日本的输出贸易受到很大影响，从而影响输入贸易的进行，所需的物资特别是军火得不到补给。而日本国内一味加大与军事有关产业的发展力度，造成了日本产业的畸形发展。最终日本战事物资动员计划带来的是物资日益贫瘠，输入持续退化，生产力退化，物价飞腾。

七、结语

知识分子一直以来都是社会群体中的一个特殊的阶层，是知识、思想、价值观念与意识形态的构造者、阐释者与传播者。而公共知识分子，除了具有学术背景和专业素质，进行知识、思想的传播外，还是进言社会并参与公共事务的行动者，秉行的是社会批判精神，是担当社会道义的理想先行者。抗日战争时期，中国面临着亡国灭种的危机，知识分子身上体现出的是前所未有的社会责任感和救亡爱国抱负。他们摆脱了传统“文人相轻”的做法，在抗日救亡的主题下团结在一起。

---

① 宋斐如：《日本内阁制度的检讨》，《改进》第5卷第12期，1942年2月1日，第473～476页。

② 谢东闵：《日本今年度的物资动员计划与其前途》，《改进》第2卷第1期，1939年10月1日，第29～33页。

福建战时省会永安,因其相对稳定的政局和相对宽松的政治环境,吸引了一大批不同政治背景、教育背景的爱国知识分子。这些知识分子中有国民党政府官员、共产党员、左翼作家、进步青年,还有一些国际友人。他们淡化了原有的党派立场和意识形态偏见,将“抗战”与“建国”这两大主题作为办刊的精神加以实行。他们用自己手中的笔对敌人进行鞭笞,对不良的社会现象进行批判,对人民进行宣传与动员,在抗战过程中起到了积极的效果。他们的到来使得这个原来全县人口7万,城区人口不足7000的小县,成为知识分子释放政治能量与爱国热情的地方。他们“抱着涸辙之鲋相濡以沫的苦心,不顾人力物力困难,创办这个内容比较广泛的刊物,盼望刊物出世后,能引起各处文化界人士,对这地方的注意,能够有更多的人到这里耕耘、垦拓,慢慢地成为一个推动内地文化的据点”。[①] 这批聚集在永安的知识分子,就在这样艰苦的环境中通过办报、办杂志、出丛刊等活动,间接地参与政治,抒发理想,同时将永安的出版业推向了一个高潮。

围绕着《改进》的知识分子共同体以及公共空间的形成得益于他们的关系网络。例如,陈范予与余庆赉是同乡,兼杭州第一师范的同学;汪德耀与沈炼之是留法的同学等等。但是这些血缘、地缘、学缘的影响作用后来渐渐开始弱化,书店、出版社、学校、同人刊物、社团等新的空间网络开始发挥更大的作用。例如,改进出版社社长黎烈文,是受到福建省教育厅厅长郑贞文邀请到福建工作的,郑贞文是黎烈文在商务印书馆工作时的同事;黎烈文在上海创办《申报》副刊《自由谈》《译文》杂志和《中流》时,结识了一大批左翼作家,如胡风、章靳以、巴金等人,这些人都成为《改进》最重要的支持者。除了这两个网络外,还有一个网络也起到了不可忽视的作用,那就是与中国知识分子政治情结息息相关的政治网络。中国的知识分子自古就具有浓厚的政治情结,民国时期更是知识分子政治参与度较高的时期。在直接参与政治活动的机会不多的情况下,知识分子通过出版活动表达政治立场,实现他们政治参与的热情。

需要进一步指出的是,永安知识分子具有公共知识分子独立社会空间的特征,但是中国抗战时期的社会特殊性,我们看到了知识分子事实上在逐渐放弃独立理念,对政府有越来越大的依赖性。其结果必然是知识分子天然富有的对现实的批判精神和理想主义情怀与专制政体产生不可避免的冲突。在永安的这群知识分子中,有很大一部分都受聘为政府参议或者在政府下属的机

---

① 黎烈文:《我们的希望》,《改进》创刊号,1939年4月1日,第1页。

关任职。《改进》的灵魂人物黎烈文一直是接收额外补贴的政府参议，郑庭椿、赵家欣等人都曾在省政府编译室任职，而改进出版社本身就是一个半官方的出版机构。公共知识分子的道德与理性使得他们必须深切地关怀着国家、社会以至世界上一切有关公共利害之事。这种关怀超越了个人意义，不可避免地与当局产生了冲突。在这场冲突中，《改进》乃至整个永安县城就是一个场域，知识分子与政府就在这个场域中进行一种话语权的博弈与角逐，他们有时候是同盟，有时候是对手，他们所要表达的东西的异同是符合时代变化的。但是最后“羊枣事件”的发生宣告了知识分子在博弈中失败，他们被迫妥协，而《改进》后期也变成了一份经常转载、刊发官样文章的杂志。这也是中国知识分子常常遇到的命运。中国历史上反复出现的各种文化专制主义，以思想定罪、言论定罪甚至文字定罪，消灭了一批又一批善于独立思考和具有创造能力的社会精英，阻断了知识的传播和文化的传承，同时也禁锢着国人的精神世界。

后 记

闽西位于福建省西南部，即现在的龙岩市，包括新罗区、永定区、长汀县、上杭县、武平县、漳平市、连城县，从广义的地域范围而论，也包括宁化、清流、平和、永安等地。1929 年，红四军主力两次入闽，“红旗跃过汀江，直下龙岩上杭”，创建了闽西革命根据地。“收拾金瓯一片，分田分地真忙”，闽西的革命实践活动不仅结构性地改造了当地的经济形态、基层权力、阶级观念、婚姻关系，而且中国共产党在总结闽西等地的实践后，对马克思主义与中国社会实践的结合有了更为深刻的认识，从而产生了建党、建军路线，是马克思主义中国化的理论开篇。正如毛泽东说的，“我们说马克思主义是对的，决不是因为马克思这个人是什么‘先哲’，而是因为他的理论，在我们的实践中，在我们的斗争中，证明了是对的。我们的斗争需要马克思主义。我们欢迎这个理论，丝毫不存什么‘先哲’一类的形式的甚至神秘的念头在里面”。

20 世纪上半叶的世界是一个革命时代，与世界各国的革命相比，中国革命的规模最大、时间最长、参加人数最多，内涵也最为丰富，与法国大革命、俄国革命并列为三大革命。革命作为颠覆性的社会改造，触发的社会矛盾最为复杂，斗争最为激烈。在此状况之下，挫折与失败、流血与牺牲是一种常态，也是一个必然的过程。中央主力红军第五次反围剿失败后，被迫撤出闽西进行长征。苏维埃制度结束似乎意味革命终结，然而事实并非如此，经过“星火燎原”的洗礼，革命理念已深入人心。面对生死存亡的斗争环境，闽西人民继续保持土地革命的成果，坚持“二十年红旗不倒”，反而深层次地显示了革命的社会内化。因此，闽西苏区是中国共产党独立掌握军队和建设政权的开端，也为中国共产党人建设现代国家提供理论资源，将闽西革命嵌入中国革命的整体格局中，使我们看到中国革命进程的断裂与连续的有机联系。对于这种“历史联系”，列宁曾予以方法论引导，“不要忘记基本的历史联系，考察每个问题都要看某种现象在历史上怎样产生、在发展中经过了哪些主要阶段,并根据它的这种发展去考察这一事物现在是怎样的”。由此可见,理解闽西苏区的社会变迁,是理解中国革命的关键命题之一。

厦门大学是紧邻闽西的最高学府,作为东南民主革命的堡垒,大批进步学生成为革命先驱。校友吴亮平、雷经天等都曾是中央苏区的重要干部。1932年,吴亮平从上海进入中央苏区,担任中华苏维埃共和国国民经济部长,不仅在复杂的斗争环境中展开经济实践,而且发表了不少具有指导性意义的总结分析:《怎样解决粮食问题》(1933 年 5 月 10 日)、《战斗环境中的经济建设大会》(1933 年 8 月 12 日)、《立刻纠正经济建设工作中的强迫命令主义》(1933年 9 月 3 日)、《经济建设的初步总结》(1933 年 9 月 30 日)、《合作社怎样工作——壬田区消费合作分社工作的检阅》(1933 年 11 月 12 日)、《怎样使苏维埃成为更有力的动员群众的政权机关》(1934 年 1 月 26 日)、《目前苏维埃合作运动的状况和我们的任务》(1934 年 4 月 21 日)等。

抗战爆发后,厦门大学被迫内迁长汀办学,成为国内较早对闽西苏区进行社会调查、历史研究和理论分析的学术单位。1939 年 4 月,福建省研究所成立,附设厦门大学校内。1940 年 11 月,虽然研究所迁到永安,改名为福建省研究院,但是仍与厦门大学保持着密切的学术联系。1944 年,王亚南出任福建省研究院社会科学研究所所长后,创办了《社会科学》杂志及经济科学出版社。1945 年 4 月,他为了解苏区土地革命后的土地改革成果,由章振乾、余志宏、胡瑞梁、钟其生四人组成农村经济调查团赴闽西龙岩、上杭等县的十几个乡镇进行三个多月的调查。在此期间,章振乾逐日细致记录调查过程,留下了宝贵的调查日记。1945 年,章振乾主笔撰写的调查报告陆续发表在《社会科学》和《福建研究院研究汇报》上,诸如《我们怎样调查闽西的土地改革区》《闽西土地改革区新租佃问题的研究》《闽西土地改革区公田经营方式研究》等等。王亚南于 1944 年兼任厦门大学经济系教授,并于 1946 年出任厦门大学法学院院长和经济系教授。新中国成立初期,王亚南出任厦门大学校长,为了建设“新厦大”,1950 年,福建省研究院归并厦门大学,章振乾任厦大教务长、校长助理兼经济系教授,他们在闽西调查所得的相关资料也被带到了厦门大学。1957 年,章振乾被错划为“右派”,受到政治运动的影响,未能继续对苏区土地关系开展研究,直到 1981 年,他才与陈克俭、甘民重撰写了《红军长征后闽西的土地问题:中国近代土地关系史上一个特殊的篇章》,1996 年,出版了《闽西农村调查日记》。

20 世纪 50 年代开始，厦门大学的其他教授也致力于闽西苏区的相关研究。1957 年，潘懋元发表了《第二次国内革命战争时期革命根据地的教育》(《厦门大学学报》1957 年第 2 期)。1959 年 2—4 月，厦门大学历史系组织学生深入福建长汀、上杭、平和、漳州，江西瑞金等老区开展调查实习，访问了近 2000 人，收集了 500 多万字的资料，编写了多种调查报告，其中闽西的有《闽西人民革命史》《长汀革命根据地经济建设》《长汀印刷工人斗争史》以及上杭才溪乡、龙岩东肖乡、平和国强乡、长汀四都乡、永定歧岭乡等老革命根据地史，而才溪的实习调查报告以“厦门大学历史系实习调查队”署名发表，题为《第二次国内革命战争时期的才溪互助合作运动》(《厦门大学学报》1959 年第 1 期)。1970 年，厦门大学历史系和中文系合并成为文史系，招收试点班工农兵学员，杨国桢担任“第二次国内战争时期党内两条路线斗争史”的讲授，带领学员到闽西调查，编写了《毛泽东七次到闽西》。1972 年，文史系又重新分为历史系和中文系两个单位。1975 年，历史系组织学员赴才溪乡进行调查，后来发表《第二次国内革命战争时期才溪妇女的反孔斗争》(《厦门大学学报》1975 年第 1 期)。站在今天的角度审视这些论文，毫无疑问，它们在措辞和方法上带有鲜明的时代烙印。但是由于秉承了实地调查的原则，不完全是人云亦云的政治套话，因此它们仍具有原创价值。犹如一份有关工农试点班总结写的，“历史系学员在某些社会调查资料的分析上，也都提出了一些新的见解”。

“文革”结束后，拨乱反正成为时代心声，正确对待中国共产党历史及其经验教训也成为时代命题。基于良好的资料基础，1977—1980 年，厦门大学历史系有关闽西革命的研究出现了一个井喷期。1977 年，杨国桢修订《毛泽东在闽西》油印本，以“历史系中共党史教研室”为署名，连续刊载发表了《红旗跃过汀江——缅怀毛主席在闽西的伟大革命实践》(《厦门大学学报》1977 年第 2、3 期合刊，第 4 期；1978 年第 1 期)。与此同时，厦门大学历史系中共党史教研组编写了《闽西革命根据地(看革命文物学革命历史)》(上海人民出版社 1978 年版)的普及读物，以保留下来的土地革命时期的部分旧址和革命文物介绍闽西苏区的历史片断，其内容有“闽西第一个红色政权的诞生”“红旗跃过汀江”“毛泽东同志在苏家坡”“古田会议永放光芒”“《星星之火，可以燎原》”等。与此同时，孔永松、邱松庆、林天乙、苏明辉等围绕着闽西革命根据地的经济斗争、军事斗争等领域进行了具有开拓意义的研究。如孔永松、邱松庆在《中国经济问题》1978 年第 1、2 期，1979 年第 1、3 期，1980 年第 3 期连续刊载

57000字的长篇论文《土地革命时期闽西革命根据地的经济斗争》。《厦门大学学报》作为发表闽西革命史研究的重要阵地，也连续刊发专题论文，如苏明辉的《第二次国内革命战争时期革命根据地的科学文化事业》(1978 年第 4 期)、孔永松的《土地革命路线的形成与毛泽东调查研究的光辉实践——学习毛泽东〈关于农村调查〉的体会》(1979 年第 1 期)、邱松庆的《闽西暴动与红四军入闽》(1979 年第 2 期)等。

1979 年 6 月 11 日—16 日，为了纪念毛泽东和朱德率领红四军入闽暨古田会议 50 周年，福建省历史学会厦门分会、厦门大学历史系、才溪乡调查纪念馆在上杭县才溪乡联合召开"中央革命根据地历史问题学术研讨会"，这是"文革"结束后第一次高水平的有关党史、革命史的全国性学术会议。共收到论文 32 篇，与会代表 170 多名，他们分别来自中央党校、财政部财政科学研究所、中国社会科学院经济研究所、中国人民大学、江西大学、江西财经学院、福建师范大学、厦门大学、江西省委党校、福建省委党校等单位。现已出版的《魏宏运自订年谱》中，记录了该次会议讨论的部分主题，引用如下：

> 中央根据地历史讨论会在才溪乡举行。第一天发言的有龙岩地委宣传部长、上杭县委书记、厦门大学潘(懋元)副校长和孔永松等。随后讨论诸多问题：如红四军为何要进军赣南；古田会议；中央根据地是怎样创建的；苏区中央局的历史地位；土地路线的形成；罗坊会议；毛泽东和李立三路线的分歧；周恩来到中央根据地后的工作；项英和毛泽东关于富田事变的争论；查田运动；瞿秋白问题等。在讨论中，争论最大的是如何评价查田运动和瞿秋白写的《多余的话》。

由此可知，会议秉承实事求是的精神，讨论中央苏区研究的各种敏感问题，在当时的政治气氛与研究条件下，已经最大限度地突破了党史研究的诸多禁区，为此后的党史研究树立了良好的学风。20 世纪 80 年代开始，孔永松等人出版了《中国共产党土地政策演变史》《闽粤赣边区财政经济简史》《闽西革命根据地的经济建设》《中央革命根据地史要》《闽赣路千里》《中央革命根据地财政经济史长编》《闽西苏区十年》等论著，标志着厦门大学成为中央苏区研究、革命根据地史研究的重镇。

与此同时，孔永松等人较早关注西方学界对革命史的研究动态。1980 年，黄宗智到中国访问，曾在厦门大学做学术演讲，介绍了美国 30 年来的中国近代史研究。黄宗智在 1978 年以 1927—1934 年期间中共领导下的江西革命根据地为研究对象，与 L.S.贝尔（Lynda Schaefer Bell）和 K.L.沃克（Kathy Lemons Walker）合著的《中国共产党和农村社会（1927—1934）》（*Chinese Communists and Rural Society，1927—1934*）一书，从政治史关注党内领导层的斗争和路线争议的论域，转向社会基础和共产主义运动社会内涵的研究，考察了当时党内知识分子和农村社会阶级团体之间的相互关系，认为正是这一相互作用形成了更大的社会运动，最终发展了中国革命。1987 年，孔永松翻译该书中黄宗智撰写的部分——《共产主义运动中的知识分子、流氓无产者、工人和农民：1927—1934 年兴国县实例》（*Intellectuals，Lumpen-proletarians，Works，and Peasants in the Communist Movement：The Case of Xingguo County，1927—1934*），译文载于《江西革命文物》（1987 年第 3 期）。

20 世纪 90 年代末，为了推进中央苏区研究，孔永松、蒋伯英、马先富组织厦门大学历史系、厦门大学马列部、福建省委党校研究骨干编撰"中央苏区历史研究丛书"，丛书得到国家社科基金立项，分为《中央苏区财政经济史》《中央苏区政权建设史》《中央苏区党的建设史》《中央苏区军事史》《中央苏区文化教育史》《中央苏区土地改革史》六种，1999 年由厦门大学出版社出版。该丛书获福建省第四届社会科学优秀成果一等奖，并在 2001 年被新闻出版总署列为全国建党 80 周年 100 种献礼书，成为中央苏区研究的标志性成果。可以说，"中央苏区历史研究丛书"在一定程度上继承了由政治史转向社会史的研究路径，除了学术创新与范式突破外，从整体史角度说明苏区历史的发展进程，以社会基点说明中国共产党与近代社会变迁的有机结合。

当然，研究一旦深入社会，研究视野从宏观的路线问题、意识形态问题转入梳理"过程—事件"的进程，研究者甚至需要深入地方社会内部，致力于微观深描和文本剖析，动态展现各种力量的博弈与对抗，以及由冲突形成的历史张力在革命运作中的社会效果。为此，在"中央苏区历史研究丛书"的基础上，我们开始了新的学术尝试，力图以"地方"为立足点，以长时段和多维化的视角重新考察闽西苏区的历史进程。本书是这种学术意图的试验品，所选 11 篇论文，克服宏大叙事倾向，强调革命史研究与地域文化、经济制度、族群关系、符号象征、社会群体、时代局势的互动关系，多元呈现闽西革命进程中的主客观因素，以"横断截流"的形态建构贯穿在 20 世纪上半叶的闽西革命历史之"全相"。本书除了《20 世纪闽西社会研究的几个思路》属宏观论述外，其余大约可归入"苏区经济的多重趋向""土地改革的弹性机制""政治实践的乡土逻辑"

"文化变动的社会动力"等不同论域。因此本书取名为"20 世纪上半叶闽西苏区的革命进程与政治形态"。

本次结集的文章有的发表在学术刊物或已出版的著作上,有的是未公开发表的硕士学位论文。此次结集成书,大部分调整了原有篇幅,凝练标题纲目,修改了行文格式,对结论进行了更细致的推敲。这是学术研究在代际更替中的阶段性总结,感谢厦门大学繁荣哲学社会科学计划予以支持出版经费。由于编者水平有限,瑕疵、错误在所难免,敬请批评指正。

张　侃　李小平

2017 年元旦